守正聚力　创新共融

CNMC

2020

中国新媒体大会

CHINA NEW MEDIA CONFERENCE

中国记协新媒体专业委员会　编

学习出版社

图书在版编目（CIP）数据

2020中国新媒体大会 / 中国记协新媒体专业委员会编. --北京：学习出版社，2022.3

ISBN 978-7-5147-1087-8

Ⅰ. ①2… Ⅱ. ①中… Ⅲ. ①传播媒介－发展－中国－文集 Ⅳ. ①G219.2-53

中国版本图书馆CIP数据核字(2021)第233847号

2020中国新媒体大会

2020 ZHONGGUO XINMEITI DAHUI

中国记协新媒体专业委员会 编

责任编辑：宋 飞
技术编辑：刘 硕
装帧设计：美 威

出版发行：学习出版社
北京市崇外大街11号新成文化大厦B座11层（100062）
010-66063020 010-66061634 010-66061646
网 址：http://www.xuexiph.cn
经 销：新华书店
印 刷：北京联兴盛业印刷股份有限公司

开 本：710毫米×1000毫米 1/16
印 张：26
字 数：412千字
版次印次：2022年3月第1版 2022年3月第1次印刷

书 号：ISBN 978-7-5147-1087-8
定 价：82.00元

推动媒体深度融合
做大做强主流舆论

——2020 中国新媒体大会成功举办

2020 年 11 月 19 日至 20 日，经中宣部批准，中国记协和湖南省委宣传部共同主办的 2020 中国新媒体大会在长沙召开。本届大会由中央网信办、国家广电总局、湖南省人民政府指导。大会深入贯彻落实习近平总书记关于媒体融合发展的重要论述，全面贯彻落实党的十九届五中全会精神和中央《关于加快推进媒体深度融合发展的意见》，打造交流互鉴新平台，擦亮深融引导“金招牌”。来自新闻宣传部门、新闻单位、新闻行业组织、互联网企业、高校新闻院系与新闻研究机构等方面 900 多位嘉宾和代表，围绕“守正聚力　创新共融”主题深入研讨、交流思想。大会分为开幕式暨主论坛、分论坛、主题展示活动等主要环节，穿插业务培训、成果发布、案例发布、联合公益行动启动等系列活动。

一、凝聚合力、守正创新，加快推进媒体融合

中央宣传部副部长、国务院新闻办公室主任徐麟，中国记协党组书记、副主席、书记处书记刘正荣，时任湖南省委常委、省委

宣传部部长张宏森，出席开幕式并致辞。与会领导认为，当前世界百年未有之大变局加速演进，舆论生态、媒体格局、传播方式等正发生深刻变革，用好新媒体、建设全媒体，越来越成为传媒领域在变局中开新局的必然选择。构建全媒体传播体系要以内容建设为根本、先进技术为支撑、改革创新为抓手，努力形成资源集约、结构优化、差异发展、协同高效的局面。徐麟在致辞中指出，推进媒体深度融合、做大做强主流舆论，是党中央交给我们的重大任务，是时代赋予的重大使命，加快构建全媒体传播体系要牢牢把握“全媒为本、导向为先、内容为王、技术为要、改革为重、人才为宝”这6个基本点，各地各相关部门要加强政策指导和资源保障，共同支持和推进媒体深度融合发展。刘正荣表示，中国记协成立新媒体专业委员会、举办新媒体大会是推进“记者之家”建设、服务媒体深度融合发展的重要举措，努力为大家搭建交流思想认识、分享实践经验的平台，守好方向之正，聚好融合之力，走好创新之路，抓好共融之举。张宏森表示，湖南将把加快新媒体发展摆在重要位置抓紧抓好，牢牢把握正确导向，积极服务中心大局，创新开掘融合路径，自觉肩负社会责任，加快构建资源集约、结构合理、差异发展、协同高效的全媒体传播体系。湖南省副省长吴桂英主持开幕式。

二、交流思想、凝聚力量，共商融合发展大计

与会嘉宾围绕贯彻落实党的十九届五中全会精神和中央《关于加快推进媒体深度融合发展的意见》，构建推进“共融、共建、共享”融合发展大平台，充分交流思想、碰撞火花，增进共识、凝聚力量，共谋媒体深度融合发展大计。时任人民日报社编委、秘书

长乔永清表示，对主流媒体来说，推进媒体深度融合发展既面临着巨大挑战，也迎来了前所未有的机遇。完成好媒体深度融合发展这项重大改革任务，需要守正创新、埋头苦干、奋力拼搏，从拼数量向拼质量转变，以内容优势赢得发展优势，以渠道优势赢得发展空间，以技术优势赢得发展动力。新华社党组成员、秘书长宫喜祥表示，面向未来，新华社将顺应“四全”媒体发展趋势，加快由全媒体业务架构向智媒体业务架构拓展，由服务媒体用户向同时服务媒体用户和终端受众拓展，由提供单纯内容服务向提供综合生态服务拓展，既做好新华社深度融合发展这篇大文章，也努力为全行业、全社会提供更多优质公共资源。中央广播电视总台编务会议成员刘晓龙提出，中央广播电视总台加快实现从传统广播电视媒体向国际一流原创视音频制作发布的全媒体机构转变，从传统节目制播模式向深化内容生产供给侧结构性改革转变，从传统技术布局向“5G+4K/8K+AI”战略格局转变，奋力打造具有强大引领力、传播力、影响力的国际一流新型主流媒体。长沙市委副书记、市长、湖南湘江新区党工委书记郑建新提出，近年来，长沙始终把文化产业摆在重要发展位置，精准把握融合发展新趋势，集中打造引领发展新地标，精心培育创新发展新品牌。习近平总书记在湖南考察时对马栏山视频文创产业园给予充分肯定。未来，长沙将继续把创新创意贯穿文化建设始终，在守正创新深度融合中实现蝶变腾飞。新浪微博高级副总裁、总编辑曹增辉提出，微博一直是政府、媒体的重要发声和传播渠道。疫情期间主流媒体、新媒体平台共同发挥了重要作用。入驻微博的政务账号、媒体账号、市县域融媒体账号，年阅读量超过 7000 亿，增强了主流媒体传播力、引导力和影响力。湖南广播影视集团有限公司党委书记、董事长、总编辑张华立提出，湖南广电将建构主辅分明、层次清晰、开放多元的平台矩阵，重点发力新闻类平台“芒果云”，打造短视频为主要产品形式的龙头传播品牌，真正做到既可以利用系列自主平台阵地稳固发声，又能利用全网渠道强势分发扩大声量。湖北长江云新媒体集团总编辑、第十六届长江韬奋奖长江系列获奖者邓秀松提出，“长江云”在2016年湖北发生全域洪涝灾害和2020年新冠肺炎疫情期间迎来了两次用户增长高峰，表明关键时期人民群众对主流媒体的充分信赖。由此可见，从传统媒体到新媒体阵地，无论平台和形态怎么变，对主流价值导向的坚守不能变，守正创新、服务人民的追求不能变。华龙网集团总编辑、第十六届长江韬奋奖韬奋系列获奖者周秋含提出，新闻不只是有目的的阅读、观看，更是生活的体验、经历和实现，媒体也不仅仅只是一家新闻单位，“新闻＋政务＋服务”的大融合格局正在全面形成。

三、分享经验、激扬智慧，探讨创新发展路径

11月19日下午，大会举办“内容创新创优”“聚焦新生代　赋能新生态”“新平台的社会责任”3场分论坛。

“内容创新创优”分论坛聚焦中国新闻奖媒体融合奖项获奖作品创作经验。《中国24小时》《新中国密码：15665，611612！》等10件中国新闻奖特别奖及一等奖作品主创人员在现场分享了创作心得和背后故事，展示了他们在作品创作理念、形式表达、传播方法、技术手段等方面的创新。在“创新创优内容　做实做强传播”主题圆桌论坛环节，业内专家现场对谈。与会专家认为，主流媒体最大的优势是内容优势，创新创优和精品生产是媒体最硬核的竞争力。要创新体制机制，把向传统媒体配置资源为主，转化为向新媒体的新平台配置资源为主，把内容资源优势转化为平台优势，在技

术和内容的融合上做好文章，使主力军强力挺进互联网的主阵地主战场。与会专家还分享了优化组织结构、释放创新潜力的经验做法。

“聚焦新生代　赋能新生态”分论坛在马栏山视频文创产业园举行，来自中央主流媒体、网络视听门户平台、新兴媒体、技术公司、新型实验室的嘉宾，分别从创新语态、创新内容、革新技术3个维度对“新生代、新生态”进行深入解读，探讨新型主流媒体如何通过贴近年轻受众的语境语态，构建年轻受众感兴趣的内容体系，更高效地传播主流文化、主流思想、主流价值。在创新语态方面，与会专家认为，要抓住青年群体，积极吸纳青年群体的健康表达方式和潮流元素，进行有深度、有内涵的精品化制作。在创新内容方面，与会专家认为，要在新内容、新赛道、新技术、新市场、新机制上坚持创新，用年轻人喜闻乐见的方式讲好主旋律故事，做好先进青年文化的引领者、新时代国民精神的塑造者。在革新技术方面，嘉宾们认为，5G时代的到来，对创新用户体验，助力优质中文内容出海、讲好中国故事、共筑全球内容生态具有重要意义。

“新平台的社会责任”分论坛聚焦“新媒体新平台＋公益”的扶贫力量，10余名业内专家和公益人士，围绕创新扶贫报道、创新精准扶贫模式、创新公益模式、促进新媒体行业健康发展作主题演讲，围绕“不忘初心，公益先行，新平台的社会责任”主题展开对话，分享了对新媒体新平台如何助力脱贫攻坚的思考和实践案例；来自全国6个县级融媒体中心的代表，分享了县级融媒体中心东西协作交流公益项目的最新进展，交流协作经验，探讨县级融媒体发展利用新平台、新技术的有效路径，研讨推进项目形成长效机制。

四、牢记嘱托、加快建设，主题展示新意迸发

在主论坛和3个分论坛之外，大会还组织了“走进马栏山”主题展示活动。2020年9月17日，习近平总书记在马栏山视频文创产业园考察时指出，文化和科技融合，既催生了新的文化业态、延伸了文化产业链，又集聚了大量创新人才，是朝阳产业，大有前途。马栏山视频文创产业园作为湖南省创新引领的试验田，集中展现了产业技术底座的建设成果及园区代表性产品，展示出媒体深度融合和文化产业发展的新路子、新成果。本次主题展示共分3个主题。

主题一“牢记总书记嘱托建好马栏山”。通过还原习近平总书记在马栏山视察的路线，全方位展示马栏山产业技术底座，以及园区经典电影4K修复技术、人工智能实时新闻手语播报、5G+VR工业渲染技术在先进制造业领域的应用、5G智慧电台、4K超高清视频技术加全景声音效等代表性产品和技术成果。

主题二“科技赋能内容　内容服务人民”。多视角、多形式集中呈现以5G为代表的新技术在高清视频领域和媒体深度融合发展方面的研发和应用成果。展示区设有四大运营商和华为、阿里、腾讯、中兴、百度以及马栏山头部研发企业等机构最新5G通信技术产品、5G融媒体技术产品展示体验台，显示出新技术在大文化领域的新应用如何提升人民幸福感获得感。

主题三“守正创新讲好中国故事”。通过创意外场布展，生动展现中国网络文学小镇、湖南广电、芒果TV、长沙广电、浏阳市融媒体中心和马栏山内容头部企业等代表性单位的获奖节目作品和正能量优质IP，展示出媒体融合的新路径、新成果。同时，设计的创意打卡点，增强了园区的话题度和传播力。

五、搭建平台、推动合作，活动丰富异彩纷呈

大会还穿插了多项相关活动，使大会既有理论高度，又有实践热度，呈现出立体化、实效化特点。

一是发布了系列年度报告和研究成果。《中国新媒体研究报告2020》，加强新媒体服务引导，促进和推动新媒体新闻信息传播事业健康发展；《中国新媒体年鉴2019》，聚焦5G时代新兴媒体的再次变革与迭代，全面客观记录了新媒体行业发展态势和中国记协新媒体专业委员会工作；《全国视频文创产业发展指标体系研究》，打开视频文创产业发展的“横截面”，形成“广电总局官方数据+权威机构统计数据+第三方调查数据”三级数据统计结构，为全国视频文创产业发展新趋势进行数字画像。

二是发布2020中国新媒体战“疫”十大精品案例、2020中国新媒体扶贫十大优秀案例。

三是启动2021“中国新媒体联合公益行动”，发布公益行动主题：志愿服务与新媒体力量，推动志愿服务与“新媒体+”深度融合，助推新时代志愿服务事业发展。

四是举行马栏山视频文创产业园以及5G智慧电台项目推介及签约活动。“马栏山视频科技研究院”“央视网智慧媒体学院马栏山分院”“阿里大文娱马栏山项目”“产业互联网视频文创示范基地”“马栏山文化创新中心”等5个重点产业项目落户园区，全国第二个“国字号”网络文学示范基地“中国网络文学小镇”落户马栏山月湖公园。

五是会前举办了“增强‘四力’推进媒体深度融合发展”专题培训班，有针对性为300余位新媒体从业者提供学习新知识、交

流新经验、探讨新趋势的平台。

本届新媒体大会得到业界广泛关注。主流媒体主动聚焦，商业传播平台积极参与，多元渠道立体传播，为大会营造了浓厚热烈、积极向上的社会舆论氛围。人民日报、新华社刊发综述文章，中央电视台《新闻联播》播发开幕消息，各级各类新媒体创作了一系列联名海报、短视频、微动漫、快闪、H5 作品。截至 2020 年 11 月 25 日，全网有关信息量共计 7.5 万余条，总点击量超 5.2 亿次。

2020 中国新媒体大会
CHINA NEW MEDIA CONFERENCE

目　录

CONTENTS

◎ 领导致辞

◎ 主题演讲

◎ 权威发布

◎ “内容创新创优”分论坛

第三十届中国新闻奖媒体融合奖项获奖作品创作分享

圆桌论坛

2020 中国新媒体战“疫”精品案例

◎“聚焦新生代　赋能新生态”分论坛

议题一：创新语态，推动主流价值传播

议题二：创新内容，护航主流文化出圈

议题三：革新技术，赋能全新融媒生态

中国长沙马栏山视频文创产业园项目推介

◎“新平台的社会责任”分论坛

主题演讲

现场访谈

2020 中国新媒体扶贫优秀案例

沙龙对话

“中国新媒体联合公益行动”品牌发布

◎ 媒体报道

CNMC

2020

中国新媒体大会

CHINA NEW MEDIA CONFERENCE

领导致辞

把握好推进媒体深度融合发展的六个基本点

徐　麟

党的十八大以来，以习近平同志为核心的党中央深刻把握时代发展大势和信息化趋势，作出了推动传统媒体和新兴媒体融合发展的重大决策部署。从习近平总书记亲自谋划、指导、推动媒体融合发展，到中央政治局以“全媒体时代和媒体融合发展”为主题进行集体学习；从党的十八届三中全会首次提出媒体融合发展重大任务，到“十四五”规划建议中明确提出推进媒体深度融合、做强新型主流媒体等；从中央办公厅、国务院办公厅 2014 年 9 月印发《关于推动传统媒体和新兴媒体融合发展的指导意见》，到 2020 年 9

月印发《关于加快推进媒体深度融合发展的意见》，媒体融合发展成为国家战略、舆论热词、业界显学，充分表明习近平总书记和党中央对媒体融合工作的高度重视和亲切关怀，给我们以鼓舞、给我们以指引、给我们以鞭策。

几年来，经过大家共同努力，媒体融合发展取得重要进展，新闻舆论阵地不断拓展，现象级融媒体产品不断涌现，主流媒体传播力影响力不断提升。比如，大家把客户端建设作为重点，同步做大做强商业平台官方账号，着力打造移动传播矩阵。不仅有人民日报、新华社、中央广播电视总台等中央媒体的“大端大号”，还涌现出芒果 TV、澎湃新闻、时刻新闻、荔枝新闻、封面新闻、“南方 +”等一批各具特色、有影响力的新媒体平台。媒体融合发展从零起步、从无到有，从最初的转观念、做产品、建平台，到由表及里、由点到面逐步铺开，现在要进入全面发力、构建体系的新阶段。这也是贯彻落实党的十九届五中全会精神的要求。可以说，媒体融合前期架梁立柱、筑基企稳的改革成效显著，下一步深度融合、提质增效的改革任重道远。这既是一篇大文章，也是一块硬骨头。下面，我从 6 个方面与大家共同探讨加快推进媒体深度融合的理念、路径和方法。

第一，加快构建全媒传播体系。这是全媒体时代推进媒体深度融合的重要目标。在内涵上，这个体系以内容建设为根本、先进技术为支撑、改革创新为抓手，实现资源集约、结构优化、差异发展、协同高效。在格局上，呈现出传统媒体和新兴媒体交融并存、网上和网下一体发展的态势。在结构上，这个体系纵向覆盖中央、省、市、县 4 级媒体，横向包括主流媒体和商业平台。其中，商业平台主要是发挥渠道、技术等优势助力主流舆论传播。我们要顺应全媒体趋势、增强全媒体意识、把握全媒体规律，既要延续发挥传统平台和渠道作用，更要强化互联网思维，推动主力军全面挺进主阵地，让分散在网下的力量尽快进军网上、深入网上。要规划好布局、统筹好资源，着力打造全程媒体、全息媒体、全员媒体、全效媒体，避免各自为战、简单相加。

第二，始终坚守正确方向导向。坚持正确的政治方向、舆论导向和价值取向，是新闻舆论工作的灵魂。我们推动媒体融合发展，目的是不断巩固宣传思想文化阵地、壮大主流思想舆论，更好地承担起举旗帜、聚民心、育新人、兴文化、展形象的使命任务。促进全体人民在理想信念、价值理念、道德观念上紧紧团结在一起，为服务党和国家事业全局作出更大贡献。决不能将这一重大战略低层次、片面化理解为吸粉引流、增加收入，使媒体融合丧失灵魂、迷失方向。融合发展可能带来媒体形态的变化，但无论什么样的媒体，无论是主流媒体还是商业平台，无论网上还是网下，无论大屏还是小屏，在导向上都是一个标准，没有法外之地、舆论飞地。要牢牢把握新闻舆论工作的主动权主导权，坚决防止借融合发展之名淡化党的领导，坚决防范资本操纵舆论的风险。

第三，着力扩大优质内容产能。我们现在既面对海量信息泛滥，更感到优质内容稀缺。能否吸引受众、留住用户，能否引领舆论、凝聚共识，最终要看内容做得好不好。不管什么时候，好的内容永远是根本，是舆论场上的“硬通货”。主流媒体的看家本领，体现在内容的权威性、准确性上，要始终保持内容定力，不断深化内容生产供给侧结构性改革，在提高内容数量和质量上下功夫，不断强化自身内容生产优势。要把正能量和大流量结合起来，用心用情制作有品质、有格调的内容，打造更多群众喜爱、刷屏热传的作品，形成新的增长点和竞争力。要把媒体的专业专长和网民的创新创造结合起来，吸引广大网民参与内容生产传播，生产更多真实客观的新闻报道，提供更多观点鲜明的言论评论，不断丰富优质信息内容。要把受众“需要什么”与媒体“生产什么”结合起来，增强内容供给的精准性、契合度，提供更多个性化、特色化新闻信息产品。我们讲打造“内容 + 政务服务商务”的生态平台，必须明确内容是核心，不可本末倒置。

第四，积极抢占传播技术高地。媒体融合是一次以技术创新为引领的媒体变革。随着 5G 等信息技术快速发展，万物互联、万物皆媒的趋势越来越明显，内容和技术相互驱动、高度融合。我们要始终保持技术敏感，对新技术要有了解的兴趣、接纳的态度、运用的能力、管理的本领，战略上占据主动，战术上更趋精准，紧盯技术前沿，瞄准发展趋势，加强对新闻传播领域有关新技术的前瞻性研究和应用，决不能观望等待、被动应对。要充分用好信息技术革命成果，大胆将信息通信、人工智能、大数据等方面的先进技术融入新闻信息生成、传播、服务全过程，驱动传统媒体加快转型升级，引领和带动媒体深度融合发展。要统筹各方面技术资源和力量，建好用好媒体融合国家重点实验室，推动实现传媒领域关键核心技术突破和成果共享，抢占全媒体时代技术高地。要坚持技术为内容服务，适用管用、安全可靠，避免片面追求最新、最尖端技术。比如，基于人工智能“深度伪造”的换脸换声技术，存在较大侵权和真实性风险，运用在新闻领域要慎之又慎，确保新闻真实准确。

第五，大刀阔斧推进深化改革。现在媒体融合已进入深水区、攻坚期，必须以深化改革推动深度融合，以改革的胆识、改革的思维、改革的举措破解发展难题，向改革要办法、向改革要效益、向改革要出路。融合发展不是简单地增设一两个部门，也不是物理上的组合拼装，既要做好相关机构融合，也要做好新闻业务、资源要素融合。我们曾说过，媒体领导班子里如果还有一位专管新媒体的，做传统媒体和新媒体的如果还是两拨人，说明仍是“两张皮”。现在看来，这个现象依然普遍存在。要准确把握媒体发展规律，处理好增量和存量的关系，用好增量、激活存量，优化资源配置、淘汰落后产能，提升整体发展效能。要着力破解体制机制壁垒，深化内部组织架构和采编流程改革，建立适应移动互联网传播的组织架构和工作机制，形成集约高效的内容生产体系和全媒体传播链条。要充分发挥市场机制作用，吸引社会力量参与媒体融合项目的技术开发和市场开拓，不断提高自身造血机能，实现可持续发展。

第六，充分激发人才队伍活力。媒体的核心竞争力是人，实现融合发展关键在人才、在队伍。随着媒体融合向纵深推进，各单位对全媒体人才的需求不断增长，人才紧缺、跟不上的问题日益凸显，解决这个问题，首先要立足改造和提升现有人才队伍，把他们放到媒体融合这个大平台上来历练、来提高，通过学习新技术来练就新本领，通过运用新媒体来驾驭新媒体。要创新用人机制和激励机制，建立科学合理的考核评价体系、职称晋级制度、薪酬分配办法，把原则性和灵活性结合起来，让想留的留得住、想引进的引得进，想淘汰的淘汰得了。要加强采编播管、技术开发、产品运营的人才建设，促进科技人才与传媒人才融合发展，补齐媒体融合专业人才短板。要加快培养后备人才队伍，用好部校共建新闻学院、卓越新闻传播人才教育培养计划、高校人才培养基地等平台，为媒体融合源源不断地输送全媒人才。

以上 6 个方面的思考，简而言之就是全媒为本、导向为先、内容为王、技术为要、改革为重、人才为宝，这是我们在推进媒体深度融合发展过程中需要牢牢把握的基本点。

推进媒体深度融合、做大做强主流舆论，是中央交给我们的重大任务，是时代赋予的重大使命。希望各媒体把握机遇、顺势而为，各地各相关部门加强政策指导和资源保障，共同支持和推动媒体深度融合发展。中国记协要充分发挥团结服务作用，把中国新媒体大会越办越好、办出特色办出影响，多为大家提供相互学习、交流研讨的平台。

（作者为中央宣传部副部长、国务院新闻办公室主任）

积极服务中心大局　创新开掘融合路径

张宏森

当今世界百年未有之大变局加速演进，舆论生态、媒体格局、传播方式的“变局”也在加速演进，突出表现为新媒体渗透力无处不在、影响力不断扩大。用好新媒体、建设全媒体，越来越成为传媒领域在变局中开新局的必然选择。本次大会以“守正聚力　创新共融”为主题，敏锐把握媒体融合发展、建设全媒体的变革趋势，体现了准确识变、科学应变、主动求变的时代要求，必将产生积极而深远的影响。

近年来，湖南认真贯彻习近平总书记重要指示和党中央决策部署，深入实施创新引领开放崛起战略，大力发展移动互联网和数字经济，扎实推进媒体融合发展、构建全媒体传播体系，初步走出了一条具有湖南特色的媒体融合发展之路。互联网岳麓峰会、世界计算机大会成为湖南新名片，助推移动互联网产业迅猛发展，2019 年实现营业收入 1326 亿元，2020 年突破 1600 亿元；新湖南、芒果 TV、时刻新闻等新型主流媒体不断壮大，芒果超媒市值一度突破 1300 亿元，中南传媒连续 12 年入选全国文化企业 30 强，马栏山视频文创园聚集各类文创企业 3000 多家；融媒精品不断涌现，在 2019 年、2020 年度中国新闻奖评选中，湖南省分别有 17 件、13 件新闻作品获奖，其中有 12 件新媒体作品获奖，4 件作品获一等奖；县级融媒体中心全面挂牌，形成了覆盖省、市、县 3 级主流媒体的“报、台、网、微、端、屏”传播矩阵。在统筹推进疫情防控和经济社会发展工作中，云演播、短视频、新快闪、直播带货等新媒体技术得到广泛运用，形成了融媒报道、全媒宣传的亮丽风景，为决战决胜凝聚磅礴力量，为推动全省经济社会高质量发展提供有力支撑。

全媒体时代，媒体融合发展趋势不可逆转。2020 年 9 月，习近平总书记在湖南考察时就坚持守正创新、抓好文化和科技融合发展作出重要指示，党的十九届五中全会《建议》也明确要求“推进媒体深度融合”等。湖南将认真贯彻党的十九届五中全会精神和习近平总书记考察湖南重要讲话精神，把加快新媒体发展摆在重要位置抓紧抓好。我们将牢牢把握正确导向，推动新媒体聚焦学习宣传贯彻习近平新时代中国特色社会主义思想，让党的声音始终占据新媒体头条、首页、首屏，着力扩大主流舆论覆盖面影响力，努力将其建设成为传播党的创新理论的坚强阵地。我们将积极服务中心大局，按照贯彻新发展理念、构建新发展格局要求，以马栏山视频文创产业园、岳麓山国家大学科技城、国家网络安全产业园等为载体，积极推广运用 5G、大数据、人工智能等新技术，培育发展文化新型业态和产业集群，为着力打造“三个高地”、践行“四新”使命注入强劲动力。我们将创新开掘融合路径，坚持“应融则融、能融尽融”原则，促进新媒体与文化、旅游、科技深度融合，深化信息生产供给侧结构性改革，大力实施“新闻 + 政务商务服务”，推动各种媒介资源、生产要素有效整合，加快构建资源集约、结构合理、差异发展、协同高效的全媒体传播体系。我们将自觉肩负社会责任，统筹发展和安全，引导各类新媒体坚持把社会效益摆在首位，自觉遵纪守法，弘扬新风正气，发展积极健康的网络文化，防范各类风险，努力成为传播正能量、引领新风尚的窗口。

真诚希望与各方一道，充分利用中国新媒体大会的平台，交流分享前沿观点、创新经验、新潮科技，携手推动媒体融合发展、加快构建全媒体传播格局。热忱欢迎国内外新媒体领域知名企业、专家“大咖”和领军人才来湘考察、投资兴业，我们将竭诚提供优质高效服务，与各方共享发展机遇、实现互利共赢。

（作者时任湖南省委常委、省委宣传部部长）

守好方向之正　聚好融合之力

刘正荣

在长沙举办中国新媒体大会，是一个很好的选择。2020 年 9 月，习近平总书记在考察马栏山视频文创产业园时指出："文化和科技融合，既催生了新的文化业态、延伸了文化产业链，又集聚了大量创新人才，是朝阳产业，大有前途。"我们在这里举行中国新媒体大会，探讨"文化和科技融合"的新媒体未来发展，有特殊的现实意义。湖南是文化大省、媒体大省，是盛产媒体融合发展精彩故事之地，不仅有马栏山，还有芒果 TV、红网、新湖南客户端以及县级融媒体中心等群众创造的新做法、好经验，为我们研讨媒体深度融合发展提供了鲜活的经典案例。

推进媒体深度融合发展是重大课题。我们要深入学习贯彻中央《关于加快推进媒体深度融合发展的意见》，守好方向之正，聚好融合之力，走好创新之路，抓好共融之举，并通过实践不断深化对媒体深度融合发展规律的认识。举办中国新媒体大会的目的，就是为大家搭建一个交流思想认识、分享实践经验的平台。

第一，守好方向之正。坚持正确的政治方向、舆论导向、价值取向，把习近平总书记“正能量是总要求，管得住是硬道理，用得好是真本事”的要求真正落到实处。确保媒体深度融合发展始终沿着正确方向推进，引导新媒体守护初心、守住根本、守好方向，始终坚持正确政治方向，始终坚持把社会效益放在首位。

第二，聚好融合之力。媒体深度融合发展，关系媒体自身，影响新闻界，更是时代命题，需要集思广益、群策群力、携手共建。汇聚全媒体之力、全行业之力、全社会之力，把更多优质内容、先进技术、专业人才、项目资金向互联网主阵地汇集、向移动端倾斜，让主力军全面挺进主战场。

第三，走好创新之路。抓住创新这个“牛鼻子”，驶上媒体深度融合发展“快车道”，求新求变求效，做大做强做优，加快构建融为一体、合而为一的全媒体传播格局。强化理论观念、内容技术、体制机制、管理方式创新，以深化改革推进深度融合。

第四，抓好共融之举。媒体深度融合发展，要统筹处理好“传统媒体和新兴媒体、中央媒体和地方媒体、主流媒体和商业平台、大众化媒体和专业性媒体的关系”。不断完善多元共享的体制机制，持续探索合作共赢的载体手段，推进构建“共谋、共建、共享、共融、共兴”的媒体融合发展生态。

中国记协是全国性人民团体，是党和政府密切联系新闻界的桥梁纽带。中国记协的前身是 1937 年 11 月 8 日在上海成立的“中国青年新闻记者协会”。1949 年 7 月，中华全国新闻工作者协会筹备会在北平筹建，作为全国性的新闻工作者组织，与各民主党派和 15 个人民团体一起参加了中国人民政治协商会议第一届全体会议。1957 年 3 月，中华全国新闻工作者协会在北京正式成立。

以习近平同志为核心的党中央高度重视中国记协工作。习近平总书记 2016 年亲切接见中国记协第九届理事会全体代表和中国新闻奖、长江韬奋奖获奖者代表，并发表重要讲话，对中国记协工作作出重要指示。2017 年中国记协成立80周年之际，习近平总书记专门发来贺信，殷切希望中国记协真正建设成为“记者之家”。在中央宣传部的直接领导下，中国记协正在为落实习近平总书记的重要指示精神而努力奋斗。中国记协新媒体专委会的成立以及中国新媒体大会的举办，也是推进“记者之家”建设、服务媒体深度融合发展的重要举措。希望同志们、朋友们一如既往地支持中国记协的工作，共同把中国新媒体大会越办越好，办成业界共享的品牌。

（作者为中国记协党组书记、副主席、书记处书记）

CNMC

2020

中国新媒体大会

CHINA NEW MEDIA CONFERENCE

主题演讲

构建全媒体传播体系 做强新型主流媒体

乔永清

媒体融合发展既是一场由技术革命带来的媒体转型，也是传统主流媒体的必由之路，更是一场事关发展全局、影响各个领域的深刻变革。习近平总书记指出，我们要因势而谋、应势而动、顺势而为，加快推动媒体融合发展，使主流媒体具有强大传播力、引导力、影响力、公信力，形成网上网下同心圆，使全体人民在理想信念、价值理念、道德观念上紧紧团结在一起，让正能量更强劲、主旋律更高昂。

人民日报社认真贯彻落实习近平总书记重要指示精神和党中央决策部署，积极做媒体融合发展的探索者、践行者，媒体融合发展不断取得新进展、新成效。目前，人民日报社已经形成涵盖报、刊、网、端、微、屏等10多种载体、综合覆盖受众达9.7亿人次的新型主流媒体，地域覆盖面、人群覆盖面、内容覆盖面不断扩大，导向作用、旗帜作用、引领作用日益彰显。

2020 年 9 月，中办、国办印发《关于加快推进媒体深度融合发展的意见》，明确了媒体深度融合发展的总体要求。如何使互联网这个最大变量变成事业发展的最大增量，需要我们“守正聚力　创新共融”。借此机会，与大家分享几点体会。

第一，导向是发展之魂，要以正确导向营造清朗舆论空间。当前，世界百年未有之大变局加速演进，国内改革发展稳定任务艰巨繁重。站在“两个一百年”奋斗目标的历史交汇点，主流媒体要履行好举旗帜、聚民心、育新人、兴文化、展形象的使命任务，就必须坚持正确政治方向、舆论导向和价值取向，唱响主旋律，壮大正能量，提振精气神，为实现中华民族伟大复兴的中国梦提供坚强思想保证和强大舆论支持。

第二，内容是优势之本，要用精品佳作画出更大同心圆。从大屏到小屏，从文字到短视频，内容生产传播的形式不同、规律有别，但对优质内容的需求不变。全媒体时代要走好群众路线，以开放平台吸引广大用户参与信息生产传播，推出群众喜爱的内容。主流媒体要丰富内容，创新形式，要拼创意、拼匠心，用心用情打造精品佳作。

舆论生态、媒体格局、传播方式发生了深刻变化，但“内容为王”的本质没有变。正因为对内容的精雕细琢，“中国 24 小时”系列微视频、《复兴大道 70 号》、《生死金银潭》等融媒体精品才得以在纷繁复杂的舆论场中点亮人心、赢得口碑。

主流媒体只有不断践行“四力”要求，持续深化内容生产领域的供给侧结构性改革，提供更多优质内容产品，才能赢得更多受众，画出更大同心圆。

第三，技术是活力之源，要用高新技术重塑生产传播流程。5G、大数据、云计算、物联网、区块链、人工智能等信息技术成果日新月异，主流媒体既不能故步自封，也不能盲目跟风，要在新技术“为我所用”的同时，努力做到“为我所有”。

2020 年全国两会期间，人民日报智慧媒体研究院研发的“智能云剪辑师”上岗，短短几分钟就能生成视频；人民日报社传播内容认知国家重点实验室成立一年来，牵头发起的“内容科技联盟”已经有数十家科研单位、科技企业和主流媒体参与。

技术是媒体融合的发动机和加速器。在全新的发展环境中，主流媒体的技术创新和优质内容要做到“两翼齐飞”，才能不断产生新的“化学反应”，实现规模生产、精准传播。

党的十九届五中全会《建议》提出，推进媒体深度融合，实施全媒体传播工程，做强新型主流媒体，建强用好县级融媒体中心。对主流媒体来说，推进媒体深度融合发展既面临着巨大挑战，也迎来了前所未有的机遇。完成好媒体深度融合发展这项重大改革任务，需要我们守正创新、埋头苦干、奋力拼搏，从拼数量向拼质量转变，以内容优势赢得发展优势，以渠道优势赢得发展空间，以技术优势赢得发展动力。在媒体发展格局深刻变革的今天，努力构建全媒体传播体系，做强新型主流媒体，不负党和人民的重托，不负时代为我们提供的宏大舞台。

（作者时任人民日报社编委、秘书长）

加快推进深度融合　做大做强主流舆论

宫喜祥

当前，世界传媒业正在经历一场前所未有的大变革大调整，“四全”媒体深入发展，移动互联网成为信息传播主渠道，人工智能深刻重塑新闻传播的面貌，5G 加速应用推动新的新闻业态呼之欲出，万物互联、万物皆媒时代正在到来。伴随这场大变革，媒体融合发展进入深水区、攻坚期，既面临难得历史机遇，又面对诸多可以预见和难以预见的风险挑战，正处在实现全面突破、深度融合的关键节点。对此，中央关于“十四五”规划建议明确提出，推进媒体深度融合，做强新型主流媒体，中办、国办印发《关于加快推进媒体深度融合发展的意见》。这是以习近平同志为核心的党中央从维护国家政治安全、文化安全、意识形态安全的高度，对媒体融合作出的重大决策部署，为我们推进媒体深度融合、建设新型主流媒体、做大做强主流舆论提供了根本遵循。围绕贯彻落实中央要求，结合大会主题“守正聚力　创新共融”，有几点体会与大家交流、共勉。

一是守正不渝，举旗定向。无论生产模式、产品形态、传播手段如何变化，中国媒体所固有的政治属性不会改变，举旗帜、聚民心、育新人、兴文化、展形象的使命任务不会改变。当互联网成为信息传播主渠道、主平台时，我们更加需要把讲政治摆在首位，始终坚持党指引的方向，坚持党性原则，让党的旗帜在网络舆论场高高飘扬。我们应该把做好习近平总书记新闻报道和习近平新时代中国特色社会主义思想宣传作为头等大事，力争在创意上高人一筹、形式上独具匠心、手法上不拘一格、效果上出新出彩，让党的创新理论成为时代最强音。

二是做强主流、凝聚共识。我国已经进入高质量发展阶段，思想文化领域特别是舆论环境更趋多元、多样、多变，各种观点相互激荡，各种力量竞相发声，主流媒体统一思想、凝聚力量的任务更加艰巨。我们应该不断适应网民分众化、差异化特点，推进理念、内容、形式、方法、手段创新，提高网上正面宣传的针对性和有效性，提振信心、鼓舞士气，使全体人民在理想信念、价值理念、道德观念上紧紧团结在一起，让正能量更强劲、主旋律更高昂，让网络空间真正成为我们凝聚共识的新空间。

三是技术引领，抢占高点。当前，新闻传播创新一日千里。其中，技术创新在媒体变革中的作用愈加凸显，一项重大技术创新可能对整个行业造成颠覆性的冲击。谁能在技术创新上保持先机，谁才能在激烈竞争中保持优势。5G、大数据、云计算、物联网等信息技术快速发展，引发新闻生产、传播和呈现方式深刻变革，为媒体发展带来重要契机。我们必须立足形势发展，用好信息技术革命成果，加强新技术前瞻性研究和应用，创新媒体传播方式，积极占领信息传播制高点。

四是开放协作，激发动能。“十四五”时期是我国由全面建成小康社会向基本实现社会主义现代化迈进的关键时期，也是媒体把握机遇、加快发展的重要窗口期。我们应树立开放、协作、链接的思维，加强媒体与产业的跨界融合，促进媒体资源、政务资源、公共服务资源的融会贯通，构建渠道丰富、覆盖广泛、传播有效、可管可控的媒体型生态平台，切实把社会思想文化公共资源、社会治理大数据、政策制定权的制度优势转化为巩固壮大主流思想舆论的综合优势，共同激活创新引领的合作动能，积极推动中国经济不断焕发生机活力。

新华社是中国媒体融合发展的先行者和排头兵。近年来，新华社坚持导向为魂、内容为王、创新为要，积极探索具有国家通讯社特色的融合发展路径，打造爆款融合产品，建立融合传播矩阵，融合发展局面大开，媒体创新走在前列。

面向未来，我们将顺应“四全”媒体发展趋势，加快由全媒体业务架构向智媒体业务架构拓展，由服务媒体用户向同时服务媒体用户和终端受众拓展，由提供单纯内容服务向提供综合生态服务拓展，既做好新华社深度融合发展这篇大文章，也努力为全行业、全社会提供更多优质公共资源。

第一，提升优质内容供给能力。新华社是国家通讯社，是“媒体的媒体”，向媒体提供内容是我们的基本职责。我们升级了全媒体供稿体系，每天通过 12 种文字，向海内外 200 多个国家和地区近万家用户提供各类新闻产品。我们将进一步强化互联网思维，牢固树立一体化发展、移动端优先理念，扩大优质内容产能，创新内容表现形式，在权威性、及时性、准确性、思想性上下功夫，让网络空间正气充盈。

第二，加快推进媒体深度融合。融合发展是媒体的一场自我革命。新华社将按照中央要求，以理念创新为引领，以深化改革为动力，以技术赋能为支撑，进一步理顺体制机制，重塑生产流程，拓展传播渠道，打造新型平台，加快构建全媒体传播体系。希望与媒体同仁加强交流合作，共享经验做法，激发媒体活力，不断提高传播力、引导力、影响力、公信力。

第三，加大“开门办社”力度。我们将自有采集网络与社会信息资源相结合，重构新闻采集模式，建设融汇社内社外、打通线上线下的信息网络时代“消息总汇”。我们将向更多用户开放智能化生产平台“媒体大脑”、移动直播平台“现场云”等新华社自主技术平台，与合作伙伴共建媒体融合生产技术与系统国家重点实验室，帮助更多媒体实现移动化、数字化、智能化转型升级，携手打造新型媒体传播生态。

第四，广泛共享经济信息服务。我们将以“新华财经”“新华丝路”“新华信用”“新华指数”经济信息服务平台为依托，与政府部门和市场主体，特别是“一带一路”沿线国家媒体和机构，协商开展经济信息数据交换，探索多种方式的经济信息服务合作，共同促进经济社会发展，携手助力全球经济复苏。

期待我们在这里能深入研讨、分享心得，加强互动、达成共识，努力在“守正”中“创新”，坚持在“创新”中“守正”，加快推进媒体深度融合发展。我们将努力以新的气象、新的作为，创造无愧于时代、无愧于使命、无愧于人民的崭新业绩。

（作者为新华社党组成员、秘书长）

守正创新建设新型主流媒体

刘晓龙

党的十八大以来，以习近平同志为核心的党中央高度重视推动传统媒体和新兴媒体融合发展，习近平总书记从党和国家事业发展的战略全局高度，多次作出重要指示和重要论述，为主流媒体指明了全媒体时代的发展方向，为我们做大做强主流舆论提供了根本遵循。党的十九届五中全会明确提出，推进媒体深度融合，做强新型主流媒体。

中央广播电视总台深入学习贯彻习近平总书记关于媒体融合发展的重要论述，坚持守正创新，以“大象也要学会跳街舞”的精神风貌拥抱数字化、迎接数字化，加快实现从传统广播电视媒体向国际一流原创视音频制作发布的全媒体机构转变、从传统节目制播模式向深化内容生产供给侧结构性改革转变、从传统技术布局向“5G+4K/8K+AI”战略格局转变，奋力打造具有强大引领力、传播力、影响力的国际一流新型主流媒体。

新发展阶段、新发展理念、新发展格局，需要主流媒体展现新担当、实现新作为，加快推进媒体融合向纵深发展，按照“四全”媒体要求，主力军全面挺进主战场，为奋力夺取全面建设社会主义现代化国家新胜利提供坚强思想保证和强大精神动力。

一、高举思想旗帜，唱响主流声音

习近平新时代中国特色社会主义思想是指引党和人民走好新时代长征路的行动指南，也是应对重大风险挑战的强大思想武器。在实现中华民族伟大复兴的历史征程中，作为主流媒体，要始终高举伟大思想旗帜，让党的声音传得更开、传得更广、传得更深入。

中央广播电视总台深化提升“头条工程”，精心做好领袖宣传报道。聚焦习近平总书记重要讲话精神，推出了《传习录》《人民领袖》等一批既有思想深度，又有“网言网语”的融媒体产品，突出宣传习近平总书记提出的新理念、新思想、新要求，推动习近平新时代中国特色社会主义思想“飞入寻常百姓家”。

2020 年 7 月，《新闻联播》换了新的片头和演播室，让人眼前一亮。9 月又“上新”了 4 位新主播，很快就在朋友圈刷了屏。我们还着力进行语态语境的改革，推出了《主播说联播》《联播 +》等新媒体品牌，构筑了以“新闻联播”为 IP 的跨媒体新生态，让这个“老”栏目焕发出了新生机，受到年轻网民的欢迎。

2020 年 11 月，中国记协公布了第三十届中国新闻奖的评选结果，中央广播电视总台有 23 件作品获奖，其中就有不少新媒体作品。比如，央视新闻的短视频现场新闻《【独家 V 观】习近平看望“快递小哥”》获得一等奖。2019 年春节前夕，习近平总书记在结束看望慰问的返回途中，临时决定下车看望北京前门石头胡同快递服务点的快递小哥。创作团队使用备用手机抓住现场的感人细节，拍摄下了习近平总书记和快递小哥交流互动的温暖时刻。短视频以原生态的纪实风格，第一时间在央视新闻客户端推出，立刻成为网络“爆款”，被各大网站头条置顶推送，在央视新闻公众号上的阅读量迅速 10 万 +，大量网友主动转发，刷屏朋友圈，当天全网点击量突破 2.9 亿次。

二、发挥融合优势，弘扬主流价值

中央广播电视总台持续深化“台网并重、先网后台、移动优先”战略，充分发挥新媒体平台带动作用，用好“大中台、小前台”整合各类生产要素，推动传统广播电视的传播优势向新媒体延伸、优质内容向新媒体端集结，不断提升原创能力、激发创新活力。

2020 年年初，新冠肺炎疫情暴发后，总台投入 5500 多人的采编播力量，派出 216 人报道团队深入湖北疫情防控一线，发稿近 60 万篇。其中，除了广播电视记者，还派出大量新媒体记者，这是过去没有过的。从 1 月 27 日开始，央视新闻客户端推出长达 73 天的全天候不间断视频直播节目《共同战“疫”》，成为全网最长时间、最多视角、最高关注度的疫情防控大直播，在微博引发多个热搜话题。两个多月后，微博话题“共同战‘疫’”阅读量超过 100 亿次。与此同时，大量新闻新媒体素材反哺大屏，实现了媒体的深度融合。

总台“央视频”新媒体平台，开设 24 小时直播窗口，开展火神山医院、雷神山医院施工建设“慢直播”，多个机位全天候不间断呈现现场实时画面。在没有主持人、没有解说词、没有剪辑包装的情况下，共计吸引近 1.2 亿人次在线“云监工”，“武汉加油、湖北加油、中国加油”等祝福刷屏。

三、强化技术赋能，壮大主流阵地

中央广播电视总台迎接数字化、拥抱数字化，瞄准科技前沿、把握时代大势，加快构建“5G+4K/8K+AI”全新战略格局，巩固和壮大主流舆论阵地。

2020 年 11 月 20 日是首个国家级 5G 新媒体平台“央视频”正式上线一周年的日子。这是中央广播电视总台基于“5G+4K/8K+AI”等新技术全新打造的综合性视听新媒体旗舰，从技术流程上实现了内容用户数据的共享分享、互联互通，力争以高起点高标准实现“眼前一亮、闻之一振、爱不释手”的传播效果。

同时，总台以“超高清制播呈现国家重点实验室”为依托，联合国内外科研机构和企业，运用5G、人工智能、大数据、云计算等高新技术，积极推进电视媒体升级转型和我国超高清视频产业快速发展。

四、坚持以攻为守，传递中国声音

在世界百年未有之大变局中，主流媒体要深刻把握“两个大局”，精准定位中国所处的历史坐标与世界坐标，提高斗争本领，奋力提升在国际传播领域的地位和份额。要不断拓展国际视野，打好舆论斗争“组合拳”，以攻为守、主动作为，绵绵发力、久久为功。

中央广播电视总台充分发挥《央视快评》《国际锐评》《玉渊谭天》《海峡时评》《大湾区之声热评》和CGTN评论矩阵等品牌产品舆论威力，不断增强发声能力。同时，加快推进“好感传播”，运营好多语种网红工作室，加强媒体合作，做到借嘴说话、借筒传声、借力办事，有力有效地传递中国声音。

面对来势汹汹的新冠肺炎疫情，主流媒体有责任、有义务为推动全世界范围的团结协作搭建桥梁、传播科学、凝聚力量。截至2020年8月中旬，中央广播电视总台共推出76期新媒体直播节目《全球疫情会诊室》，通过海内外专家全球视频连线等方式，向各国介绍中国一线医护人员抗疫实践经验，全球阅览量达2.8亿。2020年1月26日至3月29日，中央广播电视总台希伯来语网红工作室——“小溪工作室”共发布53期抗疫报道原创视频，新媒体平台触达率近3500万，与以色列主流媒体合作传播百余次，最高收视率超20%，引发国际媒体和智库关注。

在全媒体时代，中央广播电视总台将守正创新、以攻为守，奋力打造具有强大引领力、传播力、影响力的国际一流新型主流媒体，更加有力有效地服务党和国家工作大局，为夺取全面建设社会主义现代化国家新胜利作出新的更大贡献。

（作者为中央广播电视总台编务会议成员）

在守正创新深度融合中蝶变腾飞

郑建新

长沙是一座底蕴深厚的文化名城。辖区总面积 1.18 万平方公里，辖 6 区 1 县 2 市。在 3000 多年的历史沧桑中，长沙的城名和城址一直没有改变，马王堆汉墓、岳麓书院、铜官窑等文化遗存和众多的红色文化闪耀着璀璨光芒，是全国首批历史文化名城。长沙是一座风光秀丽的“山水洲城”。岳麓山、湘江水、橘子洲、长沙城形成独特的“山水洲城”风貌，青年毛泽东曾在此写下了脍炙人口的《沁园春·长沙》以表达对长沙的喜爱之情；如今，青年毛泽东的雕像伫立在橘子洲头，默默守护着芸芸众生。长沙是一座独具魅力的“活力之城”。区位优越、交通发达、物流便利，高铁“米”字相会，地铁连线成网，科教资源丰富，创新活力勃发，是“一带一路”重要节点城市、长江经济带中心城市和“一带一部”首位城市。2019 年长沙经济总量居全国省会城市第七，增速居全国省会城市第一。先后荣获中国最具软实力城市、中国国际化营商环境建设标杆城市等称号。长沙是一座生态宜居的“幸福之城”。839万市民在此安居乐业、幸福生活，两次上榜“中国十大美好生活城市”，3次蝉联全国文明城市，连续13年获评中国最具幸福感城市。

以新媒体为代表的文化产业是极具发展潜力的朝阳产业。近年来，长沙始终把文化产业摆在重要发展位置，将创新创意贯穿文化建设始终，坚持大视野布局、大融合发展、大项目支撑、大龙头带动，引领文化产业在守正创新中增光出彩，先后获评东亚文化之都、国家文化消费试点城市、世界媒体艺术之都等殊荣。习近平总书记在长沙考察时对马栏山视频文创产业园给予充分肯定。文化产业是一个朝阳产业，因为和技术的链接，成为一个高新科技产业，大有前途。我们突出抓好3个方面：

第一，精准把握融合发展新趋势。主动适应媒体发展新变化，积极顺应文化融合大趋势，推动文化产业在融合中拓展新空间、焕发新活力。一是坚持传承与创新相结合。将城市悠久深厚的文化传承与现代媒体艺术和城市可持续发展深度融合。一方面，按照“整体修旧如旧，局部修新如旧，细节修旧如新”的要求，推进城市有机更新，让“老长沙”的文化基因延续长沙3000多年的历史文脉，特别修建国内首条总长22公里的历史步道，巧妙串起历史文化街区、历史地段、历史资源等“长沙记忆”。另一方面，充分运用数字烟花、数字灯光、数字会展等新媒体艺术，精心打造媒体艺术之都，用创新的“灯火”照亮星城夜空，展示湖湘文化的独特魅力。二是坚持守正与跨界相结合。抢抓跨界融合风口，推动文化与科技、旅游、金融等深度融合，特别是注重用现代科技改造提升传统文化产业、注重在旅游产业发展中打好“文化牌”、注重鼓励银行加大对文创企业的信贷力度，有力助推文创产业集群迅速崛起、文化产业发展做大做强。全市现有规模以上文化企业1157家，主板上市文化企业8家，3家文化企业入选“全国文化企业30强”，文化产业总产出突破3000亿元，产业增加值占GDP比重达9%，成为名副其实的支柱产业。三是坚持开放与开拓相结合。主动服务国家“一带一路”建设，开文化展示之“窗”，搭文化交流之“台”，拓文化贸易之“市”。连续举办“一带一路”青年创意与遗产论坛，以沿线100多个国家200余名青年代表为纽带，全方位展示灿烂文化、深层次开展文化交流。以建设国家文化出口基地为契机，大力培育外向型文化企业和项目，金鹰卡通、明和光电、芒果国际等一批国家文化出口重点企业蓬勃发展，湖南湘绣、浏阳花炮等文化品牌声名远播，文化产品远销 60 多个国家和地区，向世界充分展现充满创意的文化名城形象。

第二，集中打造引领发展新地标。以马栏山视频文创产业园为突出重点，守正创新，打造引领长沙文化高质量发展的重大战略平台。一是着力打造科技文化深度融合示范区。依托湖南广电、长沙软件业和互联网产业优势资源，实施“文化 + 科技”战略，加快 5G、大数据、人工智能等数字技术赋能，推动科技与文化的融合互动，把科技的“血液”注入文化的“肌体”，让科技为文化服务、文化为大众服务，成功获评国家文化与科技融合示范基地。二是着力打造文创产业高质量发展新高地。以头部企业为引领、重大产业项目为支撑、产业生态为环境、高端人才为保障，打造视频产业集群。短短两年多时间，园区已聚集芒果超媒、电广传媒、中广天择等 3000 多家视频文创、新兴媒体企业，2019 年文创产业产值接近 350 亿元，2020 年园区完成重大项目投资 60.55 亿元，新注册企业 676 家。三是着力打造弘扬中华优秀传统文化排头兵。牢记“导向金不换”，用新技术、新业态、新模式传承传播好红色文化、革命精神，担当好坚定文化自信的时代重任。目前园区正在建设技术领先的 4K 修复生产线，力争达到一年修复 50—100 部电影电视剧的水平，在弘扬中华优秀传统文化等各方面践行马栏山“一马当先”的担当使命。

第三，精心培育创新发展新品牌。聚焦移动终端、创新创意、人才队伍等新媒体及文创产业发展关键要素，大力提升新媒体影响力，积极打造优质特色文化创意品牌。一是聚焦移动优先塑品牌。深入实施移动优先战略，积极探索媒体融合发展，集中优势资源打造网上精锐传播力量，推动重大时政报道、突发事件报道、重大舆论引导稿件优先在新兴网络传播阵地刊播推送。目前已打造“掌上长沙”“智慧长沙”“星辰头条”等自主可控新闻端，形成以“长沙发布”为龙头的全省最大政务新媒体矩阵。二是聚焦内容为王强品牌。着力在推进新媒体内容生产供给侧结构性改革上下功夫，坚持技术服务内容、内容服务人民，推动内容原创、权威报道、深度解读、言论评论等优势向新兴网络媒体延伸。《恰同学少年》《伟大的转折》等作品深受群众喜爱，成为刷屏热传的现象级产品。三是聚焦人才引领优品牌。发挥重点实验室、科研企业的人才集聚功能，用真金白银、真情实感引才、用才、育才；协同长沙学院、头部企业，办好马栏山新媒体学院，用市场化的方式吸引更多优秀人才参与新媒体发展，近年来每年有近 20 万优秀人才落户长沙、投资长沙、逐梦长沙。

衷心祝愿大会越办越好，也衷心期盼以这次大会为媒，吸引更多优秀企业、合作伙伴前来投资兴业、创新创业，共同将长沙打造成更具全球影响力的文创产业发展高地，让文化之花在星城大地精彩绽放。

（作者为长沙市委副书记、市长、
湖南湘江新区党工委书记）

从微博传播看全媒体发展未来

曹增辉

作为全球最大的中文社交全媒体平台，微博目前月活跃用户 5.23 亿，日活跃用户 2.29 亿。用户年轻化、区域下沉化、内容垂类化趋势更加明显，其中 16—30 岁人群占月活跃用户的 80%，三四线城市及以下人群超过 50%。内容生态上，微博一直坚持平台定位，扮演类似邮局的角色，帮助有生产能力的人获取粉丝，提升影响力。目前微博头部作者超过 100 万，覆盖了 55 个垂直领域。微博的优势是通过文字、图片、短视频、直播、投票等多种形式构成了一个信息获取、知识传递、观点交流的多元化价值平台，也是目前全网唯一具有出圈影响力、实现跨领域人群参与的平台。

长久以来，微博一直是政府、媒体的重要发声和传播渠道。超过 17 万政务账号，形成了从中央到地方、从系统到垂直的矩阵覆盖；超过 3.5 万媒体账号、6000 多市县域融媒体账号；年阅读量超过 7000 亿，这些极大增强了主流媒体传播力、引导力和影响力，也是媒体融合升级转型的主阵地。

疫情期间，媒体、新媒体平台共同发挥了重要作用。对此，新浪微博深有体会。特征一，疫情期间，各级各类媒体在微博平台坚持 7×24 小时不间断工作，共发布 228 万条疫情相关微博，阅读量达 3000 亿，各地的疫情发布会直播超过 1 万场，累计直播观看人次超 30 亿。特征二，微博每日发布关于疫情知识解读分析的长文章有几万篇，微博前台实名认证 1298 名医护和患者，传播一线信息。特征三，微博与媒体合作开通“肺炎患者求助超话”，累计收到上万条有效求助，加速患者救治速度和效率。这些举措强化了权威声音，提振了舆论正能量。

这次疫情也引发我们对于新媒体发展的深度思考，下面，我分享关于新媒体发展的 3 个观点。

一、报道的多元视角

以短视频平台为代表的新媒体形态快速普及、广泛覆盖，突破了传统媒体时空限制，信息来源多元化，传播方向多维化、立体化。普通网友、自媒体提供新闻线索，专业媒体进行深度报道，权威媒体一锤定音的模式愈加明显，微博成为各种信息传播、讨论发酵、达成共识的一个平台。

疫情期间，微博平台汇聚了大量新闻线索，这些个人微博或是来自个人发布，或是来自短视频平台内容迁移，共同为主流媒体提供了广泛的新闻素材。例如，在武汉无疫情小区重新开放时，当地居民在微博上发布多条视频，展现了老百姓重回日常生活的感受和看法，这些视频被央视新闻账号采用，并在微博平台上形成广泛传播。与此同时，大量有价值信息通过平台推送、放大影响，如“网红医生”张文宏、流行病学家曾光教授成为“科普达人”。

二、内容的全媒体化

当今时代“视频为王”，视频化发展成为讨论热点。微博上，百万粉丝级别的视频大号超过5000个。但视频并非全部，对媒体内容消费者和传播者而言，完整媒体生态的最终目标是全媒体化。全媒体化，不仅仅是媒体内容呈现方式多媒体化，更体现在内容的生产、传播、讨论全过程中要为消费者和传播者提供有价值、多元化的信息，而非单纯的算法推荐。

微博爆款图片，如“中国一点都不能少”“雪后北京变北平”等传递正能量信息，而“疫情期间，年轻医生陪伴罹患肺炎的高龄老人共看夕阳”的照片，触动无数人心底的柔软和温暖，评论超过60万条。

视频案例中，微博联合媒体24小时不间断直播火神山、雷神山医院建设画面，在千万网友的“云监工”下，两座医院拔地而起，又在大家的见证下“关门大吉”，直播观看量超过1.3亿。这一直播最大的亮点在于用户互动热情前所未有地高涨，互动超过千万人次。大家给现场施工队伍起了很多昵称，也和工人师傅们在微博上进行图文互动，一场直播上了多次热搜，充分体现出全媒体化的蓬勃生机。

三、传播的矩阵效应

目前，政府、媒体都在微博平台搭建了自己的账号矩阵。值得一提的是，就媒体而言，单纯靠媒体号、栏目号这些蓝V账号是不够的，需要升级矩阵，尤其是引入主持人、记者、评论专家等角色，使内容更具人格性，更有吸引力。

例如“@观视频”账号，它内容生产的主要方式，是利用资源优势，打造栏目+人物IP，进而迅速提升影响力。“观视频”及旗下专家组组成了媒体生产矩阵，多维度、多层次地进行优质内容生产，成功塑造了自己的品牌影响力。

湖南媒体这方面成功经验也很多，2019年外交部推荐湖南的时候，湖南媒体在微博上以“创新湖南、融入世界”为主题进行传播，最大亮点是调动湖南卫视的媒体人、主持人、明星和湘籍名人进行互动参与，话题阅读量超过59.6亿，成为现象级案例。

新媒体的发展有着巨大想象空间。产品不断更新迭代，内容精彩多样，变化才是新媒体唯一不变的地方。我们能做的就是去拥抱和接纳这些变化，因时而动、顺势而为。在主流舆论场中，专业人才和一流内容是引导社会舆论、抢占舆论场话语权的重要力量，发挥着正面意见领袖的作用，希望更多专业人士能够走到新媒体传播的第一线来，在传播中迸发更多新能量。

（作者为新浪微博高级副总裁、总编辑）

建设主流新媒体集团的芒果思考

张华立

“大风起兮云飞扬。”2020 年，马栏山上的湖南广电不断感受大风吹来。习近平总书记视察马栏山视频文创产业园，为我们指明发展方向，紧接着中央印发《关于加快推进媒体深度融合发展的意见》。《意见》勾勒出了媒体深度融合清晰的时间表和路径图。对标对表中央要求，梳理湖南广电既往媒体融合实践，我们认为，“建设主流新媒体集团，主力军挺进主阵地”的时代机遇已经到来。

2014 年，湖南广电坚定推出“一云多屏、两翼齐飞”的媒体融合战略，湖南卫视延续传统优势竞争力，芒果超媒开拓长视频网站竞争的正面战场。然而，与其他互联网平台相比，广电大院里孕育的传统媒体有没有继续增长的机会？长视频网站能不能获得超常规发展？遗憾的是，即便是湖南卫视和芒果 TV，坦率来讲也只是简单叠加，没有力量完全回答这两个沉重的问号。我们面对的是新一代观众和用户，我们没有时间去试错、没有机会从零出发，因为市场、用户不会给我们机会。如果说过去几年湖南广电跌跌撞撞地探索了所谓 1.0 版本的“芒果模式”，今天，我们来到了迭代升级为 2.0 版本的时刻，即媒体深度融合的下半场，我们要坚定地向“建设主流新媒体集团”这个目标勇敢出发！

思考要转化为实践，就必须厘清和界定“主流新媒体集团”这个概念，明确其具有哪些特征，才能扬长避短、对症下药，实现凤凰涅槃。

第一，守正创新的党媒属性。党媒姓党，绝对忠诚。意识形态属性是主流新媒体的本质属性；做大做强主流舆论，是湖南广电必须承担的天生使命。进军主阵地，就要能做主力军，为时代聚人心，为社会存正义，为人间弘美德，为民族展形象，让正能量更强劲、主旋律更高昂。不管怎么发展，湖南广电始终坚持“内容为王”，坚持将长视频特别是主旋律长视频作为核心竞争力的内容战略。2020 年湖南卫视先后获得“全国抗击新冠疫情先进集体”“全国脱贫攻坚组织创新奖”两个大奖，就是湖南卫视和芒果超媒合二为一、深度合作的结果，也是以互联网思维贯穿策划、生产、推广全过程的结果。以一流传播效应创造一流社会效益，这才是“主流”一词的根本价值所在，也是建设“主流新媒体集团”的终极追求。

第二，矩阵传播的融合面貌。传播生态已经发生深刻变化，“人找信息”分发模式让位于“信息找人”，算法推荐、人际社交（社交媒体分享）等新兴技术应用大行其道。对此，我们不能固守原有媒体分工，需要因时而变调整新媒体渠道布局，建构主辅分明、层次清晰、开放多元的平台矩阵。在现有主平台湖南卫视和芒果 TV 深度融合的基础上，湖南广电还将重点发力新闻类平台“芒果云”，打造以短视频为主要产品形式的龙头传播品牌。真正做到既可以利用系列自主平台阵地稳固发声，又能利用全网渠道强势分发扩大声量，使我们具有主流媒体应有的强大传播力、引导力、影响力、公信力。

第三，中台赋能的组织形态。传统媒体转型升级的最大难点来自体制机制，顶层设计层层安排的破题思路又根深蒂固。但事实证明行政主导本身也是路径依赖的产物，循环往复效率极低。以湖南广电来说，资源分散，利出多孔，业务同质，集团运营的集约化程度不高、决策运营的数字化程度很低，业务模块叠床架屋，运行体系流程不畅，治理能力和治理水平亟待提高。现代传媒企业必然是数字化企业，而传统媒体漠视数据支撑和数据模型。我们将借助集团整体数字化建设来主导组织变革，从原有的一体两翼、一体多元升级到一云多屏、多元一体的扁平组织形态，大力建设数据和数字资产。这一建设的核心要义是通过技术手段建立强大统一的业务中台，实现组织管理的转型转轨和业务流程的提质增效，为经营资源的科学配置、高效使用提供支撑，进而达到中台赋能系统的效果。

第四，全媒时代的人才结构。事以人成，业由人广。实事求是地说，传统媒体的人才体系已经难以适应转型升级的要求。湖南卫视和芒果 TV 人才结构区别较大。急需从根本上建立新型人才培养计划，优化人才结构，一方面巩固内容创意类人才优势，另一方面补足人才短板，快速补充软件工程、产品研发、内容运营、数据分析、系统运维等新媒体新技术人才，为全面参与新媒体头部竞争做好人才储备。

第五，链路完善的产品集群。回顾过去，传统媒体内容产品形式单一、商业模式一成不变。但数字技术颠覆效应，已经重塑产品形态和商业模式，引发传统媒体商业模式诸多变种。IP 零售和直播电商等内容电商形态欣欣向荣，其高速迭代和摧枯拉朽的态势开阔了我们的认知视野。传媒的经济回报不再终结在流量曝光环节，还可以通过高价值内容服务型产品来延长产业链条和放大产业价值。2020 年，我们启动了“芒果季风计划”“小芒电商计划”，力图突破精品力作的短板，破解长视频商业兑现的难题。

第六，前沿领先的应用技术。新媒体的诞生和进化源于科技驱动。对新技术保持高度敏感应该成为我们的底层意识和自觉反应。2020 年 3 月，5G 高新视频多场景应用国家广电总局重点实验室落户马栏山，为我们探索 5G 背景下内容生态与平台应用打下了坚实的基础。湖南广电与中国移动、华为等公司相继达成了合作协议，围绕智能影像视觉、光场技术、AR/VR、5G 全息等重大核心技术展开合作，探索应用场景，转化研究成果，坚持把技术创新作为夯实数字经济、打造主流新媒体集团的新基石。

第七，开放合作的运营生态。以我为主建平台，还要开放合作办平台。我们既要诚心诚意地设计共赢共享的游戏规则，又要在执行落地上有业务接口。创意研发资源、生产制作资源、IP 运营资源、平台经营资源等，我们都要开发面向生态伙伴的saas产品，使社会机构、内容创作者、技术公司可以便捷和快速地参与芒果生态的建设。同时，要善于运用资本力量来托举我们的生态建设。湖南广电拥有芒果超媒和电广传媒两家上市公司，我们可以抓住资本市场改革的有利契机乘势而为，围绕核心主业建链强链，加大对产业上下游生态链的延伸与掌控；积极探索文化产业发展的新路径，缩短与商业化平台公司在资本运营上的差距水平。

习近平总书记指出，“媒体融合发展是一篇大文章”。一篇大文章不可能一蹴而就，需要付出艰苦的努力。湖南广电将在媒体深度融合上谋划更大创新作为，为全媒体时代的媒体融合发展继续探索芒果答卷！

（作者为湖南广播影视集团有限公司党委书记、董事长、总编辑）

变化的是平台　不变的是初心

邓秀松

大家相聚长沙，共探“守正聚力　创新共融”，我借此机会汇报长江云的转型经历和经验体会。

一、建一朵属于自己的云

2014 年，湖北广电响应习近平总书记号召，开启媒体融合之路。

2015 年，我们痛下决心，搭建可管可控的自有平台。

2016 年，湖北省委决定，在我们新媒体云平台的基础上，建设覆盖全省的长江云移动政务融媒体平台。

到 2020 年，长江云作为湖北省县融建设唯一支撑平台，已基本构建起省、市、县三级联通的新闻生产和发布矩阵，成立了长江云平台运营合作体和编委会，通过“云稿库”实现传播全覆盖。如今，通过9次大版本迭代升级，我们已经培养和锻炼出自己的核心技术和产品研发团队，集团成为拥有“三证一高”的本土优势互联网企业、武汉市科技创新平台、武汉市重点研发中心、优秀上市种子后备企业，入选湖北省十大最具成长性文化企业，成为中国（湖北）广播电视媒体融合发展创新中心的核心成员单位。

二、平台化传播携手“出圈”

长江云依托自有平台，坚定走平台化融合发展之路，实现三大突破：一是突破了单个媒体的局限，它不只是湖北广电自身的媒体融合，而且是湖北省区域的媒体融合；二是突破了单一媒体的局限，它不只是广播或电视媒体融合，而且是广播、电视、平面媒体、政府网站等所有媒体的整体性融合；三是突破了单纯媒体的局限，它是媒体与政务、社会资源的融合。平台化建设，是我们抢占舆论阵地的选择。

2020年年初，新冠肺炎疫情暴发，长江云迎来大考，我们忠实履行区域性平台的责任，在发挥主流媒体舆论作用之外，还干了这样5件计划之外的事情：

一是依托长江云平台迅速建立起一个主流媒体联动平台——战“疫”集结号。集结全国30个省市区、67家媒体、254个端口，汇聚全国力量，形成抗疫媒体矩阵，发挥了强有力的平台传播作用。

二是承担国新办和湖北省疫情防控指挥部一共150多场新闻发布会任务。实现新闻发布史上3个前所未有的突破，即广电5G首次实战应用，首创发布会线上无接触采访，首次实现“直播+”全媒体现场报道形态。

三是紧急开通求助平台。平台大数据全面介入公共危机处理，帮助数千名病患得到及时救治，及时为疫情防控提供决策参考，为中央指导组和湖北省委、省政府研判决策提供科学依据。

四是创建在线义诊平台。携手腾讯微医搭建起抗疫义诊平台，来自全国5.5万余名专业医师24小时接诊，为170万用户提供在线咨询和心理辅导。

五是搭建居家抗疫服务平台。开通“湖北省中小学线上教学平台”，推出“湖北人民免费看”“音乐抗疫”“家庭健身房”“云赏花”等线上活动，为宅在家里的用户提供丰富多样的精神文化生活。

我们总是抱怨，在自媒体和网红横行的时代，地方主流媒体很难找到自我。印象中长江云有两次用户增长高峰，一次是2016年湖北发生全域洪涝灾害。另一次是在新冠肺炎疫情期间，后台每天近20万用户增长，关键时期，危难时刻，人民群众给主流媒体以充分信赖。因此，从传统媒体到新媒体阵地，无论平台和形态怎么变，我们的初心不能变，对主流价值导向的坚守不能变，守正创新、服务人民的追求不能变。

三、革命人永远是年轻

我的个人经历，就是时代的写照。40多年前，我是一个因祖父成分问题失学的农民，拨乱反正让我有机会参加高考，改革开放让我有幸成为一名记者。转型干新媒体时我52岁，我说能行吗？董事长张建红同志说：我俩同龄，怕什么，事业需要，咱们属虎的，拿出虎劲来，干他一场。在台党委领导下，我们迅速组建起湖北广电第一支新媒体团队——“飞虎队”。

凭着新媒体人的年轻心态，凭着只争朝夕的劲头，凭着新闻人的不变初心，团队的大小伙伴们一起拼搏了6年。“飞虎队”变身长江云，被称为媒体融合的“湖北模式”，得到全国同行们的支持与肯定。

我干了30年广播，2020年，却以新媒体人的身份走进人民大会堂，获得长江韬奋奖这一至高荣誉。感谢这个机遇挑战并存、创新发展同在的媒体融合时代，让我们传统媒体人走上媒体融合创新的舞台中央。这是中宣部、中国记协对主流媒体融合发展的肯定，是对中国新媒体群体的褒奖，更是推进媒体深度融合再出发的号令和期待！我们将冷静思考再出发，继续撸起袖子加油干！

（作者为湖北长江云新媒体集团总编辑、
第十六届长江韬奋奖长江系列获奖者）

创新共融　危机中育先机

周秋含

我进入媒体工作时恰逢传统媒体进军互联网，后来又亲历了华龙网从“PC 一张网”发展到“一芯两云三平台”的全媒体融合布局。2020 年 9 月，中央印发《关于加快推进媒体深度融合发展的意见》，从顶层设计上为媒体深度融合发展带来了又一次东风，送来了又一场及时雨。作为新媒体人，我学习后深受鼓舞。

媒体融合发展到今天，我们新闻人正面临巨大挑战，大家都在寻找破局之道。借这个机会，结合华龙网的发展布局以及对新闻、互联网行业的一些思考，给大家做个简短汇报。

当前，我们面临着 4 个方面的问题，对我们越来越形成困扰，分别是：

越来越复杂的生态。万物互联、万物皆媒，舆论生态、媒体格局、传播方式发生深刻变化，移动化、社交化、视频化发展态势势不可当，主流媒体、自媒体、商业平台形成了新格局。

越来越嘈杂的业态。信息无处不在、无所不及、无人不用，全媒体时代每个人都可能成为信息源，大量无用无效，看不到来源未经核实的信息稀释甚至屏蔽了主流真实的声音。

越来越焦虑的心态。一些同行开始焦虑，追热点忘重点，追流量忘质量，追速度忘深度。

越来越犯愁的状态。陷入“愁人才、愁技术、愁经营、愁地位”的困境。

尽管如此，我们依然坚信，危机中育先机、变局中开新局。《意见》为媒体深度融合发展提供了根本遵循、注入了强劲动力。我们也看到，时代也正在给新媒体的蝶变赋予更多机遇。这些机遇包括：

疫情下网民激增的机遇。最新统计数据显示，截至 2020 年 6 月，国内网民规模达到 9.4 亿，相比 3 月新增网民 3625 万。疫情背景之下，单季度互联网化的速率是以往的 2 倍。

5G 时代视频传播的机遇。“无视频，不传播”，凭借生动、形象的呈现形式，短视频作为信息传播载体的价值越来越被认可，也改变着我们的新闻叙事方式和传播方式。

网络内容创新升级的机遇。内容表现形式不断融合创新，互动式交流、沉浸式体验、场景化展示等多种形态，大幅提升了用户体验及获得感。

媒体边界极大拓展的机遇。新闻不只是有目的的阅读、观看，更是生活的体验、经历和实现；媒体也不仅仅只是一家新闻单位，“新闻 + 政务 + 服务”正在全面融合。

大时代下传播转型的机遇。互联网成为主阵地，移动端成为新高地。传播力不看流量看互动，影响力不看到达看点赞。这是我们打造新型传播平台的最好时机。

这些机遇，为我们提供了奋发有为的广阔空间。我们这代媒体人，拥有丰富的平台资源和时代赋予的“风口”，没有理由不珍惜。华龙网在重庆市委宣传部、市委网信办指导下，正融合、创“芯”，与时代同行，具体做法有以下几个方面：

一是坚持正能量是总要求，扭住内容为王的“牛鼻子”。不管时代怎么发展，传播生态怎么变，做新闻是我们的底线必须坚守，提高影响力永远在路上、永无止境。华龙网发展到今天，已不仅仅是一家媒体，也是一家以“内容＋技术＋运营”布局的互联网公司，但我们始终清醒认识到，华龙网作为互联网公司的前提首先是新闻单位，必须要有这个战略定位。同时，我们布局互联网产业形成的经济效益，最终也是为了反哺新闻事业的发展，挣钱也是为了把新闻做大做强。

二是以大破大立适应大变革，统筹融合发展资源。媒体深度融合是一项系统工作，不仅仅是宣传网信部门和媒体的事，我们要善于嫁接有利于媒体融合发展的一切资源，破落后之根、破内部之壁、破部门之篱；善于构建良好生态，在社会生态中构建媒体自己的小生态，打造生态链，为媒体深度融合赋能。

三是强化技术引领，打造自主可控新“引擎”。媒体发展的过程中，技术本身也逐步从“支撑者”的角色转变为“引领者”。工作中越来越明显感受到，技术在主导新闻采编和内容发展，新的技术带来新闻采编新的玩法。我们通过打造“华龙芯”中台，加速采编发流程全方位改造升级，努力形成自主核心技术与产品应用，运用大数据智能化驱动媒体深度融合。

四是创新运营模式，提升市场搏击能力。加快市场化转型，围绕主业积极探索互联网产业新业态，探索建立“新闻＋政务、服务、商务”运营模式，利用自身千万量级用户规模的 3 个“1+41”平台优势，深度参与“渝快办”“网站集约化平台”等智慧城市项目建设，提升市场搏击和抗风险能力。

五是善用社会资本，为融合发展注入新动能。推进资本化运作，加快收购、并购媒体上下游朝阳产业，具备条件的媒体企业要积极上市融资，反哺阵地建设，增强媒体综合实力。目前，华龙网正在积极推进上市工作。

各位同仁，未来已来，媒体融合发展大潮正如火如荼，作为新媒体人，是成为弄潮儿，还是沦为看潮者，就看我们自己手里有没有金刚钻，能不能揽得下瓷器活。

（作者为华龙网集团总编辑、第十六届
长江韬奋奖韬奋系列获奖者）

CNMC
2020
中国新媒体大会
CHINA NEW MEDIA CONFERENCE

权威发布

《中国新媒体研究报告 2020》

曾祥敏

《中国新媒体研究报告》是中国记协及其新媒体专业委员会落实中央关于加快推进媒体深度融合发展决策部署，加强新媒体服务引导，促进和推动新媒体新闻信息传播事业健康发展的重点智库报告。

《中国新媒体研究报告 2020》（以下简称《报告》）共 4 章，吸纳 2019 年到 2020 年期间全国新媒体行业发展与主流媒体融合转型的热点、亮点与难点事件。

第一章“年度报告”中的“总报告”立足中国媒体融合创新与新媒体发展全局，通过问卷调研获取主流媒体融合发展的一手数据，为推进媒体深度融合发展提供参考依据；“重点聚焦”章节从媒介认知与评价、传播行为等多方面聚焦新冠肺炎疫情报道。

第二章“行业报告”包括技术篇、内容篇、体制机制篇、平台篇、用户篇、队伍建设篇，其中队伍建设篇聚焦新媒体人才队伍建设问题，积极探索全媒体人才的培养发展之道。

第三章“专研报告”专项研究年度融合创新实践中具有代表性与影响力的细分领域，深入分析与探讨新媒体话题传播、新媒体与社会治理等。

第四章“融合精品分析”聚焦第 29 届中国新闻奖媒体融合奖项获奖作品，采访创作者，研究产品特点、创作方法与理念，挖掘产品生产背后的体制机制和传播规律，为媒体从业者提供宝贵经验借鉴和理念提升。

《报告》中部分数据、发现和观点如下：

“全国主流媒体融合发展现状和重点问题调研”显示，目前建设融媒体中心已经成为各级媒体融合发展的共识，“一专多能”的融媒体记者基本都参与一线新闻采编，县级融媒体中心的政府服务功能、与上级媒体的联动网络搭建均按部就班地展开，且与央、省、市媒相比，县级融媒体中心的从业者对所在媒体融合发展的满意度最高。其中，被调查的主流媒体 94.26% 都已设融媒体中心，央媒、省媒倾向于选择新建，县媒则倾向重组，市级媒体的融媒体中心建成度稍低。主流媒体平台的构建方式目前主要可以分为建设自有平台、接入区域专属云平台、接入央媒云平台等 3 种。调查结果显示，建设自有平台是媒体最主要的平台构建方式，尤其省媒多选择自建，而县媒则多接入区域专属云平台。

各级媒体在融合发展中面临不同挑战。对于自身融合发展中面临的最大问题和困难：央媒认为需要完善考核与激励制度；省媒认为需要创新融合思维；市媒认为需要政策扶持；县媒认为缺少人才以及培训、提升的机制。而在对媒体融合整体发展的问题与困难调查中，缺少人才、技术落后、资金短缺也被认为是目前面临的 3 个最大困难。

（作者为中国传媒大学电视学院党委书记）

《中国新媒体年鉴 2019》

隋　岩

《中国新媒体年鉴 2019》（以下简称《年鉴》）着力聚焦 5G 时代新兴媒体的再次变革与迭代，是一部全面客观记录新媒体行业发展态势和中国记协新媒体专业委员会工作的大型资料性年刊。《年鉴》分为 10 个板块。一、中央领导同志与新媒体相关重要活动；二、中国记协新媒体专业委员会重要活动；三、中国新媒体大会记事；四、中国新闻奖媒体融合奖作品解析；五、中国记协新媒体专业委员会委员单位工作综述；六、区域进展；七、人才教育；八、发展综述；九、年度盘点；十、制度文件、书籍简目。

《年鉴》呈现三大亮点：

一是重点更加突出，案例大幅增加。除了重点收录重大事件如 2019 中国新媒体大会、新媒体专业委员会委员单位工作综述、各地记协推进媒体融合发展工作等常规内容，年鉴特别添加了中央媒体、地方媒体庆祝新中国成立 70 周年融合报道十大创新案例、中国新媒体公益十大优秀案例。全书几百个典型实例不仅向读者生动、具体地展示了 2019 年我国新媒体战线取得的丰硕成果，同时增强了《年鉴》的感染力和影响力。

二是框架更加合理，内容新颖全面。《年鉴》既有中央领导同志有关新媒体的重要活动、新媒体专委会委员单位工作的翔实记录，也有 18 所知名高校关于新媒体人才培养的简要回顾与总结，更有四大国家重点实验室展示、全国新媒体行业大事年度盘点、近 5 年有关新媒体的制度文件、新媒体相关书籍要目等；既方便读者检索查询，又体现了《年鉴》作为新媒体行业大型工具书的多种功能。

三是呈现手段创新，融媒特色鲜明。不仅典型案例数量增加，而且大多附有二维码或作品链接，读者除了从文字了解作品概要，还可以直接通过手机扫描、点击阅听音视频，感受新闻现场魅力。这使《年鉴》的阅读空间得以拓展，突破了以往纸媒的实际容量，立体性、延伸性、时代感都大大增强。

（作者为中国传媒大学新闻学院院长、《现代传播》主编）

2020 全国视频文创产业发展指标体系（马栏山指数）

祝燕南

2020 全国视频文创产业发展指标体系（简称马栏山指数）包括视频生产指数、视频传播与消费指数、视频营销指数。

根据马栏山指数研究成果，在习近平新时代中国特色社会主义思想指引下，我国文化事业产业繁荣发展，文化与科技融合成为发展主线，视频文创产业加速迭代升级，成为文化产业高质量发展的重要支点。

一、视频生产能力稳健提升

视频生产指数包含生产规模、生产效益、生产创新、视频机构活跃度、公益宣传引导等 5 个指标，指数结果为 149.9，显示视频生产能力稳健提升。

生产规模指标显示，行业供给侧结构性改革力度加大，视频内容生产提质增效，网络视频正成为视频产量提升的主要推动力。生产主体规模虽受疫情影响，但到 2020 年 10 月，持证广播电视节目制作经营机构比 2019 年年底增加了 7567 家，行业整体活跃度依然强劲。

生产效益指标显示，网络视频生产效益持续提升，付费模式为内容产业提供稳定的消费支撑，内容制作的个性化和工业化时代来临。新兴媒体的主流地位基本确立。

生产创新指标显示，网络剧、网络电影、网络动画片及电视动画片备案数均呈上涨趋势，创新创造活力持续提升。

视频机构活跃度指标显示，受疫情影响活跃度有所下降，不少首播剧、原创综艺等被迫延期或搁浅，但云录制、云综艺等新方式正在催化制播模式改革。

公益宣传引导指标显示，网络视听空间已成为公益宣传的重要增量。

二、视频传播与消费正向发力，蕴藏巨大市场

视频传播与消费指数包含视频传播、传播供给、视频消费支出、公益宣传传播和市场预期等 5 个指标，指数结果为 117.7，意味着面对国内国际两个大局，我国视频文创产业展现出强劲活力，显示出文化产业所蕴含的巨大市场价值和市场空间。

视频传播指标显示，视频用户规模持续上升，有线电视用户数回升。IPTV 和 OTT 用户继续增长。网络视频用户体量增大，短视频和网络直播业务迅速增加。

传播供给指标显示，电视内容播出量增幅明显，网络视频备案数虽然增加，但上线量仍处于紧缩状态。

视频消费支出指标显示，居家抗疫带动电视收视时间明显回升，视频内容消费依然是家庭最主要的娱乐方式。另外，网络直播尤其是电商直播热度不断升高，有力拉动了消费。

市场预期指标显示，用户实际消费支出预期出现下行趋势，这说明任何事物都没有永远的野蛮增长，只有提升品质和价值，发展才能持续。

三、视频产业营销价值正在提升，新增长点不断涌现

视频营销指数包含宏观环境、营销价值、营销规模和营销结构等 4 个指标，指数结果为 149.1，意味着媒体深度融合发展进程加快，视频产业营销价值正在提升。

宏观环境指标显示，我国宏观经济运行平稳，发展环境稳定向好。

营销价值指标显示，2020 年前 3 季度比较突出的新媒体业务收入高达

1702.7 亿元，同比增长 124%，新媒体业务已成为拉动增收的主导力量。

营销规模指标显示，传统广播电视的媒体融合业务收入大幅上涨，2020 年前 3 季度收入达 721.7 亿元。同时，网络视听产业正在由高速增长阶段进入高质量发展新阶段。

营销结构指标显示，内容付费是增收的主要驱动，版权收入成为新的增长点。

四、全国视频文创产业发展的五大趋势

一是未来 5 年视频文创将成为文化领域主要的创新引擎。产业收入总量将连续保持 30% 以上的增长，不断提升对国民经济的贡献率。

二是视频文创将在公共服务升级和新兴产业融合发展方面实现多方面突破。

三是网络内容和业态将加快取代和更新传统内容和业态，成为内容建设和服务的主阵地主力军。

四是智慧广电战略将重塑广电发展格局，新视听、新文创将带给用户更多新体验。

五是视频文创产业将在国家新发展格局中找准新方位新路径，找到新的切入点着力点，在守正创新中激发新动能，攀上新时代文化创作创新的新高峰。

（作者为国家广播电视总局发展研究中心主任）

CNMC

2020

中国新媒体大会

CHINA NEW MEDIA CONFERENCE

『内容创新创优』分论坛

融合创新——《新中国密码：15665，611612！》

特别奖

重大主题报道的内容融合创新

■ 姚竣译

一、一曲老歌的“新生”

《没有共产党就没有新中国》是一首耳熟能详的老歌，如何在口味愈发多元化的今天焕发新生？我们从这首歌入手，从主人公故事、视觉展示以及音乐效果等多个层面让这首歌更加丰满、立体，进一步突出《新中国密码：15665，611612！》主题。

“读懂父亲，要从这首歌开始。”这是视频的开篇，也是我们第一次去拜访曹红雯女士时，她有感而发的至情箴言。

1943 年，19 岁的曹火星在一盏小油灯下，用一晚上的时间，在一架只有 7 根弦的大筝琴上，借用当地民间流行的《霸王鞭》民歌形式，创作出这首传唱至今的歌。这首歌，新中国成立前就开始传唱，原来叫作《没有共产党就没有中国》，后来毛泽东同志说应该在“中国”前面加一个“新”字，一个“新”字贯穿了我们全片的核心意向。在采访过程中，我们挖掘出歌曲创作背后的故事，还将曲谱设计成为全片的视觉线索。

一首歌的曲谱、旋律、歌词都服务于我们的融媒体报道内容，才能让这首旋律在受众心中产生共鸣。通过对这首歌的剖析和演绎，我们主创人员都更加深刻地领会到这首歌所表达的，正是中国共产党人的初心使命，多种乐器和人声的演绎，令整首旋律不再是一个“标签”，而是让这首歌穿越时代，成为大家心中的“不老的歌”。

二、一串神秘数字 call 出的答案

融合时代，缺少适合的包装和有力的推广，再好的产品也很难成为爆款，更别说造就经典、树立标杆了。所以，在《新中国密码：15665，611612！》制作期间，宣发的创意策划也紧锣密鼓地同步进行着。

这次的产品主题是庆祝新中国成立 70 周年，包装上自然不能太“皮”。但在新媒体端口发布，又得符合新媒体传播规律，所以角度必须巧妙，手法必须新颖。

在确定用《没有共产党就没有新中国》这首歌时，我们无数次哼唱，“哆嗦啦啦嗦啦哆哆啦哆咪……”哼旋律渐渐变成了唱简谱。这简谱写下来，不正好是一串数字吗？

而这个数字正好是 11 位，什么数字组合是 11 位？当然是手机号码，再一查，所属地是安徽淮北的联通号码。

2020 年 9 月 26 日，一篇标题为“15665611612”的推送在新华社微信公号发布。刚刚发送完毕，阅读量就突破百万，这个手机号那几天能打通听到彩铃的，我们称为“新中国锦鲤”。无数人给他发短信，尝试加微信，现在 B 站上还能找到打电话的视频。

2020 年 9 月 27 日《新中国密码：15665，611612！》正式上线。乍看之下，还是那串数字，但多出来的逗号和感叹号其实对应并强调了“没有共产党，就没有新中国”这句承载核心主题的歌词，也就是对预告进行了完全解密。

就这样，一波接一波的网友在微博和朋友圈转起了这串新中国密码，视频 13 分 14 秒，寓意“一生一世”，它成为 2020 年国庆节前网络热门话题之一，亿万网友在被视频感动的同时，也获得了新鲜的互动体验。这就是让中华民族获得“新生”的密码，也是打开“新中国”的密码！

（作者单位：新华社新媒体中心）

融合创新——“数说 70 年”数据新闻可视化系列短视频

一等奖

成就数据化 数据可视化

■ 王 琳

“数说 70 年”数据可视化系列产品包括 6 个视频，从消费、饮食、大国工程、数字经济、生态、外贸 6 个方面，展现新中国成立 70 年来的辉煌成就。这套产品不仅在经济日报社新媒体平台取得良好的传播效果，还获得网信办全网转发推荐，形成了全网传播力、影响力，传播覆盖面达上亿人次。

一个好故事不是花哨的图片堆砌，要结合数据、视觉表达和叙述元素。

“数说 70 年”数据可视化系列产品具有 3 个重要特点。

一是用数据讲故事，从故事读数据。

怎么用数据讲故事？这就需要我们通过寻找数据、分析数据，将数据可视化，并串成一个生动、有趣的故事。“数说 70 年”系列产品在制作过程中发掘了大量数据，有效使用数据近 100 套约 1000 组。然后，以数据为主线，以变化和对比为依据，动态反映消费、饮食等领域的发展变化。例如，在展现老百姓饮食变化时，通过主食占比、主要农作物自给率、肉蛋菜果鱼人均占有量等不同维度数据的联结，让数字“动”起来、“串”起来、“活”起来，具有可知可感的故事性。

二是技术和设计结合，提升视觉冲击力。

让数字“活”起来、“动”起来，还要技术和设计。制作这套产品时，我们使用曲线图、树图、气泡图等数据图形，并运用数据建模、数图结合等融媒体制作技术，让静态数字变成了动态视频，给用户最直观的视觉冲击力。

三是小切口呈现大主题，发展变化可感可知。

这套产品在每一个选题角度上，我们都从“小切口”“小视角”引入，与用户找共情、共感。比如，在反映70年饮食变化时，视频从当下流行的“轻食”切入，渐次引入饮食习惯改变和背后农业生产力的提高。这种以小见大、“接地气”的小切口，增加了产品的亲和力。除了切入点巧妙外，表达也力求生动形象，让枯燥的数字变得可感可知。比如，“一分钟，电商平台卖出28万只小龙虾；一小时，快递公司处理600万个快递；一天，老百姓花1000亿元用于购物和餐饮”。

做“数说70年”系列产品时，我们反复讨论、反复论证，力求把重大主题做得既有意思又有意义。回顾整个创作过程，大致有两点体会。

第一，以数据立意，找到重大题材的“微视角”，体现内容的差异化。在成就报道中，数据展现是不可或缺的一方面。我们从经济视角出发进行选题规划，把重大主题与数据新闻巧妙融合，用数据说话，让视觉发声。为了凝练主题，创作团队深入挖掘大量数据，并通过纵向、横向的对比，让用户感受到不同时间节点的“强对比”，生动展现数字的“变化过程”，让人们耳熟能详的故事有了新的表达，数据共鸣与数据共情效应大大增加了产品的吸引力。

第二，寻求技术合作，弥补传统纸媒在技术方面的短板。为打造“数说

70 年”系列产品，经济日报新媒体成立创作团队，与视频技术支持公司合作，全程主导选题确定、脚本设计、动效制作等，经过反复讨论打磨，最终呈现出既有经济日报特色、又有互联网气质的“爆款”融合产品。另外，合作的过程也是互相学习的过程，对我们来说，既发挥了自身优势，又涉足了新的领域，提高了媒体融合发展的实操能力。

最后用一句话来结束我的分享：以精心筑匠心，以匠心守初心，做好每个产品。

（作者单位：经济日报社）

融合创新——《2019 对话 1949：时代变了　初心未变》

一等奖

形式创新路上，不忘内容初心

■ 张一叶

一、创作过程

2019 年是新中国成立 70 周年，作为一个地方媒体，华龙网如何在 70 周年的宏大叙事中找到独特切口，这是我们从 2019 年年初就开始思考的。

大家如果来过重庆，就知道重庆夜景很漂亮。暮色降临，俯瞰山城，灯火璀璨，车水马龙，城市的繁华喧嚣让人总有一种莫名的热泪盈眶的感动。在我看来，这就是山河无恙，这就是岁月静好。

网上流行这样一句话：哪有什么岁月静好，只是有人替你负重前行。山城重庆正是一座流淌着红色基因血液的英雄之城。为了新中国的成立，这里有无数的革命志士身陷囹圄、至死不屈。他们用滚烫的热血换来了现世安宁。如果他们还活着，能亲眼看看他们守护的山河，该多好！如果我们能遇到他们，又想说些什么？

英雄不能复活。但假如有平行时空，假如可以在平行世界里相遇呢——就这样，我们萌生了平行世界对话的创意，将这盛世繁华用我们手中的笔和画面告诉他们：作为后辈，我们会继续守护这片山河。时代变了，但是你们曾坚守的初心至今未变。这便成为作品的主题。

经过多次讨论，我们最终选择了大家熟知的“小萝卜头”、革命女青年杨汉秀、毅然投身革命的富家子弟王朴，分别与现代的小学生、职场女性、大学毕业生在平行世界隔空对话来展示。

创意“天马行空”一时爽，采编执行起来难上难。把脑海中的思路变成作品的过程，并不容易。

首先是文案，要揣摩烈士的口吻。怎么说才像烈士的话？才能引起大家的共鸣？编导每天对着电脑自言自语，几乎“人格分裂”。短短几句对话，大家反复预演了无数次。

拍摄时，为避开渣滓洞白公馆人流高峰，只能在闭馆后进行，每场拍摄结束都已是深夜。空荡荡的歌乐山空无一人，让人毛骨悚然。山上的蚊子特别多，每场拍下来，大家都被咬出一身包。

手绘、后期等环节同样让人“爆肝”。“手部太生硬，重新做！”“面部表情不到位，重新画！”“服装不对头，重新设计！”……反复修改几近崩溃。还有发布前最严苛的审核也让人脱了几层皮。

当然，最后的结果证明，所有的努力都是值得的，一等奖的荣誉，是对团队最大的鼓励。

二、心得分享

随着媒体融合发展，这几年，各家都在致力于新媒体作品的生产，H5、AR、VR、3D、全息……一时，各种形式眼花缭乱。但形式千变万化，最终还得回归到内容本身，回归到情感和人。

在我们这个作品里，就用到双屏互动、穿屏等多种新媒体形式。不过形式只是皮囊，内容才是灵魂。这个作品从一开始，就紧扣初心，抓住了当下时代最核心的内核，奠定了作品的灵魂。

媒体融合发展任重道远，今天看来是创新，明天可能就变得稀松平常，但我们相信，不管形式如何变化，新闻人对内容的追求，对灵魂的追求不能变，也不会变。

形式如浪花，内容如脚步，惟有不断前行方可在媒体融合大潮中留痕。

（作者单位：重庆华龙网集团）

短视频新闻——《病死猪田间乱丢知道吗……〈问政山东〉现场局长被8连问后语无伦次》

一等奖

践行四力　让作品更有担当

■ 林绍荣

《病死猪田间乱丢知道吗……〈问政山东〉现场局长被8连问后语无伦次》（简称“八问”短视频），片长共2分16秒。

一、《问政山东》舆论监督的“山东现象”

2019年春节假期结束后的第一天，山东省政府召开“担当作为、狠抓落实”工作动员大会，省委书记在讲话中提出，要创新“公开监督”机制，推行“电视问政”“网络问政”，把评判权交给服务对象和群众。

《问政山东》应运而生。《问政山东》紧紧围绕省委、省政府重点工作落实情况，直面问题，强化监督，推动有关省直部门和地市出台长效性制度文件510多件，在全省上下形成了担当作为、狠抓落实的舆论氛围，被赞誉为舆论监督的“山东现象”。

不论是舆论监督“山东现象”的创造还是这次短视频获奖，其实都是编辑记者践行“四力”的体现。

二、践行“四力”让报道接地气、有大局

脚力：三天三夜蹲守让报道接地气。

病死猪乱丢、无害化处理不规范等严重问题，不仅是环境问题，更存

在公共卫生安全隐患，所以在策划山东省农业农村厅问政选题的时候，这一选题就被列入问政内容。村里的现象难不倒我们的调查记者，但是无害化处理厂的不规范操作都隐藏在高高的围墙里，四周不仅有监控，而且还是禁飞区，不能用无人机。荒山野岭中汽车太招摇，记者只能步行靠近处理厂，而为了拍到真实的现场记者能做的只有蹲守。经过三天三夜的蹲守，终于在有车出来开门的时候，记者拍摄到了处理厂里面的场景，也就是这段画面成了整个调查的关键证据，也成了“八问”这条短视频的核心现场之一。

眼力：抓到“问得准，答得偏”这一细节，让报道有视野。

作为一条短视频现场新闻，这条短视频有两个核心现场。第一个是记者拍摄到的核心新闻现场，第二个是辣味十足的问政现场。

在问政现场，督办员与主管官员之间出现了“问得准，答得偏”的戏剧化场面，督办员通过“连环问”层层推进，揭露出了环保问题背后官员不严不实的工作作风问题。我们在演播室敏锐捕捉到了这个细节，希望通过对这部分内容的碎片化创作，放大问政的效果。

脑力：承载脑力思考，让报道有网感、有内涵。

碎片化的创作，不是编辑简单切条剪短，而是前期记者、督办员、编导和后期编辑联动的主动挖掘。每一期节目播出前，编辑都会与记者、督办员、编导深度对接，对最有可能产生亮点的环节提前预判，制定多种短视频预案。

“八问”短视频的主体以督办员和当地主管官员的一问一答这一现场来展现矛盾冲突。怎么把这种冲突展现得更符合互联网特点呢？当时我们有两种方案，一种是双视窗，另一种是提炼数字。最终我们选择了提炼关键数字，因为数字的加入既是对事件提纲挈领的梳理，又能增加受众的期待感。当有了“第一次追问”的时候，大家还会期待“第二次追问”“第三次追问”……在观众的期待中，也增加了视频平均播放时长。

笔力：追求全面而不片面，追求流量而不唯流量，让报道传得开。

碎片化不代表片面化，所以我们不单单报道现象，还增加了当地直面问题认真整改的内容，这样既有对基层不作为的舆论监督，又有对当地整改的正面宣传。我们既要通过“辣味现场”，清“政风”；又要通过“立说立改”，鼓励“敢担当”，真正让问政实现闭环、收获实效。

（作者单位：山东广播电视台）

短视频专题报道——“中国 24 小时”系列微视频

一等奖

用极致精神做好新媒体产品

■ 王靖远

2020 年“中国 24 小时”系列微视频以及 2019 年“中国一分钟”系列微视频，都源自人民日报社新媒体中心。对短视频而言，感官感受是基础，情感共鸣是关键，价值共识是内核。

一、基于 IP 打造陪伴感，情感力助推传播力

一位网友曾评论：2019 年地理课全班一起看《中国一分钟》，2020 年的《中国 24 小时》只有自己看了，属于我的高三真正结束了。

类似的网友留言还有很多，大家看得到，记得住，有期待，有感悟。这就说明我们的产品无形中成为用户生活经历、内心情感的陪伴者和见证者。从结果来看，传播效果也确实也令我们十分满意。

其实这种基于 IP 打造而形成的品牌效应，在人民日报社新媒体中心还有不少成功的实践经历，比如说 2018 年的“中国很赞”，2019 年的“中国有我”，2020 年的“这很中国”。

二、融通“有意义”和“有意思”营造“超级共鸣感”

一个好的新闻短视频产品，与用户产生共鸣大致需要经历 3 个步骤：从事实传播，到情感传播，最后形成价值共识。

我们觉得产品要想让用户产生价值共识，需要去寻找、去契合用户的共鸣情感点。很多时候，我们更需要的是引导用户发现自己内心的燃点，从而产生新的情感共鸣。

能够把有意义的事情做得有意思，也能把有意思的内容变得有意义。

举例来说，2020 年 8 月 8 日是北京奥运会开幕式 12 周年的纪念日，如果我们的产品只将情感放在回顾当年那个精彩的夏天，的确是寻找到了用户已有的共鸣情感点。但是仅仅突出“回忆”很容易陷入产品同质化的问题，2020 年人民日报新媒体中心微博做的短视频产品，叫作《这是给 2008 年的答卷》。主题除了有回顾，还有这 12 年中国每一年的成就，每一年的进步。从而阐述出视频的主旨：这 12 年，中国每一天都在努力奔跑，这就是给 2008 年的答卷。

说回到 24 小时，每个人都有自己的 24 小时，将主题聚焦在“24 小时”上，这本身是件很有意思的事情。我们要做的，就是引导用户认识到，自己的 24 小时看似平凡但其中孕育着伟大，因为正是千千万万个普通人的辛勤劳作，才铸就了中国发展的奇迹。

为此，在制作中，无论是文案，还是画面、音乐，我们都努力寻找触动用户心灵的那根弦，引导受众发现自己内心的燃点，激发情感共振，凝聚价值共识。

很多网友看完视频后都会主动留言分享自己的24小时里每个时间点在做什么，还有不少网友留言，“原来我也是祖国24小时里的一帧”。

我想这就是通过把有意思的内容，做得有意义，从而引导用户产生共鸣的一个很好的例证。

三、好产品需要精耕细作，文案、剪辑都应是创意者

“中国24小时”系列微视频关注宏大叙事，也关注具体而微；要关注大江大河，也要关注个体脉搏。除此之外还有不少具体的要求，比如，前后相邻的文案中还不能出现相似的动词、名词。这对于文案工作是一个不小的挑战。

我要强调的是，剪辑对于短视频的作用。“中国24小时”的整体架构分为：24小时叙事部分，文案转场部分，情绪升华部分。剪辑有两个地方需要格外注意，一是24小时叙事部分不能做成流水账，要通过镜头和节奏的变化，塑造出清晨的安静、早高峰的繁闹、黄昏的悠闲、深夜的坚守等情绪区别。二是升华部分是主旨的阐释，需要在画面情绪上压得住24小时叙事部分。所以剪辑师要从视觉角度重构文本叙事逻辑与信息，要从整体思路上进行谋划布局，要从创作者的角度与文案一起参与前期创作。

用极致精神打造产品，和自己过不去，流量才不会辜负你的用心。

（作者单位：人民日报新媒体中心）

短视频专题报道——《十八洞龙金彪的 Vlog丨脱贫之后》

一等奖

深挖“洞” 挖新“洞”

■ 颜 斌

作为新时代移动端的主流党媒，我们深知，只有把握时代发展的大方向、主旋律、新趋势，坚持践行“四力”、融合创新，才能未来可期。2019年11月3日，是习近平总书记在湖南十八洞村首倡“精准扶贫”方略6周年，新湖南客户端在当日推出短视频专题报道《十八洞龙金彪的 Vlog丨脱贫之后》，从一个小小的切口，生动活泼地反映共和国脱贫攻坚的宏大叙事，刚一亮相即成爆款。

我分享的第一个创作心得是：把握社会脉搏，持续深挖，以点带面，反映脱贫奔小康的时代大主题。

我们之前已连续4年，派出多批记者蹲点十八洞村，将其作为脱贫攻坚工作的一个观测点，创作出了《十八洞的19张笑脸》(2017年第二十八届中国新闻奖二等奖)、《苗寨“十八”变》(2018年第二十九届中国新闻奖二等奖)等新媒体作品，通过生动、具象的讲述，讴歌这一千年德政工程。

2019年4月，习近平总书记在重庆座谈会的讲话中强调，要把防止返贫摆在重要位置。我们的采访团队蹲守十八洞村半个多月，以一个年轻村民龙金彪的个人视角，更深层次地记录十八洞村实现脱贫后如何不返贫的探索和实践，讲述党和政府如何做出最大努力，激发脱贫后的农民自觉迸发勤劳致富的内生动力。

《十八洞的19张笑脸》表现的是19位村民摘帽之后的幸福感受，《苗寨“十八”变》讲述的是5位村民5年不一样的“拔穷根”故事，《脱贫之后》

表现的则是一个人脱贫之后如何不返贫。3篇作品由表及里、由群像到个体的深度挖掘，从解决“两不愁三保障”到脱贫致富奔小康，有一个步步深入的过程。

我分享的第二个创作心得是：运用现代技术，创新形式，融合传播，讲好十八洞村和龙金彪的小故事。

2019年，中国移动互联网风起云涌，短视频方兴未艾，视频博客Vlog深受用户喜爱。为了增强报道感染力、传播力、影响力，我们经过充分讨论，决定以新闻短视频为传播载体，以视频博客Vlog的形式，选择更有记录感的专业小机器Gopro，并在后期制作中融合手绘、动画等新媒体设计元素。最后我们推出的这个6分钟的短视频，迸裂出强烈的故事气场和视觉效果，是一个在脚本设计、视频实拍、画面设计上充分创新、更具网感的新媒体产品。

随着传播技术手段的不断创新和发展，从《十八洞的19张笑脸》的融合报道，到《苗寨“十八”变》的创意互动，再到《脱贫之后》的短视频创意设计表达，我们的报道形式也发生了深刻变化，经历了传播形态从简单到复杂的衍变和创新。

《脱贫之后》通过新湖南客户端、华声在线网站、湖南日报旗下两微、抖音等新媒体矩阵进行融合传播，引起强烈分享，报、网、端、微当日总点击量即突破 200 万次。我们深深懂得，龙金彪是十八洞村的缩影，十八洞村是中国农村的缩影，只有深挖时代主题，锐意创新传播，我们才能阔步前行，不负时代。

（作者单位：湖南日报社）

移动直播——直播丨百色大暴雨引发山洪，公路塌方车辆被冲走！通讯员黄文秀发回现场视频后却不幸遇难……

一等奖

移动优先　创造性引导舆论

■ 晏　彦

事件回顾

2019 年 6 月 16 日晚，广西百色市凌云县遭受特大暴雨袭击。

6 月 16 日 23 时 35 分，黄文秀用手机拍下现场视频发给广西云客户端百色记者站记者徐顺东并配文字：“好危险，有一辆车已经被水冲走了。”视频中洪水滔滔、电闪雷鸣，隐约可听到她微弱而焦急的声音：“……现在已经过不去了……”

6 月 17 日上午 8 时，百色记者站记者徐顺东将黄文秀的视频和百色暴雨情况传回给广西云客户端值班人员，直播开启。

6 月 17 日中午，记者徐顺东开车抵达事发地采访。

6 月 17 日 14 时，黄文秀被列入失联人员名单。

6 月 18 日 18 时 30 分，经过指纹比对，乐业县百坭村第一书记黄文秀遗体找到。黄文秀同志确认遇难。

回顾这次直播报道的经历，作为全程经历的值班人员，我觉得这次的获奖有偶然性，也有必然性。

偶然性，指的是最初我们只是把它当成一般的突发事件来直播报道。但是，我们的通讯员黄文秀亲身参与了这场直播，使整个事件有了不一样的意味。

一、启动突发事件应急机制，移动优先全媒体报道

从 2018 年《柳州融水突围记》喜获第二十八届中国新闻奖媒体融合奖项一等奖，到 2020 年的移动直播获奖，广西日报社三年两获中国新闻奖一等奖。这两次获奖应归功于报社建立的突发事件应急机制和移动先行的理念。

在这种机制下，我们新媒体部的编辑和前方记者站记者直接对接，这种单线而直接的对接，大大缩短了新闻稿件的编发时间。新媒体部值班领导可以第一时间直通社委领导，报告重大事件的报道，从而确保了新闻导向的正确性。

另外，启动突发事件应急机制后，新媒体部的文字、视频编辑和美编实行 24 小时轮班，确保能随时处理前方记者传回的文图视频，进行全媒体报道。55 个小时 54 分钟里，一线记者与后方客户端编辑联动，通讯员投稿与权威部门发布、网友素材综合，共推出 12 张现场新闻图片、2 个动态图、3 段短视频、1 张悼念海报，全方位、多信源、正能量地对灾情进行直播报道。

二、迅速抢占舆论制高点

黄文秀是第一书记，第一书记群体工作十分辛苦，压力大、任务重。如果报道第一书记在连夜返乡的路上不幸遇难，舆论压力会大幅提升。彼时，也有新闻同行提醒过我们，在直播中报道黄文秀失联的事情，可能有舆情风险。但我们考虑到，黄文秀是为了村里的灾情才连夜赶路的，这正反映了她作为第一书记、牵挂百姓的优秀品质。汇报给社委领导后，我们决定真实还原事件的全过程。同时，为了抢占舆论的制高点，引领主流声音，报社迅速成立全媒体报道小组，报网端联动，全力挖掘黄文秀身上的闪光点。如继6月18日我们第一时间报道黄文秀遇难消息后，6月19日推出了H5产品《我为第一书记黄文秀接力送行，扶贫精神长存！》，6月20日推出长篇通讯《心中的长征　青春的赞歌》，奠定了宣传黄文秀先进典型的基调。广西新闻网也在第一时间推出了专题报道。全集团累计刊发黄文秀先进事迹报道1000多篇，总阅读量达6000多万次。

正是这一组全媒体报道，打通了网上网下舆论场，创造性地引导了舆论，是一次成功的“四全”报道呈现。而我们的直播正是这组报道中的先行军。

（作者单位：广西日报社）

创意互动——《6397 公里的守护》

一等奖

“社群开发 + 创意互动”的一次成功探索

■ 任松筠

《6397 公里的守护》从创意生成到作品呈现，历时一年。从 2019 年 1 月国家印发《长江保护修复攻坚战行动计划》开始，我们立即策划并开展一系列线下活动，在此基础上再策划制作创意互动产品，到几经打磨最终推出作品时已是 12 月 30 日。作品经交汇点新闻客户端首发，再通过全媒体矩阵传播，有效提升了传播力、引导力、影响力，并体现出 3 个“紧扣”。

一、紧扣重大主题，独特视角细节引人

作品紧扣习近平总书记关于推动长江经济带发展必须“共抓大保护，不搞大开发”的重要指示，凸显了重大主题。但以长江大保护为主题的作品实在太多，如何创新？我们最终选择了让沿江小朋友参与长江大保护、引导他们从小养成保护生态意识的独特创意，并启动了一项至少持续 12 年的“长江大保护、绿色共成长”新闻行动。我们的作品也从孩子们的视角出发，展示长江大保护的最新成果。事实证明，这一崭新视角不同于以往保护长江的作品，令人眼前一亮。

关注细节，是新闻人的基本功。长江到底有多长？我们经过多方查询比对，引用了长江水利委员会水文局公布的数字——6397 公里，并以此作为标题关键词，激发受众的好奇心。作品用什么意象来导引？我们颇为踌躇，最终决定以新闻行动中孩子们用来采集各段江水的容器——“江豚瓶”为导

引，串起作品里的一个又一个音符，这一小小的安排拉近了作品与广大受众的心理距离，受众不由自主顺着作品的安排开启“守护长江之旅”。

二、紧扣社群需要，线上线下全域互动

“长江大保护、绿色共成长”新闻行动启动后，我们特别注意建立覆盖长江沿岸的“长江大保护小使者社群”，及时发现并满足相关社群需要，从省内到省外，举行了多场线上线下活动，近千名小朋友手绘长江图景、诵读长江诗词、共唱长江之歌，引起社会广泛关注，并积累了大量的文字、图片、视频等报道素材，为作品的创新表达以及实现 PGC 和 UGC 的融合生产，提供了重要的有利条件。

进入 H5 后，首先置身于一场“长江大保护主题班会”。实际上，这也是我们在学校举办线下活动的再现。随后，一幅长江全流域的手绘长卷图徐徐展开。长江沿线的各个代表画面，比如三江源纪念碑、黄鹤楼、长江大桥、东方明珠等，都是由长江沿岸各地小朋友共同绘就的。作品创新性采用模拟定位滑动方式，第一站从“长江源头”开始，到最后一站的“东方明珠”为止，浏览界面更加简便流畅。顺流而下，11 处守护地覆盖长江干流沿线的 11 个省区市，每“途经一地”都可以点击对应的热点，触发守护互动。

一段段现场视频，则记录了孩子们参与长江大保护的实际行动。可以看出，从线下活动的全面开展到生产作品的元素积累，创意互动贯穿全程。

三、紧扣人文生态，多维形式创新表达

创新表达，是每一位新媒体人在每一次创作时都必须面对和解决的。这件作品中，在每幅儿童画对应的热点里，都可以闻诗词古韵、听生态新声，每一地的听觉效果既相映成趣，又有所不同，使守护之旅始终带着新鲜感。点击“闻古韵”，我们能欣赏孩子们朗诵的 11 首古诗词名篇，如《卜算子·我住长江头》《念奴娇·赤壁怀古》《望天门山》等；而点击“听新声”，或能听到流水、江风等自然原声，或能听到麋鹿、江豚等动物叫声，或能欣赏川江号子、洞庭渔歌等非物质文化遗产。通过这种方式，传承长江文化中特有的人文精神。

随着 11 个地点陆续“守护”完成，受众还可以点击解锁一首由各地参与活动的孩子们所演唱的定制版的《长江之歌》。共唱《长江之歌》、共绘长江之美，《6397 公里的守护》的内涵在此刻得到升华。

这件作品，主体是手绘的方式，同时辅以文字、图片、视频、音频、绘画……作品元素丰富、形式多样，逻辑完整、叙事清晰、紧扣标题，又不会令受众眼花缭乱。

（作者单位：新华日报社）

新闻名专栏——《光明追思》

一等奖

《光明追思》：让名家大家的风采长留心间

■ 吴　娜

《光明追思》是光明日报社从2018年10月底开设的新媒体新闻专栏。通过这个栏目，我们希望在报纸版面之外，再经由微博、微信、客户端、网站等各个端口，着重报道我国突出贡献知识分子和名家大家的逝世消息，追忆他们的精神品质和爱国情怀，回顾他们的卓越成绩和奋斗历程，由此传递党中央对广大知识分子的关心关怀，推动营造见贤思齐、追忆名家的社会舆论氛围，汇聚和传播社会正能量。

自推出以来，《光明追思》因定位准确、特色鲜明以及体现出的人文关怀，得到广泛关注，包括人民日报、新华社等在内的多家媒体的微博、微信公号，均大量转载、引用《光明追思》的内容，形成声浪式传播效果。

同时，《光明追思》注重报、网、端、微各平台联动，消息、通讯、新媒体产品等多体裁呈现，凸显了极强的媒体融合属性，目前已形成报纸、网站、"两微一端"的全媒体报道格局，多平台联动迅捷，成为有光明日报特色的品牌栏目，影响力持续上升。

据统计，2019年1月至12月，《光明追思》相关内容在微博、微信、抖音等各平台积累近5亿次阅读量。光明日报全媒体报道逝世突出贡献知识分子90余位，其中包括院士33位。

2019年1月16日，中国科学院院士、中国核武器事业重要奠基人、中国工程物理研究院研究员于敏逝世后，《光明追思》第一时间通过各个端口首发了逝世消息，并配发了光明日报在2015年报道于敏院士的人物特稿，

让整个报道既迅速及时，又丰富可读，引发了全网关注。其中光明日报官微不到 4 小时阅读量迅速突破千万，微信阅读量迅速突破 10 万 +。栏目创办以来，相关内容在微博、微信、抖音等平台积累近 10 亿次阅读量。

在 2019 年去世的 33 位院士中，包括我国气象卫星专家、中国工程院院士、上海航天技术研究院首席高级技术顾问孟执中，中国科学院院士、著名物理化学家、中国科学院物理研究所研究员梁敬魁等，均由光明日报率先发布，并形成网络追思氛围。

栏目内容多次登上微博热搜前十名，多篇稿件微博阅读量超 1 亿、微信阅读量超 10 万。

《光明追思》是光明日报 70 多年来深耕知识界，不断沉淀后的结果。正因如此，它才能得到广大知识分子的认可，被认为是“一眼望去，只有光明日报才能办的栏目”。此外，进入《光明追思》视野的知识分子皆为当代贡献突出、声望卓著的专家，将这些已故名家大家的故事和风采长留世间、心间，本身即具有厚重感。

自创办以来，《光明追思》不断收到来自社会各界的积极反馈，特别是那些在各自领域贡献卓著，却默默耕耘、少有人知的院士、科学家逝世后，光明日报第一时间报道其生平事迹、刊发追思文章，他们的家属亲友以及所在单位、所在领域的同事和后辈等，很多都对我们表达了谢意。

比如，有高校党委负责人表示，《光明追思》致敬突出贡献知识分子、传承科学家精神，留下了宝贵的精神财富，标注了新时代价值高度，凝聚起广大知识分子的人心和力量。

《光明追思》的新媒体平台评论区里有很多令人动容的留言，“愿每一位默默奉献、刻苦钻研的科学家都能受到社会的最高尊敬”“这才是我们应该追捧的明星”“大师远去，我辈当自强”……

在媒体融合的大背景下，光明日报作为以知识界读者为主要服务对象的中央主流媒体，把脉知识分子的新期待，回应知识分子的新诉求，优化知识分子服务工作，不仅需要了解、把握、研判读者的心理动态，还要以好的形式、好的包装将好的内容呈现出来，二者缺一不可。

（作者单位：光明日报社）

新闻名专栏——《长安街知事》

一等奖

党报新媒体如何守正创新

■ 郭　涛

一出生，便风华正茂。自6年前创办至今，《长安街知事》以党报新媒体、时政网红的身份杀出重围，在报纸之外延伸党报的新使命。其中，主要把握了4组关系。

一、速度与深度

天下武功，唯快不破，这是不争的事实。但想传得开、传得远，要如何在速度与深度之间抉择？ 2019年7月22日上午9时53分，《长安街知事》推送《卸任外交部发言人后，陆慷新职务公开，华春莹接棒》一稿。此前3分钟，外交部官网“组织机构”栏目刚刚完成更新。报道发出后引全网转载。类似案例屡次出现后，有人质疑，《长安街知事》是不是有大量内幕消息？其实并没有。《长安街知事》现有4位采编人员，多数时间，记者也需要耐着性子，在铺天盖地的信息流中寻找蛛丝马迹，做出预判，提前预制深度内容，然后等待合适的时机，第一时间提供有效供给。

二、犀利与克制

犀利与克制，往往就在一念之间。新冠肺炎疫情暴发以来，中国首当其冲。中国人民为抗击疫情付出巨大努力，作出重大牺牲，为全球抗疫争取了

宝贵的时间。然而，以美国为代表的一些西方国家的政客和媒体为了推卸抗疫不力的责任，无视中国的贡献，屡屡发起舆论攻势。

在斗争最激烈的4月，《长安街知事》推送文章《美国悍然发动6大舆论战，直指中国！》，梳理总结美国抛出的“中国隐瞒论”“中国误导论”“中国责任论”“中国赔偿论”“劣品出口论”“口罩外交论”等6大论调，词锋犀利地回击美国。几天后又推出姊妹篇《你看到的，其实是一个假美国》，文章抛出设问：在美国，为什么检测新冠病毒举步维艰？为什么应对疫情混乱无序？为什么面对质疑只知到处甩锅？之后抽丝剥茧地阐明：原来，疫情打碎了这块棱镜——这么多年，你看到的其实是一个假美国。

面对美国的歇斯底里，《长安街知事》并未试图在舆论场上与其对骂。我们深知，国内舆论场，我们面对的不是白宫，而是国内读者。即便是外宣，在疫情防控最关键时刻，媒体的责任也不是挑拨对立情绪。保持克制，是为了让读者看清真相，更好地团结民心、服务大局，做好我们自己的事。

三、心态与底线

长期以来，《长安街知事》报道的主要出发点简单来说就是“四个全面”，其中又以全面从严治党、全面依法治国为纲。但是，如何让负面新闻不衍生出负面报道？心态显得尤为重要。在落笔痛斥落马官员“忘记初心”时，文章作者何尝不该扪心自问：我们的初心何在？一味猎奇、渲染丑恶，虽然会攫取大把流量，但绝不是社会主流。只有警示教育、刮骨疗毒，才是党报新媒体在报道负面新闻时应守住的底线。

四、戾气与正气

《长安街知事》涉及的敏感题材很多，但我们破题的思路是引导公众消除戾气、弘扬社会之正能量，相比 10 万 +、100 万 + 的阅读量，显然前者更能体现媒体的存在价值。

北京日报社有 16 字报训，最后 4 个字是创新制胜。我理解为，一是内容的创新，二是形式的创新。内容方面，我们根据用户需求不断调整，从最初专注于时政报道，到现在热点、时事全覆盖，开展一次面向读者的供给侧结构性改革。形式方面，我们从“一支笔”，全员转型为能采、能写还能拍的“多面手”。2019 年我们拍了《外交密档》，2020 年拍了《京心助梦》。这些创新作品，让《长安街知事》这一路走来成绩斐然。仅 2020 年 1 月至 10 月，微信平台阅读量 10 万 + 的文章超过 2000 条。截至 2020 年 11 月，《长安街知事》全网订阅用户已超过 2500 万。

凡是过往，皆为序章。《长安街知事》将以获得中国新闻奖为契机，在融媒体发展的洪流中积极作为、勇于开拓，全力争取更多更大更好的成绩。

（作者单位：北京日报社）

圆桌论坛

创新创优内容　做实做强传播

■ 主持人：曾祥敏　中国记协新媒体专业委员会副主任委员、中国传媒大学电视学院党委书记

■ 嘉　宾：汪文斌　中央广播电视总台融合发展中心主任

顾雷鸣　新华日报社总编辑

李　鹏　四川日报报业集团党委副书记、总编辑

郎峰蔚　北京字节跳动科技有限公司副总编辑、媒体合作总经理

【曾祥敏】本次圆桌论坛主题为“创新创优内容　做实做强传播”，既要做好内容，也要做强传播。分享嘉宾有央媒融合创新的负责人，有地方媒体和商业平台代表，希望多元视角碰撞出精彩火花。

自媒体融合战略实施以来，总台在组织架构、体制机制、产品创新、平台创新等方面改革创新成果显著，相继成立新闻新媒体中心、视频新媒体中心、融合发展中心，推出央视V观、主播说联播、国际锐评、时政新闻眼等具有刷屏效应的爆款产品。汪文斌主任认为什么是内容建设的重点？

【汪文斌】中央广播电视总台高度重视媒体融合和新媒体发展，本次机构改革成立了新媒体相关的3个中心，分别是：融合发展中心，负责整个媒体融合和新媒体发展的统筹协调；新闻新媒体中心，负责“央视新闻”客户端；视频新媒体中心，负责视听新媒体的旗舰“央视频”。总台全力推进和部署台网并重、先网后台、移动优先和5G+4K/8K+AI的战略部署。

主流媒体最大优势是内容优势。我们既拥有丰富内容资源，如央视拥有

“创新创优内容 做实做强传播”主题圆桌论坛

62年的历史资料积累——影像资料馆；又拥有内容出口资源，每个频道、优秀栏目都是内容出口。因此，我们有能力和影响力整合内容资源。

关键在于如何把内容优势转化为平台优势？我们需要建设具有超大规模用户群体的新媒体平台。首先要转场，由向传统媒体配置资源为主转化为向新媒体新平台配置资源为主，优势资源、核心资源向新媒体集结，形成核心竞争能力。其次要转化，创新话语体系，转变话语表达方式。我们对传统内容资源、金牌节目、优质IP进行融媒体改造，面向年青一代移动端用户提供其接受和喜爱的表达方式。如《主播说联播》，权威节目主持人通过网红出道方式转变形象语态；如慢直播，两神山建设慢直播、云监工，成都熊猫基地慢直播熊猫，疫情期间重大突发事件慢直播；如国庆4K直播电视，把国庆4K直播电视信号传送到国家70余家影院，让电视直播时效性与电影院院线震撼音响结合，后又发行4K直播电影国庆大阅兵。

【曾祥敏】媒体深度融合要推进转场，优势资源向新媒体集结需要打散、重组传统组织机构，需要新创平台引领存量改革；主流媒体的传统优势，

“正”是最宝贵的财富，但是在创新过程要注重转变话语体系、创新产品形态，做到以用户为中心进行产品生产。

新华日报是我们党具有悠久光荣历史的报纸，在媒体融合转型中也不断进取。在第三十届中国新闻奖媒体融合奖项获奖作品中，新华日报《6397公里的守护》斩获创意互动一等奖。顾雷鸣总编辑觉得，作为地方媒体在体制机制上、生产运营中，应该怎么创作优质产品？

【顾雷鸣】创新创优内容和精品生产是媒体最硬核的竞争力，是“硬通货”，新华报业传媒集团对此高度重视，也获得了进步。近3届中国新闻奖中，新华报业累计有21件作品获奖。其中，交汇点新闻客户端《6397公里的守护》获得创意互动项目一等奖，实现了融合奖项一等奖零的突破。我们的做法可概括为3句话：一支队伍服务多个平台，两级策划激发创新活力，三项机制提供坚实保障。

第一，一支队伍服务多个平台。重组和调整组织架构，按照“融为一体、合而为一”要求，优化调整机构设置，建立适应全媒体内容生产的一体化组织结构。新华日报采访部门都冠上“全媒体”前缀，既要为报纸更要为移动端提供稿件，同时各部门还运维交汇点客户端对应频道以及商业平台账号。如全媒体时政新闻部负责运维的“北京西路瞭望”，是对标“长安街知事”的时政类微信公众号；如全媒体评论理论部打造“江东观潮”“理论之光”微信公众号，开设“理所当然”抖音号。重大主题报道，实行采访部门跟交汇点首页编辑部联动，视频和文字记者协同作战，把内容生产主力军全面推向主战场，放大优质内容生产。如，围绕大运河文化带建设，我们开展“千问千寻大运河”文化保护传承传播行动。把群众关心的问题掰开来、揉碎了展示，“为什么说扬州是大运河的原点城市”“江南运河的第一锹在哪里挖下”，把这话题做成一个个短视频，再用客户端全面分发。

第二，两级策划激发创新活力。新闻生产的内容、形式、手段、方法的创新都离不开创意策划。我们高度重视创意策划，实施编委会和采编部门两级策划，并通过采编联动会机制打通两级策划。编委会主要负责重大主题策划，围绕重大主题调集集团力量进行策划。比如，中国新闻奖二等奖作品《我们的五星红旗》，编委会的策划是调集8路记者，最北到漠河，最西到帕米尔高原，总行程达到5万公里，采写一系列稿件。同时，通过采编联动会机制打通两级策划，把各部门的策划在采编联动会上由编委会进行确认、提升，进一步放大价值。再如疫情期间每晚 7∶30，集团召集各媒体和各采访部门负责人会商选题、策划和方案，在此机制加持下，新媒体产品原创稿件数量暴增。我们通过打通两级策划，进一步释放媒体创新创优的潜力。

第三，三项机制提供坚实保障。首先创新考核机制。新考核办法体现两个导向：一是向移动优先倾斜。原来记者绩效奖励七成来自报纸、三成来自新媒体，改革后六成来自新媒体、四成来自报纸。二是向优质稿件倾斜。过去优质稿件打分和普通稿件差距小，现在拉大差距，最优稿与最低分稿件的差距达到 60 倍，以此激发大家提供更多优质原创稿件。其次建立阅评研讨机制。邀请高校专家学者，主要是在江苏的专家学者，对新闻产品进行不定期阅评分析，有好说好、有差说差、提供指导。同时在集团内部对优秀作品进行分析研讨，集团及时对本次获得中国新闻奖的 7 件作品进行了分享讨论。最后强化人才培养机制。一是重视新员工入职培训。新进员工 3 个月到夜班、3 个月到交汇点首页编辑部见习锻炼，提升各方面能力素养。如 2020 年国庆期间，新员工到社会生活的各个场景进行现场直播，培养新媒体技能。二是启动名师带徒工程。选择“四名人才”（即江苏省委宣传部评选的名记者、名编辑、名评论员、名主持人）等优秀编辑记者作为导师，采取师徒结对帮带，帮助年轻记者提升，促进后备优秀人才快速成长。

【曾祥敏】内容创优创新需要机制扶持。主流媒体应该双轮驱动，一手抓主流，巩固全党全国人民的共同思想基础，一手抓出圈能力、话语融通能力。也就是说，一方面做强做大公益价值内容，另一方面重视垂直社群。两级策划令人深受启发，三级机制保障极具借鉴意义。

李鹏总编辑特别具有新媒体思维，希望听到您对内容基础的见解。很多地方媒体负责人疑惑，媒体深度融合发展，再往深里走，发展重点难点是什么？

【李　鹏】四川日报报业集团始终把两大移动新媒体品牌作为推进媒体深度融合的重点，即党报移动端“川观新闻”和都市报移动端“封面新闻”。华西都市报与封面新闻的融合更早更彻底，2018 年就实现了深度融合和整体转型，可以总结为“111”融合路径——“一支队伍一个平台一体运行”。华西都市报被整体迁移到封面传媒公司，实现了以移动新媒体为主阵地、主平台、主驱动、主战场。

2020 年下半年，四川日报报业集团加大力度推进党报的深度融合，把四川日报、“川观新闻”客户端和四川在线门户网站融合在一起，3 支队伍成为一支队伍，3 个单独平台成为一个全媒体平台，构建了四川日报全媒体 8 中心 4 部门架构，确立了“1131”的深度融合路径，即“一支队伍一个平台三大终端全媒一体”深度融合，并于 9 月实现一体化迭代升级。四川日报全媒体的深度融合，是以四川日报为引领，以“川观新闻”为驱动，以四川在线为协同，以打造“智能 + 智慧 + 智库”的智媒体为抓手，加快建立全媒体传播体系。

媒体融合迈向纵深的重点应该是技术和内容的融合。一是技术赋能内容。层出不穷的新技术为报道、传播等赋予了内容新效能，比如通过视频、直播、航拍、VR、AR、MR 等新技术应用，提升了内容的技术性、新颖性、鲜活性，进而提升主流内容传播力。二是技术生产内容。将人工智能技术用于改造信息生产的采、编、审、发、效果反馈的各个环节。川报集团不论四川日报全媒体还是“封面新闻”，都把人工智能技术整体嵌入新闻信息采编全流程，助力内容生产。比如，“川观新闻”打造了“大川机器人”，“封面新闻”打造了“小封机器人”，近年来产生了大量的新内容；还有建设“智能编辑部”，加强人机协同等，都在改造媒体内容生产，重新定义媒体。所以推进媒体深度融合的重点是在技术和内容的融合上做好文章。

媒体融合发展的难点是体制机制创新。要推动主力军强力挺进互联网主阵地主战场，没有体制机制创新，就不能持续推进，就不能很好地发展。商业互联网平台从信息生产传播到产品市场运营，流程、机制、体制是和传统媒体完全不一样的，或者说赛道不一样。所以媒体的体制机制一定要适应互联网发展规律，大力进行重构和创新。四川日报报业集团以封面传媒公司为主体在进行体制创新，以川报全媒体为主体在进行流程机制再造，要真正建立适应互联网赛道的体制机制，否则媒体融合不可能真正迈向纵深，不可能产生质变。

【曾祥敏】川报改革超前，组织拆散，面向新媒体新业态重组，李鹏总编辑分享的重点难点应该是媒体融合纵深发展中必须要啃的硬骨头。

2019 年 1 月 25 日，中共中央政治局第十二次集体学习，习近平总书记主持学习并发表重要讲话，提出要统筹处理好“主流媒体和商业平台”的关系，这次大会徐麟部长提到“商业平台主要是发挥渠道、技术等优势助力主流舆论传播”。字节跳动公司的内容整合、精准算法推送等技术领先，郎峰蔚总编辑如何看待建设优质的内容生态，如何看待与用户形成深度连接？

【郎峰蔚】平台每天都得是新的，“创新”每天都在做。今日头条、抖音已是成熟产品，现在创新着力点是“优质”，围绕“优质”的创新。我们每天在奔跑中做加法，主要是 3 个方面。

第一，技术能力做加法，做更新和改进。平台任务是辅助内容分发，辅助用户消费。内容创作和内容消费都是人的大脑在做：“智慧”在做。我们希望，技术能辅助智慧跑得更轻盈。比如，2020 年推出的一款新产品——剪映——一款用于制作视频产品的工具，让普通的文字创作者成为优质的视频创作者。一位从未做过视频的人，用剪映做了一条片子后说，用一个月时间自己可以成为视频作者。这就是用技术给作者进行赋能。此外，我们还创立了很多新系统，比如“穿山甲”、巨量引擎系统等辅助商业化的技术系统。

第二，内容引进做加法。今日头条口号是“看见更大的世界”，抖音口号是“记录美好生活”，我们希望平台内容更多更美好。比如，闻到桂花香气，如果好奇它的品种，那么大家能在头条、抖音上看到相关知识，得到信息增量，让字节跳动产品成为百科全书。同时，我们也在探索内容形态的多样化，突破内容表达形态。如以何种形式更好地展示桂花，“眼见为实”是视频方式，诗人用文字描绘，二次元爱好者用漫画方式，如何引入 AR、VR 技术等。

第三，创作者引进做加法。我们每年会统计，获得中国新闻奖的单位入驻今日头条、西瓜视频、抖音的数量。从 2017 年到今年，入驻量从 60% 左右增加到 80%。同时，“媒体 +”的工作，不仅仅是增加媒体家数，也要增加媒体内部孵化的 IP 矩阵的数量。我们期待更多的媒体专业作者、垂类工作室能够脱颖而出。比如，现在一些地方媒体做的媒体 mcn 工作，已经是“百花齐放”，这都是媒体和平台在创作者方面做增量的重要成果。

有了这 3 个加法，我们才能不断向“优质”的创新方向去迈进。

【曾祥敏】郎峰蔚总编辑和李鹏总编辑都谈到了技术和内容，技术赋能，内容赋质，提升媒体影响力；各位嘉宾的分享坚持以用户为中心的理念，从普通用户到媒体用户，从工具普及到内容加法。用户正在把我们说的工具变成社交工具，进而变成媒体可以发布信息的工具。而主流媒体正好相反，正在努力变成用户可以使用的工具，进而发布信息的工具。

2020 中国新媒体战“疫”十大精品案例（中央媒体）

2020 中国新媒体战“疫”十大精品案例（中央媒体）颁奖仪式

2020 中国新媒体战“疫”十大精品案例（中央媒体）创作分享

■ 人民网

《武汉日记——人民网前方报道团队武汉采访实录》

推荐词：2020 年春节前夕，人民网记者深入重症监护室、火神山和雷神山建设工地、居民社区、援鄂医疗队驻地、方舱医院开展系列报道，50 多天连载 40 多篇日记、24 条 Vlog。报道采用日记体例，融合图片、人物特写、现场直播等表现形式，记录了几十个鲜活的人物故事，为战“疫”报道提供了微观视角，也是一次兼顾传播效果和社会效益的全媒体报道生动实践。

日记的温度　陪伴的力量

“2020 年庚子春节前夕，新型冠状病毒肺炎疫情肆虐。人民网记者崔东、王欲然、陈远丁、刘阳、韩基琛‘逆行’前往武汉，与人民网湖北频道 10 余位记者一起，记录武汉，记录历史。”今天看来，这段写在人民网“武汉日记——人民网前方报道团队武汉采访实录”专题页面上的开卷语，依旧荡气回肠，令人热血澎湃。

疫情暴发后，人民网总网记者主动请缨奔赴武汉，与湖北频道记者奔走于武汉的重症监护室、居民社区、援鄂医疗队驻地、火神山和雷神山建筑工地等，用文字、图片、短视频 Vlog、直播等形式为网友打开了直击战“疫”

一线的窗口。50 多天 40 多篇武汉日记，在人民网法人微博和官方微信上推送，不少作品获网信办全网转发。“武汉日记”系列全报道在各平台总访问量超过 1 亿。

一、日记是一种陪伴

2020 年 1 月 23 日，人民网总网首批特派记者赶在“封城”前抵达武汉。“面对疫情，我们和武汉都没有太多时间去准备。走正确的路需要勇气，更需要智慧。一辈子里，能亲眼见证和记录一段历史，是记者的责任。”一位记者出发前发的朋友圈反映出媒体工作者的内心世界。

真实反映武汉战“疫”状态是一线新闻工作者的责任。疫情暴发初期，新型病毒、传染性极强、暂无特效药、“封城”等传言一度引发社会恐慌，如何让报道走进人心？我们的回答是陪伴：陪伴武汉，陪伴读者，陪伴社会。日记是每个人都熟知的记录形式，面对未知的病毒和战“疫”形势，这种接地气的形式更容易接近受众，传递“我们与武汉同在，全国人民与武汉同在”的心理安抚。

50 多天，前后方共产出 40 多篇日记，这是一场既拼智力又拼耐力的马拉松。白天，前方记者既要完成既定采访任务又要跟进最新进展，晚上回到住处才能进行日记创作；而在人民网后方，有专门的文字、图片和视频编辑，负责加工、润色前方发回的内容。为了确保日记在第一时间推出，前方记者何时回稿，后方编辑就几点上岗。网友一次次地“催更”，既给了“武汉日记”持续报道的动力，也充分说明这种报道形式和生产方式深受用户喜爱、满足了公众期待。

二、温度是一种力量

“武汉日记”系列报道给我们 3 个方面的启发。

第一，有价值的信息永远是新闻报道的稀缺资源。进入疫情中心意味着更靠近危险，但这也是一种得天独厚的优势：离真相最近、离风暴中心的人和故事最近。在“武汉日记”系列报道中，人民网记者也承担着科普和辟谣的使命任务。诸如战“疫”初期医院的防护物资是否充足，当地生活用品物价是否稳定，火神山医院选址是否存在隐患，口罩怎么戴才科学等公众密切关注的话题，都能在“武汉日记”中找到答案。前方记者充分发挥党报党网的优势和人民赋予的监督力、公信力，以扎实的采访有力回应了社会关切，在战“疫”初期起到了稳人心、定军心的重要作用。

“武汉日记”专题页面

第二，有温度的报道永远是安抚人心的重要途径。“武汉日记”记载了几十个鲜活的人物，他们的故事为我们复盘武汉战“疫”提供了另一种角度和参考。战“疫”中，有温情也有苦情，难能可贵的是，“武汉日记”力求为每一种情绪找到一个出口和归宿。这些有温度的报道，凸显了人民网新闻报道的人文情怀，用温暖治愈了全社会。

第三，有战斗力的团队永远是攻坚突击的有力保障。每一次重大突发新闻，都会涌现出只身奋战的孤胆英雄和默默奉献的幕后英雄，人民网的“武汉日记”系列报道也不例外，值得一提的是，“武汉日记”系列报道是人民网总网与地方频道、前方记者与后方编辑密切配合的典范，其呈现出的扎实的采访、丰富的表现手段，是人民网近年来融合转型发展的成果体现。此次战“疫”报道，进一步锻炼了人才队伍，也为今后类似重大报道积累了经验。

创作、刊发“武汉日记”的日日夜夜、点点滴滴，不仅是人民网贡献战“疫”力量、提供战“疫”智慧的一个缩影，也是人民网践行“四力”要求、勇于承担社会责任的真实写照。

主创人员：崔　东　王欲然　丁　涛　陈远丁　刘　阳
韩基琛　张　沛　郭婷婷　肖璐欣　金雨蒙
周　雯　张　婵

本文执笔人：丁　涛

■ 新华社

纪录片《英雄之城》

推荐词：《英雄之城》是全景记录武汉战“疫”两个月的重磅纪录片，凝聚了新华社记者两个多月勇闯“红区”拍摄的珍贵影像，以时间为轴、故事为核心，将国家视角、百姓视角和历史视角结合，多层次、多角度全景展现了武汉战“疫”史，展现了凡人英雄的温情大义。全片视角宏阔，兼具故事性、思想性和艺术性，是一部“为历史留影、为人民纪录”的战“疫”纪实精品力作。

记录“无声战争” 致敬“全民英雄”

2020年3月26日，在武汉宣布即将解除离汉离鄂通道管控措施之际，新华社重磅推出了首部武汉战“疫”两个月全景纪录片《英雄之城》。45分钟的纪录片既是对武汉战“疫”的回望与思考，也是以全景视角唱响中国抗“疫”主战场武汉的英雄之歌。影片全网推出后获得热烈反响和高度评价。

一、全网刷屏：破圈传播影响广泛　总点击量6.7亿

《英雄之城》首次以纪录片形式再现了以习近平同志为核心的党中央指挥、部署武汉战“疫”并最终取得胜利的全过程。全片凝聚了新华社记者两个多月在武汉深入采访、勇闯“红区”拍摄的珍贵影像，以时间为轴、以人物故事为核心，将国家视角、百姓视角和历史视角结合，通过“离汉暂停”“抢救生命”“关键之举”“全民英雄”“世间大爱”“冬去春归”6个篇章，记录了武汉战“疫”的各大关键节点与关键之举背后的故事，诠释了“英雄之城”的主题内涵，展现了众多凡人英雄的温情大义，讴歌了抗疫英雄们的英勇、担当与奉献精神，彰显出战胜疫情的人民力量、武汉力量、中国力量，被评价为一部“为历史留影、为人民纪录”的战“疫”纪实力作。

纪录片播出后，媒体和受众给予高度评价，纷纷表示，没想到点开纪录片如同打开眼泪的“水龙头”，从头到尾哭着看完。影片全网总点击量 6.7 亿人次，总评论量 35 万条，总点赞数超千万，全国 1500 多家媒体转载，新华社微信公众号浏览量千万次，新华社抖音号浏览量 1.7 亿，全网置顶推送超 7 小时，登顶微博热搜，头部网站推送超 13.8 亿人次，东方卫视、黑龙江卫视等 40 多家电视台播出，全国各学校组织学生线上观看，各地党组织组织党员集体学习，英文版在海外社交媒体平台推出后总点击量过千万，同推俄、泰、印尼语版，被外交部推荐给驻外使馆使用，豆瓣评分 8.6 分，《中国艺术报》《光明日报》《人民摄影报》《前进报》等媒体纷纷发表专业文章予以好评，并获得众多专业影评人、学者的高度评价。影片获评新华社 2020 年上半年精品报道、社级融媒体好稿，获中国电视艺术家协会“第八届亚洲微电影艺术节”最佳作品，第 26 届中国纪录片长片十佳作品，第五届中国网络视频学院奖抗疫特别贡献奖，第二届“金众电影青年”评选之年度人文贡献奖。

二、策划缘起：为人民记录　为历史存照

《英雄之城》自 2020 年 1 月底，武汉关闭离汉通道之初便开始策划，由新华社社领导点题，音视频部领导部署，组织精兵强将成立纪录片摄制组。编导团队追踪着武汉战“疫”进展的推进，不断补充完善素材，最终确定创作一部全面展现武汉战“疫”全景的纪录片。影片凝聚了新华社记者两个多月在武汉深入采访，勇闯“红区”拍摄的珍贵影像，真实记录了武汉战“疫”两个月的重要历史时刻，以及众多凡人英雄的温情大义。

此片意义重大，主要体现在全景二字。“全”，第一，时间要涵盖疫情当中所有关键时刻；第二，指人群类型要着眼人民战争、全民战“疫”的群像；第三，也是更深层次的，是对眼界和视角的要求，要真实反映以习近平同志为核心的党中央指挥、部署武汉战“疫”并最终取得胜利的全过程。

这要求创作组成员把国家视角、平民视角、历史视角结合起来，宏观、中观、微观缺一不可，彼此融洽互证，既是凡人英雄歌，也是国家战“疫”史；既是鲜活实录，也是历史存照。

全片视角宏阔，摄制精心，兼具故事性、思想性和艺术性，既催人泪下又引人深思。片中涉及有名有姓的人物近40个，每个人都有主角光环，都是自己身处的战场的主角，他们的故事共同勾勒出疫情之下，面对困难仍坚持战斗的众生图景，展现出在磨难中奋起的中国力量。

三、英雄之城：用影像和细节剖析宏大命题

《英雄之城》这一题目有两层含义：首先是全国各地驰援武汉的逆行者会聚于此，堪称“英雄”之城；其次是武汉这座城市、城里的人们付出巨大代价，牺牲忍耐、守望相助，也是“英雄”之城。片中解说虽只字未提，但多处同期暗指主题——习近平总书记指出“武汉是英雄的城市，武汉人民是英雄的人民”，钟南山说“武汉本来就是一座很英雄的城市”，陕西医学救援队崔雅清称赞“武汉人民真的很英雄”，记者许杨感叹“武汉这座城市，遍地英雄”……句句紧扣主题，引人共情。

全片第一段解说词为影片奠定了基调。“很多年后，当人们回望抗击新冠肺炎疫情这场战‘疫’，一定会想起2020年年初，武汉关闭离汉通道那个遥远的日子。随着关闭而开启的，不是魔幻现实主义的剧情，而是一场疫情防控的人民战争。”这句开片解说词，配合江汉关大楼时钟的航拍特写，由一幕长镜头缓缓拉出，既营造出疫情之下“魔幻现实”的特殊氛围，更揭示出抗击疫情、人民战争的现实主题。百年钟楼，时针转动，历史由人民书写，每个人的一瞬，共同写就了永恒。开片之句，将过去时、现在时、未来时融于一体，也揭示了此片的创作站位——为未来纪录，也是为历史留影。这是我们共同经历的一段正在发生的人类历史，作为记录者，我们抱着“史官”的心态，战战兢兢、毕恭毕敬地为国人留下了这份记录。

在解说风格上，全片语言克制平实，注重用事实反映时局之艰难、疫情之凶险。同时，本片的故事基调也极尽克制，以娓娓道来的节奏讲述了一个个“直面失败”的故事：重症专家钟鸣“从来没有觉得自己能做的那么少”，身患渐冻症的院长张定宇眼看着“病人不断增加、重症病人不断死亡”，勇闯火神山的轻症患者阿念也没能成功救回重症的外婆……但正是这些“失败”的故事，让观众读懂了专业、责任和无数平凡人的温情大义。

四、创作幕后：发扬火雷精神　践行职责使命

和影片本身的主题一样，《英雄之城》的创作过程也如同一次大战、一场大考，而其幕后团队也是一支发扬着"火雷精神"的战斗冲锋队。面对瞬息万变的疫情进展、充满不确定性的采编条件、海量庞杂的各方素材和打磨精品的专业考验，为了完成摄制任务，前后方记者编辑们都经历了非凡的磨炼。纪录片主创团队的每个人都和片中人物感同身受——昼夜不停的战斗、分秒必争的追求、真心无我的投入、专业精神的坚守，无论片里片外都是如此。从策划、摄制、审改到最终全面推出，团队成员付出了艰苦努力，将两个月的武汉战"疫"凝聚成45分钟的影像纪录。

作为新华社记者、作为时代记录者，在这场载入人类历史的"无声战争"当中，我们也如片中人们一般，以"真心、无畏、正直和同情，努力去做了一点对的事"，为未来留下历史底稿，为人民描摹英雄肖像，在"大战"与"大考"中，践行记者永恒的使命与担当。

武汉战"疫"全景纪录片《英雄之城》

主创人员：总策划 / 刘思扬
出品 / 孙志平
监制 / 樊　华
统筹 / 张平锋 幸培瑜
主编 / 李　杰
导演 / 王冰笛
编辑 / 王冰笛　王　梁　吴　昊　李亚光
记者 / 余国庆　杨志刚等
视觉 / 夏　勇
配音 / 李林欣

本文执笔人：王冰笛（本片编导）

■ 中央广播电视总台

《总书记指挥这场人民战争》系列时政微视频

推荐词： 10集时政微视频《总书记指挥这场人民战争》自2020年3月5日陆续在央视新闻客户端发布，总播放量超过4.1亿，持续引发全网热转。从“令出如山”“不负人民”到“大国担当”“凝心聚力”，用生动的现场、真实的同期、朴实的解说，多角度全方位展现了习近平总书记带领全国人民共同抗疫的历程，彰显了同心合力、共克时艰的中国力量。

深度时政报道新媒体化的实践探索

2020年年末之际，由中央广播电视总台新闻新媒体中心特别产品制作部在战“疫”关键时刻策划制作的10集系列时政微视频《总书记指挥这场人民战争》接连荣获“2020中国新媒体战‘疫’十大精品案例（中央媒体）”、中广联微视频短片年度最佳作品等多项全国性重要奖项和荣誉。

一部长达10集、每集时长约10分钟的大体量时政类短视频，同时收获了超过4.1亿的全网总播放量、社会各界的热烈反响和来自官方、行业和学界的高度评价，这在一定程度上可以说明，新媒体视频内容的创新不仅仅局限于表现形式本身，短小、碎片化的视频并非新媒体受众的唯一选项；而高质量的深度内容（包括时政类题材），若能在热点响应速度、观察视角、挖掘深度、讲述手法和视觉呈现等诸多方面进行新媒体化的改进，适合小屏受众的收视心理，满足其收视期待，亦能产生超乎预期的传播效果，并对社会舆论的正向引导起到重要作用。

一、紧跟动态　及时响应

《总书记指挥这场人民战争》的创作时间正是这场战“疫”最关键的时刻。2020年2月23日，农历二月初一，统筹推进新冠肺炎疫情防控和经济社会发展工作部署会议召开，整场会议以电话会议形式进行，直抵县团级，与会者达到 17 万人，很多奋战在抗疫斗争一线的党政干部，第一次以这样的方式，听到了习近平总书记对疫情形势的研判和疫情防控工作的部署。

进入 3 月，习近平总书记更是亲赴抗疫一线，密集考察、多次讲话。在 3 月 2 日、3 月 6 日和 3 月 10 日，习近平总书记分阶段在北京、武汉等地具体指挥部署抗疫工作，发出坚决打赢疫情防控阻击战的决战指令。

时政微视频〔1〕｜总书记指挥这场人民战争——令出如山

如此情势下，这样一部作品的出现，对于缓释公众焦虑、阻隔恐慌蔓延、提振全民信心有着重要的意义。

在时效和节奏的把握上，从 2020 年 2 月下旬接到任务到《总书记指挥这场人民战争》第一集“令出如山”在央视新闻客户端正式发布，时间不足 10 天。完整 10 集发布时间，也集中在两周之内。在创作过程中，中央部署意见和一线现场情势的信息不断更新，切入角度的分层，保证了每一集能持续纳入新内容、新细节和新动向，做到了及时发布，回应了社会关切，满足了受众对疫情信息的时效性要求和期待。

二、国之大者　心中有数

《总书记指挥这场人民战争》是国内第一部从习近平总书记如何亲自指挥这场前所未有的疫情防控人民战争的角度，站在步步推进、层层深入的疫情防控战略格局的高度创作的长篇系列作品，整体描摹出一幅自上而下万众一心、全民参与共克时艰的壮丽的抗疫画卷。

2020 年 6 月，习近平总书记在看望参加全国政协十三届三次会议的经济界委员时强调，各地区、各部门、各方面“对国之大者要心中有数”。这之前，他在陕西考察时提出明确要求：“对国之大者要心中有数，关注党中央在关心什么、强调什么，深刻领会什么是党和国家最重要的利益、什么是最需要坚定维护的立场……”党中央关心的、强调的，就是“国之大者”，即事关全局、事关根本、事关未来、事关党和国家事业兴衰成败的大政方针和战略

时政微视频〔2〕｜总书记指挥这场人民战争——不负人民

部署。

“不谋全局者，不足谋一域。”作为中央广播电视总台的新闻工作者，必须时刻关注党中央关心的，坚决落实党中央强调的。只有在“国之大者”中找准坐标，把工作放到“国之大者”中思考，才能顺势而为、有所作为。

时政微视频〔3〕|总书记指挥这场人民战争——重地之战

深入学习习近平总书记指挥战“疫”的战略、战术，密切观察战“疫”局势的演变趋势，深刻理解战“疫”布局的动机原点，是创作《总书记指挥这场人民战争》的基础。

如“科技战‘疫’”一集的推出，就是结合3月2日习近平总书记在北京考察新冠肺炎防控科研攻关工作时的讲话精神来完成构思的。在讲话中，习近平总书记强调：“人类同疾病较量最有力的武器就是科学技术，人类战胜大灾大疫离不开科学发展和技术创新。”事实上，理解了科技对于缓解和消除疫情的关键性作用，就能够进一步理解习近平总书记深入关切疫情防控科研攻关工作的行动动机。围绕这一要点，该集挖掘并抓取出疫苗研发、生物安全、病毒溯源等模块，架构起习近平总书记科技战“疫”布局的运行逻辑，更好地完成了国家抗疫战略的细致解读。

三、碎片内容　系统重构

信息内容是媒体的立身之本，主流电视媒体拥有一支庞大、专业、系统的采编播队伍，这是大部分网络媒体无法比拟的。面对重大突发、时政现场，主流电视媒体能够第一时间进入报道，积累海量素材。但是，如何把其中的场景按照新的格局进行解构和重构，生出一些视角独特、观感非凡的视频产品，进行二次传播，最终达成“大屏”和“小屏”同频共振，却是一个值得思考的问题。

创作《总书记指挥这场人民战争》的过程中，各类新闻媒体的跟进报道让新冠肺炎疫情相关的碎片化内容完成不断积累，团队需要反复完成“进入”和“跳出”

时政微视频〔4〕|总书记指挥这场人民战争——决战双胜

的步骤。“进入”是指进入具体事件和场景，抠清关键时间节点和人物细节，拆解行动缘由和结果。“跳出”则是将零散的事件和人物，依照框定的叙事逻辑进行整体布局和重组，重构新的意义系统。

时政微视频〔5〕| 总书记指挥这场人民战争——坚决打赢

事实上，正是通过对2020年2月至3月间习近平总书记连续主持召开多次中央政治局常委会会议和中央政治局会议、频繁到抗疫一线考察事件的反复梳理，《总书记指挥这场人民战争》10集的布局结构才逐渐清晰、聚焦并完善：从“战令”到“战略”，从“人民”到“命运共同体”，从“决心”到“信心”，循序渐进，逐级展开。

四、厚重题材　新鲜表达

时政微视频具有传播触点多元以及传播反馈迅速的特点，相比于传统传播方式，所传达的内容与表现的形式更为直观、亲切。《总书记指挥这场人民战争》系列视频，在时政微视频的“亲切感”呈现上更近一步，使习近平总书记人民领袖形象实现平民化、生活化传播，缩短了习近平总书记与公众间的心理距离，生动展示出习近平总书记根植人民、情系群众的初心。

在塑造习近平总书记形象过程中，系列视频借助了以下方式来更好地呈现领导人和群众的联系感，以实现传播效果的最大化：

第一，不使用画外音解说，强化说明性字幕的强调作用和新闻播报声的信息传递、节奏调动作用，结合总书记叙述和群众采访，共同搭建事件场景，使整体叙事语态生动具象。

从传播学角度，视听语言在话语本质上就具有“情感渲染”的功能。本系列视频充分利用视听语言的形式，大量采用领导人的原声、原画，让人们更为直观地感受到领导人“始终把人民生命安全和身体健康放在第一位”，拉近了民众和领袖之间的距离，为领导人形象的二次传播提供了有利条件。不少人在视频“边看边聊”区域留言，抒发内心感受：“枕戈待旦，事必躬亲，

时政微视频〔6〕| 总书记指挥这场人民战争——白衣执甲

总书记辛苦了”“有您，国强，人民骄傲”“主席之前有句话，感动我好久，人民的生命安全重于泰山”。

第二，将宏大主题投射到个体叙事，挖掘人物故事，放大故事细节，“小”切口见“大”视野，进而用讲述式话语体系构建国家形象与领袖形象、国家政治与国民个体命运关联。

时政微视频〔7〕|总书记指挥这场人民战争——命运与共

制作前期疫情相关资料庞杂，团队在素材收集和重新组合的过程中始终关注典型人物角色，开掘故事，根据故事线索穿插画面、组织同期声，还原现场。在现场还原过程中，通过使用原始照片、现场视频当事人叙述，紧抓细节叙事以鲜活事实为依托，既有宏观反映，也有具象呈现，把医生、患者、士兵、志愿者等一个又一个人物角色打造成一块又一块“切片”，每一块切片都代表着一种视角、状态和追求。

第三，简化包装和加工，使用平实的叙述和过渡，辅以具体数据呈现，进一步强化情感传递，实现历史场景和现实环境的融合，增强受众情感上的共鸣，更具亲和力和感染力。系列视频呈现的内容中，没有刻意造作的赞美铺陈，也不以过度煽情作为重点，仅是遵循平静直接的叙事原则，适时强化数据流动的直观表现作用，增加全片的厚重感。

如“不负人民”一集中，在讲述习近平总书记研究部署疫情防控工作时，就使用“召开 11 次会议”“依纪处理 654 人”“查处问题 385 个”等具体数据，客观呈现习近平总书记研判疫情反应之快、行动之密，对待失职行为问责之严，展现出习近平总书记在面对这一场罕见凶猛的新冠肺炎疫情时，始终将人民生命安全和身体健康放在第一位，带领全党全军全国人民沉着冷静应对危机、果断处置危机、科学防控危机，真正做到了忧人民之所忧、想人民之所想、急人民之所急和解人民之所困。

第四，灵活利用音乐和音效，引导受众迅速进入情境，形成对内容的特定期待。音效和配乐的使用，一方面可以更好地配合画面完成叙事，另一方面可以烘托主题、渲染情绪。如“科技战‘疫’”一集，就配合疫苗研发、仪器检测等镜头，使用了部分带有科技感的音效来吸引受众注意；“白衣执甲”一集末段，则

时政微视频〔8〕|总书记指挥这场人民战争——科技战“疫”

配合援鄂医务工作者一一摘下口罩的长镜头，垫入壮美开阔的音乐，实现了语义表达的延伸和情感情绪的代入。

五、合力传播　高能效应

当前媒介生态环境中，以移动互联网为基础的新媒体发布平台逐渐形成了新的传播格局，新闻内容生产与平台分发逐步分离成为当今媒介环境下的传播发展趋势。若缺乏与之相应的分发平台进行深度传播，再优质的传播内容也无法取得良好的传播效果。因此，在这样的背景下，时政报道和众多报道一样需要充分利用多平台、多渠道、多终端，即时分发和互动，才能实现更好传播。

时政微视频〔9〕｜总书记指挥这场人民战争——大党担当

长期以来，以腾讯、网易等为代表的移动新闻客户端有着畅通的新闻分发渠道，通过它们可以扩大受众面并提升传播效率，使新闻信息更快地抵达受众，取得更好的传播效果；百度新闻等新闻聚合类传播平台，则是以大数据技术为支撑，能够运用机器算法和编辑互动的运营模式，精准定位、个性化推荐，将信息及时有效地传递到特定人群。

基于此，《总书记指挥这场人民战争》10 集内容除了通过“央视新闻”客户端、微博、微信公众号渠道合力触发台内发布机制之外，还和腾讯、网易、百度等移动平台展开了深度合作，实现了同频共振的规模效应，全面提升了视频的传播质量。数据显示，《总书记指挥这场人民战争》系列全网播放量总计超过 4.1 亿。

时政微视频作为时政新闻领域一种新的传播载体，将严肃、重大的时政新闻报道作为内核，辅以视觉化的表现方式来完成新闻内容的再现。相比于常规图文报道，它有着更加广阔和生动的表述空间。通过镜头的调度和组接、同期声或解说的铺垫和调和、配乐和音效的补充和配合，时政微视频能够更为精准、直观地还原时政新闻的场景、人物和事件，这将会潜移默化地拉近

时政微视频〔10〕｜总书记指挥这场人民战争——凝心聚力

习近平总书记与普通民众的距离，也更加适合人们碎片化观看的习惯、符合当下移动互联网的用户语境。

移动互联时代，时政微视频的发展日益受到重视，它已逐渐发展为主流媒体实现融合之路的有力武器，并依然潜藏着推动时政报道融入大众视野的深层力量。事实上，时政微视频的创作过程，也是探索新的适合融媒体环境语态的过程。借助这样一种方式，在有限的边界内寻找表达的空间，生产更多受众喜闻乐见的“时政产品”，也是一件富含趣味的事情。

主创人员：总导演 / 耿志民　韩任伟
分集编导 / 彭裔然　杜晓东　余腾龙　杨　山
王　昱　白云飞　张　鑫　王稷钧
吴　璇　尹庚午
视觉 / 高凌潇　韩　旭
音乐 / 王安然
统筹 / 杨　波　寇琳阳　张妏倩
本文执笔人：王　帅　韩任伟

科技日报社

“追问新冠肺炎”系列报道

推荐词：科学是最好的谣言“粉碎机”。在全民共同战“疫”之时，科技日报“追问新冠肺炎”系列融媒体报道从公众关心的热点、焦点问题入手，保持科学态度，用事实说话，推出了47篇有深度、有温度、有品质的新闻精品，为消除恐慌、理性引导、提振信心发挥了积极作用，展现出主流专业媒体的重要价值。

专业人做专业事，科学理性引导受众

2020年是“黑天鹅”乱飞的一年，“大事件”此起彼伏，各种信息令人应接不暇。信息越是纷繁杂乱，就越需要有人厘清事实真相、坚守科学信念。

年初突出其来的新冠肺炎疫情，牵动着全国人民的心。面对突如其来的疫情，看到一些同行逆行武汉，完成那么多艰难的采访，写下那么多催人泪下的故事，科技日报能做些什么？

在万众一心抗击疫情的同时，也不免出现了各种流言、谣言，在网络上传播，造成公众心理恐慌。舆情如潮，老百姓有疑问、有情绪，最好的做法就是直面情绪、正视问题、解疑释惑。回应热点、答疑解惑，不仅是各级政府的职责，也是媒体的职责。那么，谁能真正答疑解惑，并且让公众信服呢？必然是专业的医生和医学科研工作者。

本着这个思路，又联系到科技日报的专业优势，所以我想对当时所有人都比较疑惑的一些话题进行厘清和解释。在策划选题的时候，我们从当时人们最急切想知道，但又得不到答案或者容易被误导的话题入手，比如当时人心惶惶的“什么是无症状感染者，该如何防护”？又比如最朴素的“现在发烧咳嗽了，要不要去医院”？一共罗列了10个话题，由记者根据自己的专家资源，来认领自己可以采访的话题，做成10篇报道，取了个专栏的名字“追问新冠肺炎”。这个系列报道就这样出炉了。

科技日报从2020年1月28日起，在新媒体（微信公号和微博）推出“追问新冠肺炎”系列报道，该系列注重发挥自身的专业优势和权威公信力，追问多个领域的专家，从科学角度理性分析解读，为读者解疑释惑，理性引导公众。同时，及时报道解析科研支撑防控疫情新进展，提振公众抗疫信心，注重传播科学防控知识，消除公众恐慌，收到良好的宣传效果。后来随着事态的发展，令人疑惑的话题也在不断滋生，于是“追问新冠肺炎”系列报道就有了第11篇、第12篇、第20篇、第40篇报道，一共做了47篇。

156天，47篇深度解读文章，十万+、百万+、千万+……“追问新冠肺炎”系列报道收获了上亿的阅读。

回顾这47篇报道，有这样几点做法值得分享。

一、贴近生活抓选题，科学理性解疑虑

科技日报“追问新冠肺炎”系列报道，策划选题就从人们最急切想知道，但又得不到答案或者容易被误导的话题入手，发挥科技记者平时积累的优势和与有关专家联系紧密的资源优势，畅通媒体与科学共同体对话讨论渠道，及时发出权威声音，起到澄清真相、疏解民忧、消除焦虑的作用。

新冠肺炎疫情，因其突发和病毒新型，人们对它知之甚少，因此给人们带来的恐惧与忧虑极易形成热点、焦点，引发热议。比如，男性更易感是否有科学依据，治愈后是否会二次感染，病毒潜伏期为什么有长有短，A型血是否真的更容易被感染，等等。科技日报对这些问题不回避，及时作出解读性报道。

话题选择不以大小为依据，而以公众疑惑程度为依据。在疫情发展前期，很多人都有疑问：有点咳嗽发烧了怎么办？怕去了医院反被感染，不去又担心延误治疗时机。2020年1月31日，“追问新冠肺炎”的第4篇报道以“发烧咳嗽了，到底要不要去医院？”为题，延请北京两位拥有新冠肺炎诊治经验的一线专家说话，从专业角度明确告知公众：“流行病接触史”才是关键和37.8摄氏度的硬指标，引导舆论科学对待疫情、消除公众恐慌情绪、呼吁节约医疗资源。

二、直面传言和谣言，增强报道权威性

疫情期间，有不少打着科学的幌子蹭流量的文章混淆视听，造成公众心理恐慌。这时，人们最需要听到权威意见和科学的结论，渴望“一锤定音”。对这类问题的采访和解读性报道，面临着找有关权威专家采访难，多方求证难。这时更需要媒体和记者迎难而上不回避。

科技日报“追问新冠肺炎”系列报道正是为了解决这一难题而生，报道选题直面各种传言和谣言，以采访对象的专业性和权威性示人，通过科学解读和权威发声一锤定音，为及时粉碎传言、谣言，正确引导舆论，发挥了作用。

比如，“2003 年非典易感人群是青壮年，今年新型冠状病毒肺炎易感人群是中老年人，那不是一批人吗，多大仇啊，追杀了这代快 20 年……”这个段子在网上流传，引发热议。2 月 1 日第 9 期的“追问新冠肺炎”就推出《新冠肺炎“追杀”中老年？男性更易感有科学依据吗？》一文，记者通过采访国家医疗专家组成员王贵德，分子病毒学专家、参加过抗击非典的南方医科大学教授赵卫以及一线呼吸科专家，第一时间详细解读易感人群和致死人群的不同，为什么人们会有这种印象，以及男性为何更易感的原因。网友点赞该文“客观、理性、专业，通俗易懂”，点击量超过 10 万 +。

再如，有消息称“从新冠肺炎患者的粪便样本中分离出新型冠状病毒”，引发公众对病毒传播途径发生变化的猜测和忧虑。科技日报“追问新冠肺炎”在 2 月 13 日发出第 17 篇报道《粪便中分离出新冠病毒意味着什么？是传播途径发生变化了吗？专家：民众不必过度紧张》，用科普话语深入细致解析问题，借助权威专家答疑释惑。

三、结合热点作科普，报道严把科学关

新冠病毒无疑是一个新生事物，自然也会带来很多新的说法和新词语。有些词汇因其专业性较强，名词术语生涩难懂，公众难辨真伪，莫衷一是。用权威专家的真知灼见解读网民热议的新话题，在新闻报道中普及科学知

识、提高公众科学素养，既是科技宣传应有之义，也是突发热点报道中有待破解的难题。

面对谈新冠肺炎色变的社会现状，科技日报“追问新冠肺炎”系列报道对有关疫情防治药物研究进展、出现的各种新词语等都及时跟进，进行了严谨科学的报道，务求真实准确。

2020年2月11日，武汉金银潭医院院长张定宇在接受媒体采访时呼吁，希望痊愈者捐献血浆，帮助危重病人。2月13日，推出《痊愈患者血浆，对临床救治和研究对应药物起什么作用?》，不仅详细介绍了痊愈者血浆对临床、对研究的作用，也通过专家详细的解读，传递了捐献血浆对捐献者身体影响很小的信息。

当疫情主战场转移到海外后，一些国家的抗疫政策引发热议，如英国提出的“群体免疫”一词让很多人感到疑惑。科技日报及时策划，在3月14日推出“追问新冠肺炎”第34篇报道《消灭新冠病毒，群体免疫是否可行?》，专家解释称，从纯粹专业角度讲，群体免疫策略是可行的。但这样的政策存在很大的风险，因为新冠病毒的很多特性还不知道，这是一场豪赌，很可能是得不偿失，付出的医疗成本代价更重。

“无症状感染者”该如何防护？什么是“假阴性”？痊愈患者血浆有什么用？“复阳”患者还会传染吗？……所有公众最急切想知道的问题，我们都在第一时间联系到权威专家，给出了最科学、最详尽的解答。提振公众抗疫信心、消除公众恐慌、正确引导社会舆论，科技日报始终践行着主流媒体的责任与担当。

近年来，各种重大突发事件新闻报道中，涉及的科学问题越来越多，而每遇热点，各种流言也更多、情况更复杂。科学消除各种流言的不良影响，提升全民科学素养，是主流媒体应尽的责任和义务。媒体首先要提升记者编辑的科学素养，充分发挥专家型记者的优势和作用，迅速组织起一支具有快速反应能力的科学报道队伍，让专业的人做专业的事，才能更好地保障报道的专业性、科学性和正确导向，发挥科学报道“谣言粉碎机”作用。

面对网络上充斥的各种流言，堵不如疏。尤其是对于热点事件中的科学话题，媒体可以和科学家一起，从科学角度分析解读探讨，理性疏导民众情绪，从科学技术角度构建一个真正强大、自信的中国社会。

对于新冠肺炎疫情以及各种热点事件中的科学问题，我们都会继续追问下去……

主 创 人 员：管晶晶　张佳星　岳　靓　朱　丽　付丽丽
代小佩

本文执笔人：管晶晶

中国青年报

《互喊加油，四大“天团”会师武汉！网友：王炸来了，中国必胜！》

推荐词：2020年年初在全国人民都为武汉揪心的时候，中国最顶尖医院的精锐团队在武汉机场相遇，并互相致以乐观问候，现场感极强的短视频，辅以激昂的背景音乐、现场图片、网友评论、相关资料等，一时间刷屏网络。中国青年报的这则新媒体产品选题精准，极大缓解了受众的情绪焦虑，坚定了全国战“疫”必胜的信心，是抗疫新媒体报道的上乘之作。

见证王牌医院会师　坚定网友必胜信心

2020年2月8日，中国青年报官方微信原创并首发了一篇介绍四大‘天团’医疗队（“北协和、南湘雅、东齐鲁、西华西”）支援湖北的新媒体作品，在网络上刷屏传播和并引发热议。

这篇作品的标题是“互喊加油，四大‘天团’会师武汉！网友：王炸来了，中国必胜！”整个稿件通过图片、文字和视频等形式，结合权威信息及舆论评价，讲述了“北协和、南湘雅、东齐鲁、西华西”四大“天团”医疗队支援湖北的感人细节，以小见大，介绍了16省份医疗队派出精锐团队支援湖北的情况。

2020年2月7日，山东大学齐鲁医院和四川大学华西医院的医疗援助队在武汉天河机场相遇，他们自报家门互相加油。对于很多非医学专业的普通大众来说，这只是“机场偶遇”，但在媒体人眼中，这却是全国驰援湖北的缩影——感人的同时，更震撼也更有说服力。上述事情虽然只涉及两个医疗队，但我想到，除了“东齐鲁、西华西”外，“北协和、南湘雅”这些非常有名的医疗队都支援了湖北！

我还专门向一位医学生了解到，“北协和、南湘雅、东齐鲁、西华西”在医学界非常有名。我就决定，这篇作品可以通过上述四大“天团”医疗队支援湖北的感人细节，介绍16省份医疗队派出精锐团队支援湖北的情况。

同时我注意到，2 月 7 日，国家卫生健康委在发布会上公布过这样一则信息：当时，国家卫生健康委对武汉的驰援力度不断加大，派出了全国最强的、水平最高的重症救治的专家团队，当时已建立了 16 个省支援武汉以外地市的一一对口支援关系。这部分信息可以很好地体现 16 省份支援湖北的力度，于是我也把这段发布会的视频和相关文字内容加进文章中。文末，我总结了当时的舆论评价，引发大家的共鸣。

作品二维码

此外，在该微信作品发布前，我又反复对标题进行了数次修改打磨。

总体来说，在创作过程中，整个作品以小见大，不但有感人鲜活的画面细节，又有权威部门公布数据的支持，还有相关网络舆论评价，很好地表达出中国人民“一方有难、八方支援”“团结一致、众志成城”的抗疫精神。

传播数据

该作品仅在中国青年报官方微信一个账号的阅读量就达到 1560 万、转发量 82 万、点赞量 6.6 万，创中国青年报官方微信的阅读量纪录。

该作品在中国青年报官方微信首发后，又在中国青年报法人微博上发布，单条微博阅读量达 2214 万、转发量 2.9 万、点赞量 1.2 万。

该作品全网阅读量累计过亿，在微信、微博、网站、客户端等平台，被几乎所有央媒在内的成千上万个账号全文转载或借鉴创意二次传播。据不完全统计，仅微信平台上，就有 913 个账号转载。在腾讯新闻、今日头条、百度等聚合类资讯平台上，该案例也被自发广泛转载传播。

社会反响

《互喊加油，四大“天团”会师武汉！网友：王炸来了，中国必胜！》成为真正有感召力、现象级传播的作品。中国青年报通过创作这样的作品，在网络上传播正能量，弘扬榜样力量，为全国普通民众和医护人员树立了抗疫必胜的信念。

中国青年报官方微信的用户以90后、00后为主，这篇作品激发青年投身抗疫一线，增强了向心力和凝聚力，为打赢战“疫”硬仗贡献了新媒体力量。

看完该作品，无数网友表示感动落泪的同时，更令他们坚信：中国抗疫必胜！

主 创 人 员：张力友　孙丹丹　刘昶荣
本文执笔人：张力友

■ 新华社湖北分社

《壮哉，大武汉——献给英雄的武汉人民》

推荐词：新华社的全媒融合报道《壮哉，大武汉——献给英雄的武汉人民》，精心谋篇布局，结构独具匠心，以封城期间的“识大体、顾大局”、勇斗疫魔的“传大爱、担大义”、闯关夺隘的“迎大考、战大‘疫’”，6个“大”共同诠释主标题的“大武汉”之“大”。

在全景式记录中彰显人性光辉

“封一座城，护一国人。”

2020 年 1 月 23 日，武汉因汹涌狰狞的新冠肺炎疫情断然“封城”。这座千万级人口城市和人民做出的牺牲和奉献，必将通过打赢这场疫情防控战被载入史册！

在这个世所罕见的特大公共卫生事件中，新华社作为国家通讯社，及时发布权威信息，探寻追问真相和原因，全景式记录历史，总结抗疫精神，彰显人性光辉，是职责所在、使命所系。

2020 年 3 月 30 日，我和记者一道精心策划、泣血噙泪采写的全媒头条融合报道《壮哉，大武汉——献给英雄的武汉人民》，一经推出，便产生了“镇版”“刷屏”之效。《新华每日电讯》和《中国青年报》均头版头条刊登，《人民日报》以大半个版面突出采用，《经济日报》《光明日报》《北京日报》《湖北日报》《长江日报》等众多报纸广泛刊载。据统计，稿件共被 431 家媒体采用，新华社微信阅读量超过 20 万，新华社客户端点击量 270 万次。学习强国、新浪、腾讯、凤凰等各网站纷纷转载，网信办全网推送，部分客户端置顶展示。

报道受到中央指导组宣传组的充分肯定，并被列入相关经典报道案例。

报道产生了强烈的社会共鸣，“感动”“致敬”“泪目”，是受众评论中的高频词汇。有的网友留言说：“是英雄的人民共同造就了英雄的城市。”

一、全景式记录惊心动魄的历史

为历史记录，为时代立传，这是新华人应有的水准和担当。

壮士断腕，何等悲壮。

关闭离汉通道，奋力阻止疫情向外扩散，那是怎样痛心疾首而又迫不得已的选择！

未知的凶险病毒、呈几何级数增长的感染病例、一个又一个逝去的生命……形势万分紧急！偏偏又正值春运人流迎来最高峰，“九省通衢”的武汉若不果断“封城”，后果不堪设想！

“武汉胜则湖北胜，湖北胜则全国胜。”武汉，顿时成为全国疫情防控的重中之重和决胜之地。

作为武汉人民的一员，我们亲身经历了疫情从初显，到突袭，再到迅速蔓延、疯狂肆虐的全过程。

作为深爱这座城市的居民，我们切身感受了美丽繁华的都市从“封城”暂停的痛苦，到终于重启的期盼，再到逐渐复苏的欣慰。

作为武汉保卫战的报道者，我们更是参与和见证了武汉人民在极为艰难的情况下，以不畏艰险、顽强不屈、坚韧不拔、高风亮节的壮举，书写可歌可泣的战“疫”历史。

碎片化传播时代，考验着宏大叙事的本领；灾难性报道中，更加需要突出彰显人性光辉。

面对众声喧哗、过度煽情甚至消费悲惨故事，主流权威媒体责无旁贷，要加强正面宣传和舆论引导，推出更多恢宏大气、内涵丰富，有思想深度、有历史厚度、有情感温度的报道。

习近平总书记于 2020 年 3 月 10 日到湖北视察疫情防控工作后，新华社领导要求前方报道团队认真学习领会习近平总书记的重要讲话精神，精心策划组织，推出一批重点报道。

2020 年 3 月下旬，以武汉为主战场的全国本土疫情传播基本阻断，全国疫情防控取得阶段性重要成效，“封城”已经两个多月的英雄之城即将迎来“解封”。在这样一个重要时间节点和战“疫”的重要转折点，为了不负这段惊心动魄的历史，我提出，以“识大体、顾大局”“传大爱、担大义”“迎大考、战大‘疫’”为主要内容，组织精兵强将采写全媒融合报道《壮哉，大武汉——献给英雄的武汉人民》。

在新华社领导的高度重视和团队成员的共同努力下，我们通过这一报道，立体式地呈现了身处疫情旋涡中心和“风暴之眼”的900多万武汉人民众志成城、英勇抗击的感人战“疫”故事；融合式表达了这座有3500年历史的英雄城市在伤痛中奋起，从“暂停”到“重启”，再到“复苏”的艰难历程；全景式地反映了艰苦卓绝的武汉保卫战如何从困苦逆境一步步迎来胜利的曙光，令世界瞩目。

二、真情聚焦伟大的人民力量

人民创造历史，历史造就英雄。

工作和生活在武汉30余年，我对武汉人的喜怒哀乐、一颦一笑，已是非常熟悉。与江城人民一道并肩抗击过1998年长江特大洪水、2008年特大冰雪灾害，更深深感受到他们在码头文化背景下的英雄底色。

尽管在突如其来的特大灾难面前，他们也曾有过“吓懵了”“吓苕了”的过程，惊恐、焦灼、迷茫、悲伤……但回过神来，迅速恢复的是“冇得么事”的勇敢、“不信邪”“不服周”的倔强。

此次报道中，我们将视线集中聚焦于平凡而又伟大的武汉市民。通过系统梳理，深刻分析其精神内核，大家形成强烈的共识：

武汉人民的识大体、顾大局，撼人心魄——本该是走亲访友的春节，900多万人坚忍自律，闭门宅家，开展特殊的战斗、无声的奉献。长达两个多月的时间里，经历了多少孤独恐惧，克服了多少艰难痛苦？14岁的小女孩孙婉清在给医生父亲的家书中写下了：“吾坚信，没有一个冬天不可逾越。”

武汉人民的传大爱、担大义，感天动地——张继先、张定宇、张笑春、王伟等白衣天使向险而行，逆战出征，同时间赛跑，与疫魔搏斗；刘智明、李文亮等医护人员把生的希望留给患者，自己却献出了宝贵的生命；一个个普通而又不平凡的人与城市共同进退、生死相守，迎难而上、无惧无悔。

武汉人民的迎大考、战大“疫”，彪炳史册——经过艰苦卓绝的努力，终于迎来曙光在前，经济社会秩序正加快恢复。人间烟火气，最抚凡人心。一碗麻香四溢的热干面，勾起了多少人的感慨和泪水。

即将迎来“解封”，英雄的武汉人民依然保持“咬定青山不放松”的韧劲、“不破楼兰终不还”的拼劲，慎终如始，再接再厉。但我们坚信：英雄的武汉人和他们英雄的城市一起，一定能够闯关夺隘，彻底走出阴霾。

在采写稿件的过程中，我们一次次为英雄人民勠力同心、共赴国难的壮举而感动，几度热泪盈眶。高度的共情和共鸣，使我们内心迸发出强烈的情感冲动，武汉人民值得被书写和铭记，必须要用自己手中的笔和镜头，尽情讴歌，表达敬意！

三、不懈追求直抵人心的传播效果

秉持“工匠精神”，下足“绣花功夫”。

报道的主题立意、行文构思早已确定。在叙事和情感上要结构分明，层层递进，以封城期间的“识大体、顾大局”、勇斗疫魔中的“传大爱、担大义”、闯关夺隘时的“迎大考、战大‘疫’”，6个“大”共同诠释和烘托支撑主标题中“大武汉”之“大”，展现武汉人民的大格局、大气度、大情怀。

与此同时，还必须有内涵深刻、层次丰富、文字凝练、鲜活生动的表达。尽管支撑其厚度的，有新华社整体疫情报道的积累和沉淀，但在一个多星期的时间里，团队成员经历了日夜苦战、为伊憔悴、备受折磨、艰辛付出的创作过程。

抓紧采访，完善人物故事；虚实结合，延展小标题；理清层次，勾勒宏大叙事脉络；配置图片视频，精心融合呈现……文章数易其稿，几度推倒重启。切磋苦想之中，每一个经典故事的选择，每一个精彩金句的涌出，团队小伙伴们都殚精竭虑。

精心推敲，细致打磨，一些精彩的表达几乎是倾泻而出——“冰封的城市，连接着恍若隔世的此去经年；渐暖的春日，映照着紧咬牙关的顽强坚持。”“一个个再平凡不过的普通人，挺身而出，将自己幻化为‘超人’，尽力拯救这座深爱的城市。”“每位武汉人，如同钻石的每一个切面，都闪耀着自己独特的光”……

稿件以江汉关大楼“整点响起的钟声，仿佛这座城市的心跳”“见证了武汉历经沧桑，也见证了武汉一次次从逆境中的崛起”开篇，结尾则是孕产妇患者诞下的新生命隔离观察后将于4月8日首次与亲人团聚：“那一天，正好迎来武汉解除‘封城’”……我们希望以首尾情境的强烈对比、巧妙呼应，以及收笔的意味深长，表达在苦难中迎接新生、在黑暗中看见黎明的象征意义。

首尾之间，一线串珠。从坚强、善良的普通市民、患者、亡者亲属，到白衣执甲、以生命赴使命的医护人员，再到守望相助、微光成炬的社区工作者、下沉干部、民警、科学家、清洁工、快递小哥、志愿者……构成一幅波澜壮阔的武汉人民英雄群像！

“英雄者，国之干。”2020年3月30日，稿件经正在值班的何平总编辑审改签发。武汉人民在疫情防控斗争中凝心聚力、众志成城、闯关夺隘、决战决胜的故事，通过新华社用心用情的记录和呈现，产生了强信心、暖人心、聚民心、筑同心的良好传播效果。

华中科技大学同济医院院长王伟说，《壮哉，大武汉——献给英雄的武汉人民》真实大气，直抵人心。透过文字看到的点点滴滴都是我们一起战斗的场景，无数个感动瞬间令人动容。相信经受过这样大考的城市，一定会越来越好。

“磨难中奋起，逆境中前行。”长江日报评论员华智超表示，新华社这篇重磅报道气势恢弘、震撼人心。参与了这场战“疫”的武汉人，会更加坚韧地拥抱未来。

战争与瘟疫，永远是人类的公敌。中华民族精神的薪火传承，总是在危难的关头闪耀出夺目的光芒。

谨以这篇报道，献给英雄的武汉人民，也献给披甲持戈、出生入死，英勇奋战在抗疫报道一线的新华社武汉前指将士。

主 创 人 员：文字记者 / 唐卫彬　李鹏翔　胡　喆　侯文坤
廖　君　喻　珮
视频记者 / 饶　饶　马原驰　郝晓江　董博涵
许　杨　沈伯韩　才　扬
漫画图鉴设计 / 耿晓涵
新媒体编辑 / 胡碧霞
本文执笔人：唐卫彬

人民日报社新媒体中心

纪录片《生死金银潭》

推荐词： 拍摄团队深入武汉金银潭医院ICU连续跟拍36个日夜，记录了大量一线治疗的完整而详细的素材，反映了新冠肺炎治疗的真实情况。全片没有主观解说，全用医护人员和患者的客观镜头和同期声，镜头语言冷静克制，叙事剪辑逻辑清晰、节奏得当、张弛有度，片尾以患者出院作结，带给人以希望。

生死金银潭　冷静克制的穿透力

抗击新冠肺炎疫情期间，人民日报社新媒体中心策划推出纪录片《生死金银潭》，真实记录武汉市金银潭医院医患之间的日常故事和生死时刻。这部28分钟的作品，是当时全国唯一全景式记录武汉定点医院隔离“红区”的纪录片。拍摄团队深入“红区”连续跟拍36个日夜，制作团队前后准备49天。3月31日一经推出，刷屏网络，社会反响热烈，并产生一定的国际影响。

《生死金银潭》实现境内外全平台、全渠道传播。境内播放总量超过1亿，主持的微博话题阅读总数超2.1亿。授权东方卫视播出，收视率同时段全国排名第二。人民日报新媒体制作成中文简体、繁体、英语等多个版本，对境内外推送，中国驻土耳其使馆主动联系翻译成土耳其语版本对外传播，许多网友还自发翻译成日语、俄语等多语种版本。在推特、脸谱、优兔等社交媒体平台上，视频浏览量超200万。在西方一些政要和媒体污名化中国的环境下，纪录片改变了部分国外网友对中国的偏见，取得较好的对外传播效果。

一、刷爆朋友圈，网友自发译制多语种版本传到境外

《生死金银潭》在人民日报两微两端推出后，立即被各新闻网站、客户

端、商业网站以及微博、微信、抖音、快手账号、腾讯视频、搜狐视频、B站等平台转载，并具有持续点播热度，在全网播放总量超过1亿。其中，人民日报主持的微博话题“连续36天跟拍武汉金银潭医院”和“生死金银潭英文版”占据热搜榜单，话题阅读总数超2.1亿；人民日报微信阅读量237.6万；人民日报客户端播放量192.9万。多家电视台主动联系，请求授权转载播出。4月4日在东方卫视播出，CSM59城收视率0.21，全国省级卫视同时段排名第二，上海电视台纪实人文频道不断重播。

《生死金银潭》人民日报客户端链接

在境外，《生死金银潭》产生了一定的国际影响，仅在境外社交媒体平台浏览量就超200万，转发、评论、点赞10371次。在推特平台，中国驻土耳其使馆账号上观看量超20万，转推、点赞、评论达1231条。还有中国驻欧盟使团、中国驻莫桑比克大使馆等中国驻外机构官方账号转载发布。在脸谱平台，People's Daily、China Daily、上海日报等账号转载发布，视频点击量超150万，分享、评论、点赞4631次。在优兔平台，视频还被众多外语字幕组账号主动翻译发布。

二、纪录片成为线下学习案例，网友在豆瓣打出9.6高评分

纪录片播出后，“生死金银潭”“生死之椒”等成为网络热词，许多网友讨论片中的主角人物，关注患者的治疗进展。网友“珊儿啊少刷微博多学习”说：“有个爹爹说不想活命了，一下子泪崩，想到前段时间我奶奶也是生病住院，难受地说不想活了，我还劝我奶奶一定要多活几年。”片中有个细节还为网友“津津乐道”。支援武汉的护士小哥孙岸中说从长沙带来了辣酱，武汉金银潭医院的护士小哥梁顺突然激动地紧握住他的双手，郑重“嘱托”：“搞一瓶给我！好吧？”网友形容这是“生死之椒”，有网友看完片段说：“笑着笑着就泪目了。”

国内许多中小学自发安排学生观看，结合网上教学要求学生写观后感。有高三学生留言：“昨天我们班看了，给我看哭了。”有教师在B站录制教学视频，点评学生写的观后感。

还有基层党组织和社区将观看《生死金银潭》作为党建、基层活动。在重庆市渝中区，桂花园社区组织居民观看《生死金银潭》。

许多网友还对人民日报新媒体拍出这样的纪录片表示“刮目相看”。有网友评论：“目前观看的国内记录疫情主流影像中最优秀的作品。”在豆瓣网站，网友给《生死金银潭》打出 9.6 的高分。

三、创作体会

第一，记录不能靠空洞的概念，用故事化的讲述方式，更能被人接受。疫情初期，坊间流传一句话：“世界看中国，中国看湖北，湖北看武汉，武汉看金银潭。”金银潭医院收治了大批危重症患者，无疑具有报道价值和传播价值。片子没有什么政治话语，不预设片长，不预设人物，也不走什么套路，拍摄的就是这家医院普普通通医护人员的故事，甚至连片中的主人公程文涛医生和李晓静护士长，都是在拍到一半时才涌现的。无论是圆满的，还是遗憾的，生者和逝者都不再是冷冰冰的概念化数字。观众看了能身临其境感受到抗疫第一线的艰辛与温暖。

医院中蔓延的，不只是病毒，还有爱。这是国内外网友都有的情感共鸣点。去挖掘、讲述这样直抵人心的故事才能打动人、感染人。外国网友看了视频后留言：“Thanks for sharing this video！ Chinese doctors and nurses gave，and are still giving a great efforts to fighting Covid-19，their efforts could encourage doctors and nurses all of the world. It is a hard battle for all the humans，we can conquer it together. Stay in home and keep social distance to support your medical system.”（感谢分享这个视频，中国的医生和护士在过去以及现在，付出巨大的努力与病毒斗争，他们的努力鼓舞着全世界的医护人员。这对全人类来说是一场艰难的战斗，我们可以团结起来去攻克它。待在家里、保持社交距离，这也是在支持医疗系统）。

第二，来自核心现场的事实最有力量，用还原真实的表达方式，更能让人信服。在特殊的疫情之下，纪录片也是“云”制作。前方拍摄在湖北，策划和后期制作力量在北京，前后方通过远程协作推进。每天，前方摄影师和记者进入医院拍摄，传回拍摄素材，后方及时下载处理。到了深夜，编辑团队和前方通过语音电话交流当天拍摄内容，商量第二天拍摄计划。此次在一家医院的“红区”不分昼夜连拍长达36天，记录了大量珍贵的一线画面。全片没有主观性的旁白，通篇为医护人员和患者的画面和同期声，用白描的手法，冷静、克制的镜头语言，呈现了金银潭医院疫情期间最真实的样子。许多网友反馈，不刻意煽情，却处处是泪点，节奏上步步惊心。有文章评价这个纪录片“贵在真实，让人如鲠在喉，引起思考”。

大量客观镜头的运用，国际化的叙事方式，让许多国外网友在看完视频后感慨，他们看到了中国真实的情况。

第三，对外宣传的主阵地，是在以海外社交媒体为主的国际舆论场。

此次疫情，一些西方国家和政客借“中国病毒论”“武汉肺炎论”等带有歧视性和污名化的言论，将疫情政治化，甩锅给中国。这让我们看到：不能坐以待毙任由境外污蔑抹黑，而是要真实记录，对外讲好中国故事。《生死金银潭》的对外传播，就是一次有效尝试，除了在境内传播，还扩散到境外脸书、推特、优兔等平台，取得了较好的传播效果。

主 创 人 员：策划 / 李志伟
统筹 / 王源宗
摄影 / 施佳杰
后期导演 / 刘钇江
编辑 / 林　渊
记者 / 郑薛飞腾　田豆豆　程远州
后期 / 刘钇江　罗汐朦
字幕 / 鹿游原
本文执笔人：李志伟

■ 中央广播电视总台

与疫情赛跑——“两神山”等系列慢直播

推荐词：与疫情赛跑——“两神山”等系列慢直播从2020年1月27日高清直播信号上线，到VR沉浸式体验，在国内外媒体和网友中引发高度关注，累积观看量超过1.6亿人次，其新闻素材被100多个国家和地区的媒体采用。该系列慢直播用事实向全世界阐释了中国共产党以人民为中心的执政理念和生命至上的价值观，见证了争分夺秒与疫情赛跑的中国速度，彰显了中国精神的深刻内涵。

抗疫新闻作战中的慢直播新路径

武汉新型冠状病毒肺炎疫情发生后，以习近平同志为核心的党中央高度重视，习近平总书记亲自部署疫情防控工作。中央广播电视总台坚决贯彻习近平总书记关于“把疫情防控工作作为当前最重要的工作来抓”的重要指示，在中宣部的指挥和部署下，精心组织、全面动员、争分夺秒，全面展开疫情防控报道工作。

央视频5G新媒体平台开通“疫情24小时”专栏，用慢直播介入重大突发事件报道，展现火神山、雷神山两家抗疫医院争分夺秒抓紧建设的情况，迅速吸引过亿网友观看，形成强大网络舆论场，并引发境外媒体高度关注，成为鼠年开年首个现象级传播的经典案例。

一、以问题为导向，用慢直播探索媒体融合传播

疫情暴发初期，为迅速控制蔓延速度，武汉市政府宣布要用10天时间建造两座共容纳3000张床位的医院，专门用于收治新冠肺炎患者。作为疫情防疫工作的重要举措，火神山医院和雷神山医院的立项和建设迅速受到全国人民的关注。可能吗？怎么建？大家疑问重重，医院建设在某种程度上成为抗疫进度和舆论关注的聚焦点。如何让“两神山”医院的建设报道及时、而且“沾着露水、

带着泥土”？如何满足公众置身重大公共卫生事件中对自身参与感的需求？

以这些问题为出发点，中央广播电视总台央视频 5G 新媒体平台第一时间策划设计了一场慢直播——《与疫情赛跑的中国速度：见证火神山、雷神山医院崛起》。

所谓慢直播，是信息时代一种特殊的传播形态，它的画面形式虽然如监控画面一般简单，信息密度也不高，却能把信息传达从“及时”变为“实时”，且具有天然的真实感与现场感。相较于传统景观直播的“看”，慢直播并不是漫无目的，而是重点在于“守候”与“期待”，是一种针对事件的特别表达手段。

慢直播设计初具雏形后，2020 年 1 月 26 日，央视频开始对接在武汉参与火神山医院、雷神山医院承建工作的央企账号，经与中国电信、中国移动、中国联通三大运营商以及中国建筑等央企沟通后，迅速与中国电信达成合作关系。26 日当天，中国电信组织 30 余名干部职工赶往两座医院建设现场，同时对接设备供应商，迅速选取设备、拍摄角度。当日傍晚，火神山标清直播信号上线，迅速引起近 10 万网友的关注。

为保证直播信号稳定，同时也为给广大网友提供更清晰的直播感受和更丰富的观看视角，央视频与中国电信协商，升级优化慢直播设备以及通信线路。中国电信下属武汉电信克服由于城区机动车限行造成的出行困难等诸多不便因素，紧急安排数十位工作人员投入布放光缆通信通道、基站安装、设备架设及技术保障的工作中。

1 月 27 日晚，火神山与雷神山 4 路高清直播信号上线。这 4 路慢直播镜头每天 24 小时不间断，以网络直播的方式实时、全方位呈现医院建设的现场画面，无解说、无剪辑，只有画面和白噪声。2 月 1 日，央视频上线 VR 慢直播，进一步打造沉浸式体验，让网友们即使宅在家中，也如同置身在武汉战“疫”前线，全程参与。慢直播第一次介入重大突发事件报道，是总台媒体融合传播的一次全新探索。

二、现象级传播，用慢直播打造正能量舆论场

与疫情赛跑系列慢直播在央视频平台一经上线就获得网友广泛关注，

围观网友数量持续上升，并迅速突破千万量级，众多网友通过直播镜头共同见证了抗疫一线工作人员的拼搏。为最大可能满足公众对焦点热点问题的关切，央视频“疫情24小时”直播页面设置评论区、疫情数据、最新动态、战“疫”一线、同程查询、各界驰援、预防知识、疫情寻人等8个板块。在直播评论区，有网友留言，“听着工地昼夜不停的轰鸣声，更放心了”，“一夜间工地又有了巨大的变化”，“真是只争朝夕、不负韶华”；也有网友花费数小时观看直播后感慨，“现场的小白太忙碌了”，“应该给他们刷个鸡腿”，“要是能打卡刷火箭就好了”。在现场感与参与感的加持下，网友把在线收看“直播建医院”的行为称为“抱着手机云监工”。相关直播迅速成为网络话题，“挖掘机天团”“云监工”等关键词冲上热搜榜，引发国内和境外媒体的高度关注。“武汉加油、中国加油”“基建狂魔战病魔”“争分夺秒战病疫”等正能量观点迅速汇聚，形成强大的网络舆论场。

自2020年1月27日晚高清信号上线，与疫情赛跑系列慢直播合计观看量超过1.3亿人次。在疫情直播报道推动下，央视频平台各项运营数据不断刷新历史新高。截至2020年1月29日，央视频APP下载量迅速攀升至苹果APP总榜第6位。此外，有140多家海内外媒体或商业平台主动联系总台寻求合作，希望获取直播流，展现武汉抗疫一线的情况。央视频也积极与全国数十家主流媒体和商业平台共享H5链接，形成矩阵式传播态势，扩大直播影响力。一个个24小时的直播现场，成为全国网友与湖北、与武汉同频共振的主流舆论场。

境外众多媒体也关注并报道了这次蔚为壮观的“云监工”奇景。总台多语种多媒体平台通过推送央视频的慢直播链接以及播发综述、评论等方式，全方位报道央视频慢直播武汉两座医院的建设进展。截至2020年1月31日上午9时，与疫情赛跑系列慢直播被FOX、BBC、CNN等45个国家和地区的495家电视台（频道）选用，累计播出1191次，播出总时长3小时35分53秒。

与疫情赛跑系列慢直播不仅展现了中国负责任的大国形象以及令人惊叹的中国速度，也获得了国际社会对中国疫情防控的透明度以及中国媒体承担起责任的高度赞誉。中国开放透明的做法得到国际社会高度认可，中国速度、中国态度、中国效率给全世界吃了一颗“定心丸”。

于变局中开新局，用慢直播创新报道方式、推进媒体融合。

第一，互动式参与：构建共同抗疫的群体感。在传统电视的单向传播模式中，个体参与重大社会热点事件的深度和范围是有限的，而慢直播满足了个体参与和互动的渴望。在疫情期间，对于大多数普通网友而言，面对不断被动接受大量时而感动、时而愤怒的信息却丧失参与感的现实情况，央视频慢直播的出现显得弥足珍贵。很多观看与疫情赛跑系列慢直播的网友，都会在评论区打卡，留言个人地点信息，并互动交流。在防控疫情的关键时刻，与疫情赛跑系列慢直播起到了缓解社会焦虑情绪、释放民众心理压力的重要作用，同时给民众提供了一个共同的语境，拓展了社交话题。这是一次由主流媒体引导的民意卷入，是由媒体与用户共同生产、叠加信息、传递事实、交互情绪，是数以亿计的人（次）形成共同行动、共情心理，共同“记录一朵花开放的过程”。

作品二维码

第二，身份认同：中国自信及中国速度的认同感。央视频“直播建医院”在关键时刻，将医院建设进程实时呈现在世人面前，其所传达的信息公开透明，尊重民众的知情权，所表达的“中国速度”“与疫情赛跑”等主题，精准切中执政为民的核心理念。“中国速度”和“与疫情赛跑”表达了政府机构的努力；“云监工”和“武汉加油”表达了在人民的见证下、人民的监督下；慢直播的上下窗则是执政理念和民众意见之间同心同德的最好表现。

第三，突破圈层：“云监工”的对外传播效应。通过慢直播这种特殊表达手段，大比例民众意见得以参与到重大社会关切中来，民意表达和民意释放的渠道搭建，有效助力了社会治理。广大网友透过慢直播，看到了生命的希望，完成情绪释放与慰藉。

无论是“两神山”医院建设慢直播，还是2020年国庆黄金周之际央视频平台对湖北境内五大景区的超高清慢直播，都承载着全国人民抗击并战胜疫情的希望与祝愿，是千万人的守候与鼓劲，是共同的见证和力量的凝聚，同时也是一次“电视媒体＋”的理念升级。重大事件的发生不以人的意志为转移，观众对生存环境的关切、对超过自己专业领域的求知欲永远都不会减弱。即便这次疫情过去，在占据独家直播资源方面具有潜力的慢直播凭借此次的媒体实践，能为传统媒体运用新技术发展新平台，提供更多值得借鉴的经验与智慧。

我们处在一个舆论纷繁复杂的时代，在变局中开新局，我们需要更多新的探索。

主创人员：杨继红　王秀帅　姜　华　张　璇　石传凯
孙　瑶　董大伟　刘　爽　商　杨　杨娜娜
林　喆　高业赢　金文静　杨　浪　张珊珊
王　未　董　皓　韩　嫣　高　林　刘　欧
曲柳燕

本文执笔人：杨继红

■ 解放军新闻传播中心网络部

《新冠病毒：遇到 PLA 是种什么体验》

推荐词： 为应对新冠肺炎疫情，人民军队闻令而动、勇挑重担、敢打硬仗，出色完成党和人民赋予的任务。解放军新闻传播中心网络部中国军网策划制作的《新冠病毒：遇到 PLA 是种什么体验》以长图漫画的形式，全景式展现了疫情发生以来军队支援湖北医疗队的感人故事，内容和形式实现了较好的融合，在网络平台引发了广泛共鸣和积极互动。

用好新媒体　讲好军队故事

军队支援湖北抗击新冠肺炎疫情，是对军队战斗力的一次大考，同时也是对军事媒体如何讲好军队故事的一次考验。长图漫画《新冠病毒：遇到 PLA 是种什么体验》就是解放军新闻传播中心网络部在新媒体传播领域的又一次有益尝试。

长图漫画《新冠病毒：遇到 PLA 是种什么体验》是以拟人化新冠病毒的第一视角，重构一个从新冠病毒肆虐到人民军队抗疫除魔的故事。人民生命安全受到威胁之际，全军在党中央和中央军委统一指挥下，牢记人民军队宗旨，闻令而动、勇挑重担。在军民携手努力下，病毒开始胆战心惊，随着军队支援地方抗击新冠肺炎疫情工作的持续开展，新冠病毒溃败而逃。两条线索相互交织、相互推动，形成已知的新闻故事之外又一个新故事。

漫画中，军队支援地方抗击疫情的内容主要从 5 个方面展开：加强领导指挥、火速驰援武汉、全力救治患者、做好综合保障、组织应急科研攻关。通过整理相关资料，将每一个部分的时间进行梳理，对事件进行全盘归纳，反映不同主题，让受众对军队支援地方疫情防控有一个更加整体的把握。

比如在“火速驰援武汉”这部分，我们串联起这样一条时间线：1 月 24 日晚，经习主席批准，军队抽调 450 名医护人员星夜启程、奔赴武汉；2 月 2

日，经习主席批准，军队再次抽组 950 名医护人员；2 月 13 日，经习主席批准，军队增派 2600 名医护人员支援武汉抗击疫情。在其他部分，我们选取火神山医院交付人民军队医务工作者、联勤保障部队全力以赴、军事科学院陈薇院士领衔的科研团队进行相关实验研究、人民军队完成抗击疫情任务回撤等很多标志性的事件，并在画面上加以个人形象和文字说明，展现不同阶段军队医务工作者的感人事迹："海报护士"刘丽在出发前与队友拥抱送别、医疗队队员马凌慨言"我们中国人民解放军誓死不退"、"运 -20 机票致敬白衣战士"、百岁新冠肺炎患者治愈出院……一幅幅画面虚实结合，虚景的新闻图片唤起受众对军队抗击疫情的点滴回忆，漫画实景则进一步强调了在新闻事件中全军部队为了人民、顽强拼搏的精神。

在漫画结尾部分，加入中国军网在抗击疫情期间推出的"抗疫专报"系列封面，对这些前期的新闻产品做到了二次传播。

一、社会反响

2020 年 5 月 10 日，稿件在中国军网微信平台发布后，短期内就广受好评。网友们纷纷在留言中说道："画风活泼。""像看电影一样，让人心潮澎湃。"还有的接着自编自导起新冠病毒的后续故事……但是回复最多的还是点赞军队医疗工作者，歌颂他们是新时代最可爱的人。

医疗队员马凌的形象

各方面评价主要点赞作品中展示的人民军队在抗疫中彰显的崇高精神。一是全军部队与全国人民风雨同舟、共克时艰，勇当人民生命安全和身体健康的保护神和捍卫者的英雄本色。二是白衣战士医者仁心、无私无畏的崇高境界。虽然漫画中的医护人员身穿防护服，看不到他们的脸庞，但是从一个个暖心的手势、一个个贴心的俯身可以看出他们对患者的真情实感。

这一长图作品赢得广泛关注。部分网友在留言中说道：“这样的风格很赞！”“形式新颖，宣传方式耳目一新，生动直观又简洁。”这次有益尝试进一步扩大了中国军网的产品矩阵，积累了一波受众好感，为接下来推出更多有特色的新媒体作品打下良好基础。

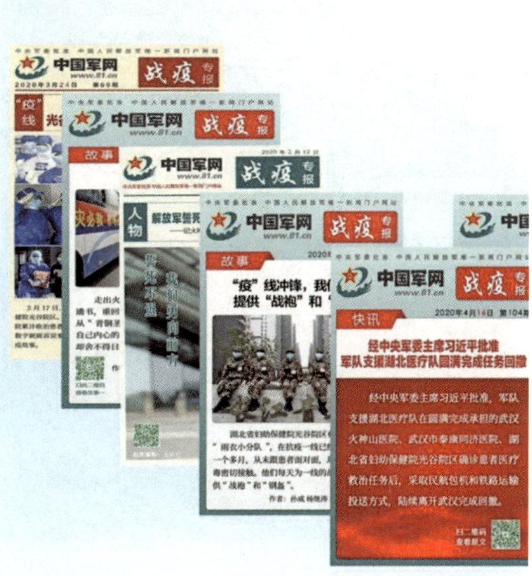

战“疫”专报封面

二、策划组织

中国军网记者自大年初七深入湖北武汉抗疫一线开始，每天源源不断提供各种图片、文字、视频等新闻素材。在前期宣传中“海报护士”“迷彩妈妈”等一批“网红”医务工作者频繁登上热搜，传播了正能量，在网友中有了较高知名度，后方制作过“除夕夜出征”“人民军队做好相关后勤保障”等多个主题的漫画，积累了一些绘画经验和传播经验。

随着疫情发展变化，按照党中央和中央军委对新闻宣传的决策部署，领导安排我们要紧跟实际情况，推出一些重量级的新闻产品。通过总结疫情发生以来的宣传工作，我们策划扩大内容范围，全景式展现军队支援湖北抗击新冠肺炎疫情的历程，将抗疫时间线进行梳理，选择有代表性的镜头、事件、人物，通过虚实结合的方式，制作长图。

当我拿着做好的漫画文案与团队人员进行讨论时，大家都感觉一段一段讲述故事过于生硬和呆板，没有吸引力。既然决定用漫画的形式展示，就要充分发挥漫画的特点，不能将它作为一个外壳式的工具。于是团队成员开始

新冠病毒的拟人化角色

收集资料，分析不同的漫画作品，最后决定加入一个新冠病毒的拟人化形象，从它的视角来讲述整个故事。

应该赋予这个形象怎样具体的身份和任务是又一个难题。通过分析一些漫画稿件，我发现平常作品里，与主角密切联系的拟人角色大多是单个可爱、软萌的类型，并且在故事的情节发展上没有太明显的推动作用。而我现在需要的角色是凶狠可怕的、数量众多，前后反差还要比较大，我在脑海里不停想着以前看过的故事里那些反派角色，渐渐地，病毒的形象开始明朗起来：它是一个披着斗篷、看似威风凛凛的样子，常常和同伴成群结队、四处作案。我还自动脑补出病毒们作完案发出“哼哼哼”的笑声。这让我一下想到《西游记》里那个“大王叫我来巡山”的小钻风。于是我将故事情节设计成病毒四处作案，每天有小病毒汇报情况。

具体的逻辑框架和情节有了，负责漫画的同事开始创作。此时前方记者还有新的素材传回，我们一边创作，一边根据实际疫情发展情况，对素材进行增补删减，并且与前方同事保持联系，询问他的意见。面对海量素材，首先我们挑选关键时间节点的事件并确保不会引发负面舆情，在此基础上挑选典型人物，更受网友关注的新闻点，这样既体现军队支援地方抗击疫情的整体情况，又能聚焦单个故事和人物，画面有张有弛。

创作时，团队对细节进行了精心打磨，就连病毒的五官，身上的服饰、头上的皇冠我们都按照情节发展设计了一番。这样的状态持续了一个月左右，有那么五六次我们都以为是最后一版，没想到又整理出四五张修改意见。内容创作完成后，考虑到要在手机端进行推送，我们找了市面上常见的几款手机，检查不同显示端画面的呈现效果。这个过程中，我们删减作品中情节拖沓、画面太长影响阅读的场景，并且增加开头的海报部分，最终完成了作品。

整个创作过程的每一步都走得不容易。前期因为疫情的原因，主创团队只能通过线上交流，画面的衔接部分在纸上画了又画，改了又改。白天工作量大，只能晚上继续加班。但是我们三人创作小团队没有一句抱怨，大家都希望在作品中呈现人民军队最好的一面。特别是了解到一线人员经常只能睡四五个小时的工作节奏，我们更没有理由喊累。

作品二维码

作为解放军新闻传播中心的一员，必须时刻“坚守战位”，打好宣传报道这个“第二战场”的每一仗。这是军队媒体的荣光，更是军事媒体工作者的使命。

三、经验总结

军队执行重大任务、社会关注度高的事件时，军队媒体首先要明晰自身的站立点和出发点，旗帜鲜明地坚持正确的政治方向和舆论导向，落实宣传方针政策。其次要确保报道的专业性和权威性，紧跟实时动态，不能盲目追逐新闻热点，提高专业素养，避免讲外行话，引发负面舆情。

在媒体移动化、智能化、视频化发展趋势下，新媒体作品形态层出不穷，军队媒体要在媒体融合的契机下进一步在新媒体方向发力，增强用户思维、技术思维，保持思想的敏锐性和开放度，创新讲好军队故事的方式方法，丰富军队媒体矩阵。

主 创 人 员：张诗梦　刘上靖　韩佳明
本文执笔人：张诗梦

■ 中国日报网

“抗击新冠病毒的中国方案”英文网站

推荐词： 在中国疫情防控形势得到有效控制之时，疫情开始在全球范围蔓延，国际社会迫切希望了解中国的防控经验。中国日报网围绕国际关切，及时推出“抗击新冠病毒的中国方案”英文网站，权威、系统、及时、准确地向国际社会介绍中国有效抗击新冠肺炎疫情的做法，分享中国方案、中国经验，讲好中国抗击疫情故事，得到国际社会广泛关注。

权威传递中国经验　助力全球共同战“疫”

在国务院新闻办公室、国家卫生健康委、科技部等权威部门指导支持下，中国日报网整合全社报道资源和社会优质资源，坚持跨界“大融合”，推出“抗击新冠病毒的中国方案”英文网站，以网页各栏目为阵地，系统全面、深入浅出地讲述在党中央坚强领导下，我国在新冠病毒肺炎疫情防控方面的成功经验和科学措施，集中展现我国集中力量办大事的制度优势和推动构建人类命运共同体的大国担当，回应国际社会迫切关切，助力全球抗疫。该网站成为疫情期间海外民众、在华外籍人士和外国医护人员获取疫情信息和防治经验的权威平台，赢得了国际社会的广泛好评，为推进疫情防控、促进国际合作营造了有利的舆论氛围。

2020 年 3 月，在中国疫情防控形势得到有效控制之时，疫情开始在全球范围蔓延，世界卫生组织将其定性为全球“大流行”，国际社会迫切希望了解中国的防控经验。为助力全球抗击新冠肺炎疫情，维护全球卫生安全，在国务院新闻办公室、国家卫生健康委、科技部、国家药监局和国家中医药管理局等单位的指导支持下，中国日报网 2020 年 3 月 18 日上线推出“抗击新冠病毒的中国方案”英文网站（以下简称“中国方案”网站），围绕国际关切，权威、系统、及时、准确地向国际社会介绍中国有效抗击新冠肺炎疫情的做法，分享中国方案、中国经验，讲好中国抗击疫情故事，得到国际社会广泛关注。

一、成立专班提前部署，共克时艰推出专题网站

2020年3月初，国际疫情开始快速蔓延，国际社会对疫情科学防控的信息需求日益增长，在这样的形势下，世界目光聚焦中国，为我们讲好中国故事、传递构建人类卫生健康共同体的理念提供了契机。在中国日报社编委会的领导下，以中国日报网英文编辑团队为班底，及时成立专题网站建设工作组，工作组克服各种困难，主动放弃节假日休息，与国务院新闻办公室、国家卫生健康委、科技部、国家药监局、国家中医药管理局等指导单位保持高效联系，在时间紧、任务重的情况下，以高度的责任心和敬业精神坚守报道岗位，仅用一周时间就完成“中国方案”网站的建设工作，并实现顺利上线。

二、整合资源精准定位，权威系统介绍战“疫”中国方案

在国家权威部门的指导支持下，“中国方案”网站从设立之初，在定位上就与普通的外文新闻网站有所区别，更突出知识性、科普性和公益性，是权威、系统和科学展现疫情防控举措和方案的英文百科综合网络平台。网站面向国际社会和在华外籍人士，围绕国际社会最关心的疫情防控话题和信息需求，设置“最新进展”“权威问答”“科普知识”“最新视频”“AI智能查询”“健康指南”和“中医药诊疗”等7个栏目，通过图文、视频、直播、动画等多媒体手段，持续发布权威信息，有效回应了国际关切、凝聚了社会共识，为其他国家提供了参考和借鉴。随着国际疫情发展

“抗击新冠病毒的中国方案”英文网站页面截图

及诊疗方案等交流材料的增多，网站增设“权威资料”栏目，整合集纳研究机构、医院等的权威、专业对外研究和医疗服务信息，进一步夯实了内容和服务基础。

三、加强交互与服务，及时回应海外民众需求

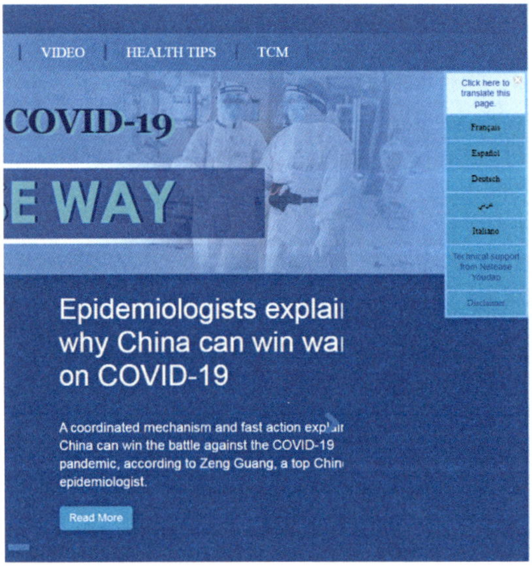

“抗击新冠病毒的中国方案”英文网站上线多语种自动翻译功能

为更好地回应海外网民关于疫情防控各方面的信息需求，“中国方案”网站持续优化文章页跟帖评论功能，开设热线邮箱，积极互动、主动答疑释惑，得到全球网民的热烈反响。截至2020年10月底，海外网友文章跟帖留言近2万条，点赞转发超过13万次。热线邮箱收到海外民众、医护人员和在华外籍人士邮件超过1000封，他们就居家防疫、知识科普、中医用药、诊疗方案、对接医护人员和专家等方面问题提出咨询，网站团队第一时间利用网站已有内容予以回复解答，与海外用户保持良性互动，对于专业性较强的问题，及时转交国家卫生健康委、中医药管理局等指导单位进行权威回应。4月5日，在充分调研的基础上，针对海外疫情发展趋势，“中国方案”网站上线多语种自动翻译功能，覆盖了法语、西班牙语、德语、阿语、意大利语等5个语种，让海外不同国家和语言地区的网民通过鼠标或指尖点击就能获取快速、准确多语种网页信息和服务。

四、深入研究总结，专业调研报告深受海外好评

“中国方案”网站2020年4月下旬向全球首发《抗击新冠肺炎疫情的

中国实践》中英双语专题调研报告（以下简称报告），从社会共识和全民动员、社会隔离和交通管控、排查检测和动态监测、诊疗方案和救治能力、资源调配和物资保障、指挥体系和战略方针等方面，全面总结并宣介以习近平同志为核心的党中央带领全党全军全国人民抗击疫情的具体实践，介绍中国所采取的有效举措，以期为国际科学界和国际社会携手抗疫提供参考借鉴。中国日报对报告进行全媒体宣介，得到国内外各界的积极关注和广泛好评，报告内容被美国福克斯新闻、俄罗斯通讯社等近 200 家海外主流媒体，以及世界经济论坛等国际组织全文转发、转引，覆盖超过 2 亿受众。在海外社交平台上，报告成为热点话题，一天之内脸谱和推特相关贴文近 200 篇，我外交部发言人、驻外使领馆等外交系统海媒账号集群积极转发推荐报告内容，进一步扩大了报告的海外影响。英国社会科学院院士、“全球化”概念的提出者之一马丁·阿尔布劳评价说，这是一份值得全世界传播和关注的优秀报告。大量海外用户发来邮件，表示报告非常棒，给他们提供了很多有益经验。

《抗击新冠肺炎疫情的中国实践》中英双语专题调研报告

五、主动作为有效引导，网站获得全球各界广泛关注

“中国方案”网站上线以来，得到国际社会的广泛关注，截至 2020 年 10 月底，网站共发布图文、图表图解、视频、动画等信息产品超过 2000 篇 / 件，网站页面海外阅读量突破 5500 万次，吸引了来自 194 个国家和地区网民访问和关注。也吸引了海外主流媒体的广泛关注和跟进报道。2020 年 3 月网站上线以来，美联社、英国每日电讯报、雅虎财经、洛杉矶邮报、美国广播公司、FOX 电视台、伊朗通讯社、巴基斯坦每日邮报等近 20 个国家的 200 多家境外主流媒体和网站，通过英、法、俄、波斯、蒙等多语种报道、

AP NEWS

Top Stories Topics Video Listen

PRESS RELEASE: Paid content from PR Newswire

Press release content from PR Newswire. The AP news staff was not involved in its creation.

China Daily: New subsite shares China's virus control experience with world

an hour ago

BEIJING, March 19, 2020 /PRNewswire/ -- With the novel coronavirus sweeping across the planet, infecting an increasing number of people, the world faces severe challenges in preventing and controlling the pandemic.

美联社网站报道截图

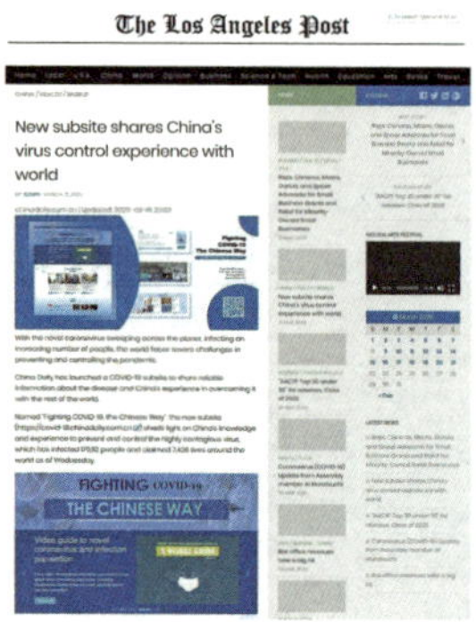
The Los Angeles Post

New subsite shares China's virus control experience with world

美国洛杉矶邮报社网站报道截图

伊朗通讯社网站报道截图

转载、转引“中国方案”网站上线消息和重点文章、产品，覆盖了欧、美、亚、非地区超过3亿受众。我驻海外使领馆和山东、浙江等17个省市通过官方网站、当地社交媒体账号等对网站进行了积极推介，多平台集中发力，形成规模，造成声势，进一步提升了主题网页在海外主流人群中的到达率和可见度。

“抗击新冠病毒的中国方案”英文网站

主创人员：王　浩　韩　蕾　张春燕　王建芬　江　巍
郭　凯　陈子琰　马　驰　刘　明　曹梓楠
张文芳　关晓萌　赵诗悦　赵思远　乔宇昊
何笑宇　侯南杰　聂　静　李天洋　刘瑜芬
唐维祎　林　虹　张　静　李　杨

本文执笔人：王成孟

2020 中国新媒体战“疫”十大精品案例（地方媒体）

2020 中国新媒体战“疫”十大精品案例（地方媒体）颁奖仪式

2020中国新媒体战“疫”十大精品案例（地方媒体）创作分享

■ 湖北长江云新媒体集团

《共同“面”对，为武汉加油！这组创意海报刷屏了》

推荐词：全网1.2亿点击量，是“一碗面”的分量！“全国人民都为热干面加油！”是“一碗面”的温度！武汉疫情，全国驰援，28个省区市媒体人也迅速汇聚“长江云”，组建“战疫集结号”。第一时间，热气腾腾的“面”对“面”就这样端上来了！这是一次全国媒体最大规模的集结，这是一次有标志性意义的媒体融合事件！由此，共同“面”对，战“疫”必胜，成为共同的信念！

全国新媒体共赴一“面”之约

2020年，一场突如其来的新冠肺炎疫情从武汉蔓延开来，1月27日，正月初三，武汉宣布封城的第4天，战“疫”进入最艰难、最胶着的时刻，这一天，武汉新增新冠肺炎确诊病例899例。

在这至暗的时刻，长江云作为疫情最严峻地区的省级主流媒体，挺身而出，奋战在抗疫第一线，为凝心聚力打赢这场危害全人类健康的战争发出声音，给武汉人们增强必胜信念。长江云联动全国30个省市60多家媒体200多个端口，吹响了全国媒体“战‘疫’集结号”。用一条条真实客观、公开透明的新闻报道消除人们的恐惧，为战“疫”必胜积蓄了力量。

热干面，是武汉人的最爱，也是全国有名的特色小吃，人间烟火气，最抚凡人心。食物拥有治愈的力量，有网友在社交媒体上呼吁为热干面加油，长江云立即联合“战‘疫’集结号”全国媒体联盟，以“一碗面”为创意点、以全国各地面食为纽带进行融合创新，策划了为热干面加油的创意海报接力行动。就这样，“一碗面”的创意渐渐浮现，最终形成了《共同“面”对，为武汉加油！》的策划方案。一份热气腾腾的美食，从味蕾到胃，不仅能够让人饱腹、温暖，更重要的是，传递着吃饱了，继续抗疫的信心和力量！靠着这份力量，英雄的武汉人民、湖北人民同全国人民一起，在荆棘中辟出满园春色，在黑暗中仰望人间烟火。

创意是有了，但是当时长江云还承担着繁重的抗疫宣传报道任务，全员上阵，坚守在一线。由于特殊时期，报道量巨大，记者、编辑、美编等各岗位人员都在超负荷运转，这碗面怎么样把它烹制出来呢？正当我们发愁时，“战‘疫’集结号”的媒体朋友们主动说，你们太累了，把源文件发到群里，我们各自来制作自己省份的海报，为武汉加油。

就这样，不到 24 小时，一张张海报纷至沓来，福建沙县拌面、贵州肠旺面、兰州拉面、河南烩面、天津打卤面……一张张饱含深情的海报，让我湿了眼眶。天南海北汇成的“这碗面”，温暖了武汉，感动了国人！

“共同‘面’对”的公益海报推出后，反响强烈，受到了全国各地网友们的一致好评，全网点击量破亿。网友们用留言表达着对武汉的关心和支持。“扁粉菜为热干面加油，待到春暖花开时我去吃热干面”这是河南的网友、“瓦罐汤为热干面加油！挺住！老铁！”这是江西的网友、“兰州拉面跟热干面是好兄弟，武汉加油！”这是甘肃的网友……这些暖心的留言，让不少网友，既看饿了，也看哭了。

“别小看一碗面，面里透着文化，面里带着民俗，面里浸着关爱，面里忧着天下……”一位网友的留言道出了共同“面”对的深意。在全国防控疫情形势最为严峻的时刻，《共同“面”对，为武汉加油！》海报引发全网刷屏，除了创意，更重要的是它饱含的深情。这碗面凝聚了全国人民战“疫”必胜的信心，这也是这组创意海报的精神内核所在。

海报刷屏网络后，长江云立刻推出了同名 H5，网友进入页面后，可以选择自己最喜欢的美食为热干面加油，增强参与感，激发全国人民团结一心，共渡难关的决心。截至目前，这组海报和 H5 全网总点击量超 1.2 亿人次。

受《共同“面”对，为武汉加油！》创意影响，“一碗面”也成为坚决打赢疫情防控的人民战争、总体战、阻击战的重要精神符号。在此后的战“疫”中，武汉热干面为“北京烤鸭”加油，武汉热干面为“青岛啤酒”加油等口号也响彻全国，传递了同心战“疫”的中国力量。在媒体传播和社会反响上，创意海报也取得了良好反响，引发了网友共鸣，激发了网友的创作热情，催生了一系列“面对面”“桥连桥”“心连心”的创意佳作。

2020 年 9 月 8 日，习近平总书记在全国抗击新冠肺炎疫情表彰大会上说：“全国人民都为热干面加油！”如今，热干面醒了，那个朝气蓬勃，充满烟火味道的武汉涅槃归来！

流淌在武汉人血液里的热干面，铭记着全国人民的恩情，2020 年 8 月 7 日，湖北宣布，省内所有 A 级以上景区对全国人民免费。如今，武汉街头，热气腾腾的早餐店，人头攒动的商场展馆，被重新定义的热干面“热爱祖国、实干兴邦、面向未来！”早已敞开怀抱，热忱欢迎每一位到来的朋友。

续写融合故事，共赴一“面”之约！长江云诚挚邀请共聚武汉，品尝一碗热气腾腾的正宗热干面！

主创人员：曹曦晴　马　丽　孙　俊　宋　浩　胡家雨
柴之琪　周　倩　胡汉敏　唐征宇

本文执笔人：马　丽

■ 现代快报

《6 小时跟拍，实录武汉重症病房的“我和你”》

推荐词：武汉“红区”的故事很多，《6 小时跟拍，实录武汉重症病房的“我和你”》的切入点选择了“我和你”，用一组“文字 + 多图 + 视频”的特写，真实生动地反映了医患生死之交的深厚情谊。记者穿着厚重的防护服，在医院重症隔离病房连续跟拍了 6 个多小时，用现场实录的方式，记录下医务人员紧张抢救的辛苦，也记录下白衣战士与患者之间真实的温情互动。

镜头实录红区里“我和你”见证疫情下的医患关系

来自一线最前沿的报道，是最打动人的。冒着巨大的风险进“红区”，究竟要拿出什么样的产品，呈现给大家？每一次进入新冠肺炎隔离病房，我们都会问自己这样的问题。

2020 年 1 月 21 日，现代快报刊发的这篇报道《6 小时跟拍，实录武汉重症病房的“我和你”》，选择了一个特殊的切入点：通过一组组“我和你”的镜头特写，展现了疫情之下令人动容的医患关系。

图文 + 短视频　真实记录令人动容

这篇报道的文字量并不大，总共只有 1021 个字，讲述了 3 组“我和你”的故事，另外还包含了一段“手记”类的文字，讲述镜头背后更多的“我和你”。但图片却用了 16 张，另外还有一段 1 分钟的短视频。更多的是用镜头在说话，文字很简练。

按照常规的传统做法，这样的素材洋洋洒洒写一篇几千字的稿件很容易，每一个单独的故事都可以毫不费力地扩展到千字以上。但我们采取了更适合网络阅读的方式。

形式上，采用了镜头一、镜头二、镜头三这样的特写方式，文字加多图，并配以短视频，使得现场感纪实性很强，有细节、有人物、有故事。通过一个个特写故事，反映了疫情之下生死相托的医患情谊，感人且意义深远。

这篇报道推出后，被人民日报、新华社、央视等各大央媒以及腾讯、网易等数百家平台转发，全网阅读量超过 2100 万次。在疫情严重的时刻，向社会传递了信心、勇气和力量。

6 小时跟拍，一线的记录最能打动人

2 月 18 日，我和摄影记者顾炜进了武汉市江夏区第一人民医院的重症隔离病房。与肺科、金银潭、协和、同济、中南这些医院相比，它相对显得默默无闻。因为江夏本来就是武汉比较偏僻的地方，当地人称自己是江夏人，而市区的人才是“武汉人”。江苏援鄂医疗队第一批和第二批的大部分医务人员，就是驻扎在这家医院。

现代快报武汉战“疫”队 1 月 29 日就到了武汉，为什么直到 2 月 18 日才进入江苏援鄂医疗队大年初一已经进驻的医院？这是因为之前我们多次遭到拒绝。与大医院相比这里的条件一般，原本又是综合性医院，援鄂医疗队的院感专家来了之后，才改造出了符合传染病防治要求的“三区两通道”，熟悉的医生劝我们，电话或者视频采访就行了，不要进医院，因为可能不太安全。后来医疗队的防护物资充足了，条件也完善了，经过一次次努力争取，才终于同意我们进入拍摄。当天，在里面遇到一名协助江苏医疗队的本地护士，她有点惊讶，冲着我们竖起大拇指，说我们是她在这里看到的第一批记者。

从下午 1 点到 7 点多，我和摄影记者穿着厚重闷热的防护服在里面 6 个多小时，医护人员在忙碌，我们把自己的存在感尽量降到最低，只在旁边默默地跟拍、记录。

其实，不仅是这一次，每次进“红区”，我们差不多都是跟拍 6 个多小时。因为防护物资紧张，进一次不容易，总想着能多拍点就多拍点。而医护人员一个标准班次是 4—6 小时轮换，我们总是在里面待到被

作品链接

“赶”，才不舍地离开。如果时间再长，穿着防护服不吃不喝不上厕所确实也受不了。

为何选择“我和你”主题？

在武汉，我们拍摄过一间病房就有五六台ECMO的武汉市肺科医院ICU，对话“离死神最近的病房”；采访过喜悦与阴霾交织的新生儿隔离病房；跟拍过每天工作12小时从金银潭运送医疗废弃物到焚烧场的志愿者……除了这些危险紧张，还有一些场景特别让我感动。

2020年2月中下旬，武汉的救治情况逐渐往好的方向发展。2月18日，整个湖北新增确诊病例1693例，其中武汉1660例；但这一天，武汉也有676例治愈出院了。黑暗中，看到希望。

我们进的这个重症隔离病房也是如此。镜头一拍摄的这位婆婆，经过十几天的抢救，当天刚刚脱下呼吸机，讲话很费劲，讲一句要喘半天。小护士给她喂饭的时候，她喘着气说，“姑娘，你是江夏人吧？”她甚至都没认为这个小护士是武汉其他区的。结果一问才知道，照顾她这么多天的“白衣天使”，原来是从遥远的江苏来的。她拉着小护士的手，说：“姑娘，你一走我就心慌；一看到你，我就安心了。”

简单的话语，透露出浓浓的依赖与信任。而小护士，耐心地给她喂饭、帮她擦洗，就像孙女照顾自己奶奶一样。

隔壁病床的女子，30多岁，是整个病区里状况最好的，医生说，用不了多久应该就能出院。和她一同被感染新冠肺炎的丈夫，住在另一家医院，前两天已经痊愈出院。我很为她开心，一家人快要团圆了。没想到，她情绪竟一下子低落下来，问我说：“刚才看新闻，说有个医院的院长去世了，他是院长，怎么还没治好？”

她这样悲观的情绪，在很多病人身上都存在。所以，医护人员不仅要打败病毒，还要和他们一起战胜精神上的恐惧。我听到，小护士用欢快的声音，和她聊着她的儿子、老公；又看到，护士搀扶着她下地做康复训练，她浑身一点儿力气都没有，所有重量完全压在护士瘦弱的肩上，但小护士仍然咬牙坚持，扶着她在走廊里走了几个来回。

还有一位大爷，病情比较严重，躺在那里不能说话，甚至不能动。但是当医生给他治疗的时候，他非常努力地，想要把右手抬起来，向医生表示感谢。我们的镜头很及时地抓拍到了这感人至深的一幕。

这才是医患关系应有的样子

这些场景，深深地打动了我们。护目镜上全是雾，根本看不清有没有对上焦，但摄影记者手中的相机一直不停地在拍摄记录。

他们是生死之交，也如同家人一般，互相信任、共同努力。这才是医患关系应有的样子。

而就在这次采访的前不久，两起暴力伤医杀医的案件震惊全社会，一起是北京朝阳医院的陶医生双手和头部多处被砍伤，如此优秀的好医生却遭到这样的残暴伤害；另一起是北京朝阳区民航总医院急诊科的杨文医生，被患者家属砍倒在血泊之中，不幸身亡，2 月 14 日，这起故意杀人案二审宣判。伤医杀医的恶性事件一再发生，这让大家痛骂凶手的同时，也在思考，为何医患关系会变得如此紧张？

联想到这些，眼前的画面更加让我们深有感触。疫情之下，让我们看到了医生与患者之间的和谐亲密。重症病房里的“我和你”，折射出令人动容的医患关系。因此，我们决定，这篇报道不再只是盯着重症病房里命悬一线、紧张抢救的画面，也不再盯着某一位病人或者医生的故事，而是将目光瞄准了“我和你”，重点就放在疫情之下的医患关系上。

“我和你”，是彼此信任、相互配合的医生与患者，是并肩作战共同击败病毒的“战友”，是亲密的“家人”。“我和你”这个角度的选择，让报道生动有温度，也让读者在感动之余，增添了信心：我们必将胜利！我们终将胜利！

主创人员：文字 / 孙兰兰
摄影 / 顾　炜
摄像 / 顾　炜　孙兰兰
后期 / 顾　闻
本文执笔人：孙兰兰

■ 湖南日报

《创意海报｜这些痕迹，刻在你脸上，痛在我心里》

推荐词： 一张图片就是一个战“疫”故事！《这些痕迹，刻在你脸上，痛在我心里》以记者们从隔离病区采写的新闻照片为核心要素，讲述了鲜活的战“疫”故事，既有现场感，又有脉脉温情。作品将新闻图片用新媒体的方式进行报道并广泛传播，内容呈现以小见大，全平台、多形式推送，极具感染力和传播力。

用细节讲好“疫”线故事
用温度引发情感共鸣

2020年年初，一场新冠肺炎疫情突如其来，广大医护人员义无反顾冲在战“疫”一线，谱写了无数感人至深的“疫”线故事。如何运用新媒体的独特优势将他们的坚守、辛劳和付出进行报道并广泛传播？新湖南客户端精心策划了一系列新媒体创意海报产品。

《这些痕迹，刻在你脸上，痛在我心里》是其中的代表作品。产品在国内媒体中最早将镜头对准战“疫”一线医护人员刚刚摘下口罩的脸庞，口罩勒出的印痕清晰可见，这是他们最美的面容，无声地诉说着他们守护人民健康的奉献和付出。产品主题表述有情绪、有温度、有交互，直击受众心灵，先后被人民日报客户端，新华社微信公众号、客户端等主流媒体转发。

疫情伊始，湖南日报、新湖南客户端即调派多路记者前往战“疫”一线，采写报道广大医护工作者及其他一线工作人员的抗疫故事。记者们连日奋战在各大医院，目睹一线医生、护士冒着巨大的被感染风险，在隔离病区紧张工作，与时间赛跑、和病毒作战，用生命保护生命。记者们一次次按下快门，用手中的镜头记录下一个又一个感人瞬间。

前方竭力摄取新闻素材，后方精心制作新媒体产品。2月2日，新湖南客户端新媒体产品策划小组收到前方摄影记者发回的一组令人震撼的新闻特写镜头：

1月29日，中南大学湘雅医院感染病科汪玲教授在发热门诊值班数小时后，取下护目镜和口罩后脸上满是勒痕，即使满身疲惫却依然笑意盈盈；

2月1日，中南大学湘雅医院感染病科主任黄燕教授，在重症隔离病房查房并为患者采集咽拭子标本送检后，取下护目镜和护面屏，脸上压痕累累；

2月2日下午，中南大学湘雅医院新型冠状病毒感染接诊楼，刚刚从隔离病房出来的感染病科护士长莫丹正抓紧时间吃泡面，脸上满是口罩勒痕；

……

一张图片就是一个战“疫”故事，如何将这样一组故事讲得更加生动，进而引发公众共鸣，获得最佳传播效果？用新闻事实说话！策划小组经过巧妙构思、精心策划，决定独辟蹊径，以新闻图片为核心要素，设计制作创意海报，用最真实的新闻图片讲述最鲜活的战“疫”故事。

经过精心筛选，策划小组最终从组图中选取了9张特写镜头，以一线医护人员摘下口罩后的勒痕为主线，采用面部特写，放大细节，通过他们坚毅温柔的眼神、略显疲惫却面带微笑的表情，给人温暖和力量，传递着战“疫”必胜的信心，真实感人。产品以这9张照片为核心元素，配以50字左右的简要说明，点出定格瞬间的时间、地点。每张图片底部加粗的主标题则似旁白，表达着每个普通人对他们的敬意。海报上没有采访对象的一句话，却无语胜千言。

优质内容永远是最好的流量入口。新湖南客户端首发创意海报《这些痕迹，刻在你脸上，痛在我心里》，当晚20点30分左右，点击量达342万。同时，新湖南抖音号将其改编成短视频发布，阅读量超100万，点赞超过14万。随后，该产品被人民日报、新华社等主流媒体以“这些刻在我们脸上的印痕，会成为永恒的记忆！”为题转载，再次引发二次传播热潮。其中，新华社微信公众号发布4小时点击量10万+，据不完全统计，全网传播超5000万次。

该产品充分运用新媒体的交互、跟评、点赞等功能，传递战“疫”时刻的人间温情，感动了众多网友。有网友评论说：“英雄的样子真美！”“加油，最美的人。我们一定可以战胜困难。”“痕迹，在他们身上写就了最动人、最美好的抗疫故事！”有网友写留言表达敬意：“向前线医务工作者们致敬，你们辛苦了！”“这些才是真正的白衣天使！”还有许多网友留言加油鼓劲：“刻在你们脸上，痛在我们心里。加油，最美的人。我们一定可以战胜困难。”其中，“这些痕迹刻在你的脸上，疼在我心里”的留言获点赞 1886 个。“再强大的国家在黑夜中也要依靠每一颗星星的闪光，辛苦了！”收获网友点赞 2562 个。

作品链接

主创人员：颜　斌　李　勇　刘　颖　陈青青　李　健
　　　　　唐　俊　傅　聪　童　迪
材料作者：黄晓辉　吴武林

多彩贵州网

《休舱后天使摘下口罩，你一定要记住这些笑脸》

推荐词：该视频以方舱医院休舱为新闻背景，以贵州援鄂医疗队为主要人物，采用新媒体的表现手法对摘口罩的动作进行艺术化处理，形成了较强的感染力。思想性方面，视频较好地传达了抗疫取得阶段性胜利的信息，表现了援助制度的优越性以及医疗团队的默默付出等；艺术性方面，视频充分尊重了新媒体产品和文化的特征，采用的竖屏拍摄、BGM合成以及带有“行为艺术”的表达方式大大提升了传播力。

（注：视频素材由湖南广播电视台新闻中心记者提供）

记录摘下口罩后的笑脸

谁也没有想到，2020年开年第一“战”居然是抗击新冠肺炎疫情。

疫情最严峻的时候，作为多彩贵州网记者，我受命随贵州医疗队前往防控主战场湖北省武汉市，参与这场史无前例的战“疫”，执行新闻人的援鄂任务。

2020年2月15日，前往武汉的航班晚上10点从贵阳起飞，乘客全是贵州第五批援鄂医疗队队员。

起飞后，机舱里异常安静，没有一句交谈声。那段时间的每个中国人都对新冠肺炎疫情充满了恐惧，作为记者，我虽然也害怕，但是很想到战“疫”最前线，看看当时的武汉是什么样子。而那时在飞机上，我最想知道的是每个医疗队队员在想些什么。

我采访过全国党代会、全国两会等大型活动，也采访过地震、山体滑坡等突发事件，却从来没有接触过疫情的采访。后来的事实证明，这样的疫情防控，全世界也是第一次。

在武汉，有4万多名医护人员驰援，包括贵州的600多名。贵州不是发达省份，但也在竭尽所能地参与这场“战斗”。而随队“战斗”的我，也在竭尽所能地想办法，在这场史无前例的战“疫”中寻找、记录、传播感动和温暖。

作为贵州重点新闻网站的记者，能够到武汉一线采访，是一次难得的机会。同时，孤身一人在武汉，也面临极大的挑战。既要做在后方做不了的稿子，又要注意安全。

在武汉，从进入新建的日海方舱踩点到贵州第五批援鄂医疗队医护人员陆续进入多个方舱医院开展工作，通过采访、沟通、交流，我和很多医护人员建立了信任。每次遇见，大家都会点头以示问候，虽然看不见脸庞，但从眼神中可以看出彼此都面带微笑。那种特定环境下的“战友”情，是我一生难忘的珍藏。

在武汉的 33 天，我采写了 80 多条原创稿件，没有任何材料，每一篇的内容是用键盘敲出来的。拍摄了 5000 多幅照片，并且大部分稿件都是图文、视频兼有。

贵州医疗队队员大部分是护理人员，我把报道的重点集中在关注医护人员和患者的温暖故事，以及每一个我能接触到的普通人，这些普通人包括驻地的工作人员、志愿者司机等。我以记者的身份走出记者这个职业感性地观察，浸入每一个战“疫”的世界，寻找能感动我的故事，然后再理性地采访。

3 月 10 日，运行了 35 天的武昌方舱医院宣布休舱，这是武汉市首个启用的方舱医院，也是最后一家关闭的方舱医院。

当天中午，贵州医疗队救助的最后一批患者出院。做完出院患者消杀工作后，大家开心地在方舱医院外等待隆重的休舱仪式。医护人员难以表达当时的心情，有兴奋有开心，甚至有些不舍。大家站在方舱医院门口拍摄了很多“花式”合影，有欢快跳跃的，也有比心庆祝的。

来自贵州中医二附院的护士长邸铁涛提议：“我们拍个摘下口罩的视频吧！”于是，手机记录下了这动人的一幕：20 名穿着贵州援鄂医疗队蓝色队服的贵州医护人员，在楼梯上站成一竖排，依次摘下口罩，用一张张温暖的笑脸，迎接战“疫”的阶段性胜利。

由于客观原因，我们不能进入红区采访。新闻线索有时来自和医护人员的聊天，有时来自医护人员的朋友圈，他们很多人也会主动和我分享自己的喜怒哀乐。有时候，医护人员还会协助我联络一些热心的患者，成为我的“通讯员”。所以，他们第一时间，把这个令人开心的视频发给了我。

看着这些每天和我吃住在一个酒店，甚至好几个我采访过的医护人员的脸，我感到陌生而又熟悉。朝夕相处了 20 多天，我第一次见到了他们的样子。虽然他们每个人摘下口罩又迅速戴上，时间就只有短短的几秒钟，但他们的笑容真的很美，那是我见过的最温暖的笑脸。

这一幕深深地打动了我，但我没有在第一时间把视频发出来。

随后，武昌方舱医院举行了隆重的休舱仪式，忙碌而紧张的采访和发稿后，我忘了这个视频。直到晚上翻看手机，我再次看到了这个视频，原来这就是我可爱的队友们，原来这就是天使的模样。当天，我把这个视频发在了朋友圈并分享感受："我和他们吃在一起，住在一起，朝夕相处 24 天。我每天呼喊着他们的名字，我采访过他们当中的很多人。但在今天，我终于看见了他们的模样。"点赞一个接着一个，连很多潜水多年的人都现身了。

我一遍遍看这个视频，和后方的编辑商量，这个视频要不要发，怎么发？

这个视频出现之前，很多媒体都做过医护人员摘口罩的稿件，但基本都是图片，而且无一例外的，主题都是反映医护人员的艰辛，展现的都是医护人员面部被口罩勒出的道道印痕，引得无数人泪目和感动的是对医护人员的心疼。而这个视频，更令人感动和引人泪目的，是那种迎着阳光，迎接阶段性胜利的温暖笑脸。

3 月 10 日晚上 8 点多，我与后方编辑达成一致，发布这个视频。为了更好地实现新闻宣传，进入舆论引导，我们找到了发送视频的医护人员，进行了补充采访，了解新闻背景，完善新闻要素。

于是，这条以短视频为主要内容的新媒体报道《休舱后天使摘下口罩，你一定要记住这些笑脸》在多彩贵州网发布！

报道对医护人员发来的视频进行了包装，配上背景音乐后，20 个医护人员，一一注明了他们的名字。文字上，没有过多赘述，只是配发了记者看到这个视频时的第一感受和拍摄视频的新闻背景。

第二天，这个视频开始发酵，全国众多媒体转发，瞬间火遍网络。多家媒体纷纷找到我和医护人员，想调用这个视频进行二次传播。

与此同时，稿件不仅火遍了国内，更是在国外得到了很好的传播。

电影《神奇女侠》的主演盖尔·加朵在自己的脸谱上转发了视频，她的分享还得到电影《海王》饰演者杰森·莫玛等国外众多明星的点赞，有国外网友留言说：“中国在自救和帮助世界各国方面，真的做得很棒！”

这个视频的传播力不仅仅来源于平凡人的感动，更具有了更高层次的意义，视频在国外社交媒体的广为转发，说明中国的抗疫经验与模式得到了国际广泛重视，并为一些国家效仿。之后，随着中国紧急援外行动的展开，人类命运共同体的理念在世界范围传播并获得认同，中国的国际关注度和影响力进一步提升。

从业务角度看，这个视频来自医护人员的创意，是他们最真实的情感表达。媒体所做的是用内容和形式去补充它的内容和内涵，让有意思的视频变得有意义，使其成为一个导向明晰的，充满正能量的新闻报道。事实证明，融媒体时代，好的内容和有技巧的舆论引导能够让新闻报道具有巨大的传播力。

这个视频能够在战“疫”期间成为爆点，我们认为主要有3点：

第一，内容真实感人，短视频的表达十分走心，是医护人员真实情感的表达，具有视觉冲击力。

第二，时间节点的特殊，使得这个视频极有典型性，关注度也极高。3月10日当天，值得记录的不只是武汉最后一个方舱医院的休舱。3月10日，习近平总书记赴湖北省武汉市考察新冠肺炎疫情防控工作。他在火神山医院指挥中心视频连线感染科病房，与病房内患者和医务人员亲切交流，走进东湖新城社区考察，向在家隔离居住的居民挥手致意、表示慰问。这一切，给了全国人民极大的信心。

第三，2月以来，大量主流媒体进入武汉，在一线占领了“舆论高地”，全媒体时代，依然内容为王，不需要过多的技术手段渲染，主流媒体的舆论导向使直观的视频表达更充满了力量。

随后，《休舱后天使摘下口罩，你一定要记住这些笑脸》稿件中，医护人员列队摘下口罩的形式开创了报道的现象级，全国媒体纷纷效仿，越来越多的医护人员、抗疫工作者摘下口罩。

2020年注定不平凡。抗疫取得的胜利，体现了我国制度的优越性，更体现了各级政府的执行效率以及“人民至上、生命至上”的理念，也体现了我国公民的工作水平与认真负责的态度，更体现了中华民族团结一心、不怕困难、勤劳勇敢、自强不息的民族精神。

截至2020年年底，这个视频全球累计播放量达到了数十亿次。到如今，每次看到这个视频，依然让人感动。这些笑容温暖而走心，虽然他们都是素颜，但他们每一个人都是战“疫”中的英雄，是最美的天使。

主 创 人 员：作者 / 吴　蔚
编辑 / 黄桂花
本文执笔人：吴　蔚

湖北广播电视台

战“疫”系列公益短片

推荐词：战“疫”系列公益短片以各种艺术化手段记录了疫情从暴发初期到常态化防控阶段的真实画面和生动场景，视角从武汉到全国，到全球，呼吁人类团结协作、共同面对疫情，生动诠释生命至上、举国同心、舍生忘死、尊重科学、命运与共的伟大抗疫精神。该系列短片全网阅读量超40亿人次，被翻译成近20国语言，在海外平台发布，覆盖100多个国家，引发国内外高度关注和全社会广泛共鸣。

武汉莫慌　我们等你

2020年年初，当大家都在为疫情感到担忧和恐惧时，有一些人选择用手中的相机，用影像的方式记录疫情下的生活点滴，真实记录，真实表达，希望给人带去力量。尽管这样的方式引来争议，却也是一种发声。

当人民日报评论、中国日报、北京晚报、头条新闻、新浪湖北、新周刊、齐鲁晚报、羊城晚报等多家媒体在官方微博纷纷转发一条名叫《武汉最新城市宣传片》的视频时，大家发现影像的力量再一次给疫情阴霾下的人们内心带来温暖。一句“武汉莫慌　我们等你”，是导演乐书婷发自肺腑想对生活了8年的武汉说的，也是想对所有在经历着苦难者说的。

2月2日这天的微博是平静的，直到人民日报评论、中国日报、北京晚报、头条新闻、新浪湖北、新周刊、齐鲁晚报、羊城晚报等多家媒体在官方微博纷纷转发一条名叫《武汉最新城市宣传片》的视频。这条视频随后还占据了微博热搜第二的位置，打破平静。

视频播放量很快破百万、千万，目前关于“武汉最新城市宣传片”的微博话题阅读量已达到4亿，讨论量达到20万，不少网友在视频下方留言：

“别怕，武汉我们等你！”

“我们的城市只是暂时生病了，会过去的。”

“待春暖花开，我们一起相约热干面。”

“热干面来100碗。”

是的，《武汉最新城市宣传片》的视频一夜之间火了，“武汉莫慌，我们等你”在网络上成了驱散疫情这片“阴霾”的新口号。

随着视频的爆火和争议，视频作者也成了各大媒体报道中“一夜爆红的人”。

“（这个视频名称）其实根本不是我的本意，只是表达我自己，代表不了武汉，也代表不了武汉人民”，说这句话的是视频作者，乐书婷，一个在武汉生活8年的湖北人，也是一名普通的影像工作者。

“一夜爆红”，在乐书婷看来是从没有想过的，是不准确的，甚至是贬义的。对于热爱影像，并且从事了近10年影像工作的她而言，这4个字抹去了这10年太多的点滴积累和努力。“从事这个行业差不多将近10年了，我和团队对于每一个片子都非常的努力和认真地去对待，我们不敷衍片子，其实就是不敷衍自己。”

在武汉生活8年，乐书婷把武汉当作自己的家乡。当疫情来临，武汉封城，这座城市遭受灾难的同时，也在遭受“审视”。偏见随之产生，这是她不愿看到的。当时不断有人用视频来记录真实的武汉，为真实的武汉发声，乐书婷希望用自己的镜头发声：

“每一种视频都有它存在的理由，我们允许科学理性的视频发声，允许客观报道前线的视频发声，为什么不允许安抚情绪、淡化恐慌的视频发声呢？”

尽管这条爆红的视频让乐书婷经受赞许也经受争议，但她内心的想法始终是：“影像是一种艺术表达，艺术是很多元的，观众接受的东西必须应该是多元的。当大家看到客观理性的分析和真实的报道的同时，也可以接收一些柔软的表达方式来增加人们心里的力量。”

这也是“武汉莫慌　我们等你”口号的意义。

和“武汉莫慌　我们等你”这句话一起火的，还有视频里的另一句话：“武汉，我们信了你的邪！”

武汉的深夜两点，乐书婷在即将剪完这支视频前，让4个武汉本地的好友一起录制一句话，“武汉，我们信了你的邪”，乐书婷自己也录制了。

喊出“武汉，我们信了你的邪”的乐书婷和同事都笑了，在视频里听到

“武汉，我们信了你的邪”的人却哭了。

“我们信了你的邪”是武汉的一句方言，无论年轻、年长些的人都在生活中或多或少说过这句话，是生活在武汉的人常在嘴边说着的口头禅。这句话在这座城市出现的普遍性和热干面不相上下。

但现在的街道上，很难再听到这句话，也看不到热干面。

就在正月初二这天，乐书婷在熬了一个通宵想出视频大概的思路，她说灵感来了。睡了不到 4 个小时，她立即喊醒自己合作多年的同事，一起出门拍摄。这天之后，乐书婷的拍摄和剪辑都处于亢奋的状态，连睡觉都是“被逼的”，“熬到凌晨的时候我还不想睡，要不是怕自己猝死，我还能熬到片子最终剪完”。

乐书婷和同事用两天的时间，将自己看到的武汉用镜头记录，而镜头外，还有乐书婷肉眼可见的烟火气的封城生活。

正月初三，封城的第五天，街道上的行人和车辆相比除夕多些，道路上不拥堵，井然有序，人与人行走时保持一定的距离，“但你能感觉到每个人看你的眼神，散发出来的善意”。

当乐书婷的车行驶到徐东大道时，曾经“堵得见不到头的”繁华马路也变得空旷。乐书婷还没来得及感伤，就目击了一起车祸。一名饿了么送餐员被行驶的车辆撞倒在地。

“这个时候，你可以看到这个本来就特别空的一条街道，突然聚集了一部分人过来，大家没有顾忌保持距离的问题。相反，每一个人特别上前关心被撞到的小哥。包括饿了么的竞争对手，美团外卖有好几个人，都放下了自己手中的工作，把电动车停在边上，一起把他扶起来，扶到马路边去坐着，还有清洁工阿姨过去问他撞得怎么样。”

乐书婷用手机记录下这些画面，便离开。

当她来到群星城，也是一片安静。在 10 米远的地方，她看到了一个小男孩，十五六岁的样子，戴着口罩，玩滑板。

小男孩玩滑板的地方原来几乎每天都有年轻人在一起滑着滑板切磋技艺，但是今天没有。这也显得眼前的这个男孩和这个世界有些格格不入，没有几个人行走的商场门口，他一个人滑着滑板，还是穿短袖。

太美了，是乐书婷看到眼前这一幕的第一反应。“你觉得他在自己的世界里面能找到很多属于自己的空间，就算是处在疫情特别严重的时候。他也能做好他自己的那一部分，没有打扰到别人，跟每个人都隔开距离。”

乐书婷就这么隔着 10 米远的距离看着，然后开始拿起手中的相机拍摄。这期间小男孩几乎没有看镜头，很淡定。只在乐书婷举起相机时，两人眼神对视了几秒，之后他又继续玩自己的滑板，“看我在拍摄，他做了几个花样技术的动作”。

“他沉浸在自己的世界里，应该是精神世界很丰富的一个人，也是内心特别自由的人”，到现在回想这个画面，乐书婷仍然觉得这个画面很美，“这个时候大家都想着怎么避难，怎么维护好基本的生活。却有另外一些人想的是怎么把生活过得更好，特别努力生活的一种状态，认真向上的一种状态”。

这是一颗还在认真生活的心。

乐书婷说：“这些东西是镜头之外的一些温度，我能感觉到。”

接受采访前，乐书婷刚到小区物业那领了 3 包热干面。除了热干面，小区其他工作人员还很热情，给了乐书婷不少红椒和青椒。乐书婷平日和小区的人沟通不多，这是她和大家说过最多话的一次。

有个老大爷看到小区发的热干面很激动，说“从过年到现在都没有吃过”，当时已过了正月十五了，可想而知这位老大爷有多久没有吃到热干面了。

说起热干面，乐书婷还给记者“科普”了武汉人对于热干面的热爱：“武汉人吃早餐，热干面肯定是首选。在武汉的大街上，早高峰的时候，你能看到很多上班族人手一碗热干面，还有些一边走一边端着吃。这也是为什么我们很少说吃一碗热干面，而是用‘端’这个字。我经常会和同事说，麻烦帮我也端一碗。”

乐书婷说着以往的生活场景，仿佛都还发生在昨天。就像她说的，武汉这座城市只是暂时按下播放键。这座城市还将有车水马龙，有行人，有车跑。在这之前，乐书婷和大家一样，还将在家中，不同的是，她还在记录，记录下这座她生活了 8 年的城市。

“我还在想着要进行下一步的创作。”

武汉色彩

2021 年 3 月 17 日，由电影频道与湖北广播电视台联合出品的公益短片《阳台里的武汉》正式发布，在全国各援鄂医疗队开始有序撤离的日子将武汉人积极战"疫"的乐观与坚强以影像形式温暖呈现。

电影人成龙担任艺术指导，演员陈坤、周迅联袂献声旁白，音乐人常石磊任音乐总监，带来真实朴素的武汉面孔。

阳台里的武汉

疫情、隔离、救援，"这是你听说的武汉"；留守、消毒、等待，"这是我们正在经历的武汉"。

伴着陈坤与周迅的深情旁白，一帧帧属于武汉的真实影像缓缓流转，仿佛在告诉观者：900 万个故事，不只一种感受。"我们承认难过，也承认感动；我们不粉饰泪水，也不回避笑容。"

抗疫最前线，是冒着生命危险与病魔争分夺秒的白衣战士，以及各岗位为维持民生不畏苦累的工作者。大爱之外，为顾大局而留守家中的平凡的大多数，则在厨房、餐桌、客厅和阳台的方寸间，为这场疫情防控阻击战的最终胜利默默贡献着巨大力量。

短片中，坚强的"宅家"武汉人用一张张乐观的笑脸，用比以往更加努力的生活态度应对这段艰难但终有光明的日子。

厨房间携手共创的家常菜，厅堂里阖家出动的家居秀，他们"用锅铲和拖把来战斗"。

"我在中国香港发出 14 亿分之一的光。"以艺术指导身份加盟《阳台里的武汉》的成龙，在武汉人乐观战"疫"的大众"战场"——阳台上，看到了日光下属于中国的温度；不凡着回归平凡，正是武汉人、湖北人、中国人用牺牲与奉献所奋进的幸福所在。

一个多月前，一部名为《武汉莫慌，我们等你》的短片在网络上引发广泛关注。而今，短片原班主创团队再度协力打造出以武汉市民为核心视角的《阳台里的武汉》。

据导演乐书婷在电影频道《战"疫"故事》直播中透露，创作团队设定拍摄角度后，全武汉小区均已实行封闭管理，"我们拿着摄像机出去基本上拍不到武汉市民"。

武汉莫慌，我们等你

当时，乐书婷将目光落在了家家户户的阳台上。“疫情之下我们每个人都是被隔离在家的一个状态，阳台可以说是我们去感受外面世界的一个窗口”，透过对阳台百态的记录，她也试图让这部短片成为外界了解武汉人当下状态的一扇窗口，“每个人都在用自己的方式努力生活，热烈对抗着疫情。我们这个片子就让大家也看一看目光之外的武汉市民，看看我们认真生活、努力面对的样子”。

所有阳台影像均由航拍完成，很多居民都在拍摄时被航拍器的声音吸引到阳台之上，用微笑与挥手给予《阳台里的武汉》鲜活的生命力。为更好传递短片日常却昂扬的态度，乐书婷特别邀请演员陈坤、周迅以旁白形式加盟。

“我觉得周迅和陈坤的声音都非常有韧性，情感表达也非常克制，和我们片子的调性也非常搭”，从两位优秀演绎者的声线中，乐书婷感受到了一丝与武汉市民状态契合的“韧性”质感，“他们就是我心目中这部片子的声音”。

2020 使用说明书

主创人员：总策划/邓　海　王平久　曹曦晴　李　玮
王小红　李　艳　殷　涛　徐开元
导演组/乐书婷　李俊杰　郑　军　宋　浩
阮　翔
编辑/黄　鹏　涂　丹　王　岩　王　程
安仁翊　崔　菲　郭明辰　李　峻

本文执笔人：乐书婷

■ 长江日报

"重生"系列报道

推荐词： 长江日报的这组"重生"系列报道，是全国媒体率先聚焦众多康复者的报道，不仅充分体现了党和政府"人民至上、生命至上"的理念，而且生动讲述一个又一个经历了生死磨难，感受到八方关爱的治愈者，从心底重新燃起对生活梦想追求的故事，小切口、大主题，融媒体、泛传播。

讲好"人民至上、生命至上"的中国故事

在疫情突发的艰难时刻，习近平总书记鲜明提出：把人民生命安全和身体健康放在第一位。

随着武汉在院的4万多名新冠肺炎患者清零，这不仅仅是武汉保卫战取得决定性成果，更是全国疫情防控阻击战取得重大战略成果。

这个好消息宣布不久，2020年5月2日至7月22日，长江日报用文字、图片和视频等全媒体传播形式，推出100名新冠肺炎治愈者的重生故事，生动讲述了一个又一个经历了生死磨难、感受到八方关爱的治愈者，从心底重新燃起对生活梦想追求的故事，展现了武汉这座英雄的城市挺过逆境、涅槃重生的不屈精神。

武汉的重生故事，是"人民至上、生命至上"理念的生动写照

在新冠肺炎疫情全球肆虐的大背景下，长江日报作为武汉的市委机关报，勇于肩负党报使命，讲好发生在武汉的中国故事，展示社会主义制度优越性。

全国人民在党中央的领导下，八方支援武汉，4万名白衣天使持甲逆行，全力以赴救活新冠肺炎患者的故事，是"人民至上、生命至上"的生动写照。

习近平总书记在2020年全国两会上提到湖北救治的80岁以上新冠肺炎患者有3000多人。随后，长江日报重生专栏迅速推出专题——“一个都不放弃，这就是人民至上！”讲述10名80岁以上的治愈者重回幸福生活的故事。

他们中有81岁的栾应华，入住火神山医院时，习近平总书记与他视频连线，被治愈后，他激动地说，“感谢党感谢国家给了我第二次生命，我康复了要去社区做志愿者尽尽心”；有104岁的老人王达全，一直珍藏医护人员出院时赠送给自己的玫瑰花；还有祖孙三代不幸染病，98岁婆婆最先被治愈，有信心冲刺100岁的老寿星时荣……

这些老人不是个例，武汉确诊的2500多名80岁以上高龄患者中，救治成功率接近70%，年纪最长者为108岁。

长江日报采访的还有一位老人，肾脏透析患者78岁的施鸿蜀因为感染新冠病毒，生命垂危。为了救活这个特殊的患者，从武汉到西安，从医疗专家、药品公司职员、救护车司机再到列车乘务员、医生、护士……16个人接力千里，将一种特效药在12个小时内运送到医院，注射到施鸿蜀身上。

不放弃任何一个生命，有一线希望就付出百分之百的努力。这句话在武汉战“疫”中不是口号，而是通过“重生”系列报道，用一个个治愈者的真实故事找到注解。

讲好每一个重生者的故事，从普通人的烟火气中看到武汉重振信心

武汉这座城市，在历经一场大劫后，需要更多人从温暖中，从力量中看到希望。长江日报适时推出“重生”系列报道，通过讲好100个在大主题下的人物故事，给市民不惧磨难、继续前行的力量。

每个“重生”故事，都在描写武汉人坚强不息的形象；每个“重生”故事，都是不惧艰险的城市缩影；每个“重生”的治愈者都是武汉重振的“代言人”。

感染新冠肺炎后，80后的餐馆老板王彬，确诊时坦诚相告邻居，得到了大家温暖的相助，治愈后他努力复工复产，无一员工因此辞职；并拿出全部

利润给员工发工资。这个故事，挖掘了武汉人的友善、担当和不屈不挠的宝贵品质，更是武汉这座城市遭遇到疫情后，百姓守望相助，迅速回归生产生活、重新振作的缩影。

很多重生的治愈者，他们重回烟火气的日常生活中；武汉也因为回归的烟火气，逐渐复苏。

治愈者程春生，在脱掉ECMO（体外膜肺氧合）时，对着医生大叫3声"活过来了"，这个片段通过抖音传遍全网，让他本人成为一名"网红"患者，他说：下半生要当两个半生去用。38岁的彭博，住院整整106天，在金银潭医院他3次与死神面对面较量，都被国家医疗队拉了回来。在漫长的救治过程中，他始终咬着一个信念——"活着回家"，挺过来的他说："把家庭和社会的责任重新担起来！"

真实的故事最有说服力。

重症患者王双宁是长江救援队的队员，他说："我们在长江里救起溺水者，医护人员救起岸上溺水的我们。"5月1日，他和6名康复者病愈后首次相约下水。病愈后，他通过横渡长江打破自己纪录的方式，超越自我来证明自己的身体恢复如初。长江日报挖掘到这个带着武汉鲜明特色的故事，在微博的传播量迅速过亿。关于新冠肺炎后遗症的很多谣言不攻自破。

重生后的感谢，用一个个鲜活的实例来真实展现

最动人的感谢，无须烦琐粉饰，而是发自心底的自然流露。长江日报通过一个个重生者的故事，将他们从至暗时刻走向春暖花开的光明，诠释了人民发自内心的感谢。

重生故事一样又不一样。一样是每个重生者都活了过来，不一样的是每个重生者最感谢的人并不一样。

特困家庭的残疾女子张云，丈夫是脑梗，女儿还是一名学生，在床位最紧张的时刻，是社区的干部帮到她了。她最想谢谢的是社区干部。

63岁的武汉大叔王金龙，写下1.7万字的"方舱日记"，他的日记里，最想感谢的是驰援武汉的白衣天使："谁最苦？谁最累？白衣天使我的兄弟姐妹。"

长江日报生动捕捉细节，展现每一位被采访的重生患者，表达感谢一样又不一样。一样的是都想说“谢谢”，不一样的是表达方式各有不同。

“95后”小伙小武在生病之初在微博上开始记录自己被救治的过程，粉丝从1000暴涨到170万。治愈后，他主动减脂捐血浆，通过献血的方式表达自己内心的感谢。

39岁的肾移植患者熊秦，新冠肺炎病愈回家了，认识的、不认识的医生找到她，希望得到她生病时的资料做研究，她的感谢写在行动里面，积极为医疗研究机构提供“样本”。

没有比一个又一个生动的实例更有说服力，没有比一个又一个真实的故事更能打动人。重生的故事，不仅仅是一个人的故事，也是一座城市的故事，更是一个国家的故事。

武汉重生故事，多形式传播，赢得千万网友点赞共鸣

“重生”系列主题鲜明，具有重大政治意义，充分体现了我们国家“人民至上、生命至上”的治国理念，展现了党是人民的主心骨，社会主义制度优越性，更是伟大抗疫精神的生动诠释。

“重生”系列题材创新，长江日报是全国媒体中率先并且唯一推出聚焦康复者大型系列报道的媒体，并且通过多种新媒体产品进行分发传播。长江日报勇于创新，在长江日报APP和长江日报官微、官博上精心设计“重生”专题，以专题专栏的形式，浓墨重彩形成声势，打造系列精品。

“重生”系列传播广泛，多个重生故事传播量过千万，重生故事频频成为传播爆款，登上新浪热搜，全网各端口的总点击量超过2亿次，感动亿万网友。

每个重生故事采写时，都安排文字、摄影、摄像三人组同行，同时收集文字、视频、图片等传播素材。数十位长江日报的记者、视频、摄影、制作参与了新媒体产品制作。传播方式不仅仅局限于文字和报纸，短视频、图片海报等多种传播形式，报纸、微信、微博、抖音、今日头条等多端口分发传播。长江日报还将医护人员和患者请进“长江直播间”，和网友进行实时互动。

多个重生故事传播量过千万。

人民日报、新华社等中央媒体对多篇重生新媒体产品进行转载。

作品链接

《新冠重症患者康复后横渡长江破纪录!》讲述了62岁的长江救援队队员王双宁,1月底感染新冠肺炎,一度重症,如今他重获新生再次畅游长江,一举打破了自己的纪录。这个故事迅速登上微博热搜,超过1亿阅读量,众多网友点赞。

网友陈贺留言:"厉害了,坚强的大叔,坚强勇敢的武汉人。"

《全球首位新冠肺炎移植患者今日出院》的视频产品也登上了微博热搜,国家花费300多万元,为危重症患者"老崔"换肺重生,千万网友观看视频,留言为他鼓劲。网友纷纷留言表示:这是对"生命至上"最好的诠释!

主创人员:田巧萍　王恺凝　刘晨玮　黄　琪　李　杳
李　冀　徐锦博　武　叶　史　伟　张　剑
金振强　苗　剑　宁秀梅　万　凌　张　琳
胡　蝶　胡义华　孙笑天　胡冬冬　罗　兰
汪　峥　覃柳玮　尹勤兵　李子云　朱佳琦
乔　驰　晋晓慧　杨　涛　刘　璇　何晓刚
吴天琦　谭　芳　宋兰兰　陶可祎　张奔设
谭德磊　陈　俞　费　权　黎　清　黄　征
胡雪璇　蔡欣星　魏　娜　刘　娜　史　强
夏　奕　任　勇　郭良朔　杨晓雨　李　丽
谢冰林　张　珺　戴旻阳　黄师师　张维纳
陈　俞　姚传龙　关　馨　方历娇等

本文执笔人:李　俊

■ 新疆阿克苏市融媒体中心

《新疆阿克苏两名小学生向医护人员敬礼》

推荐词： 作品利用公共摄像头拍摄到的两位小学生自发向医护人员致敬的行为进行媒体视频制作，具有较强的感染力和传播力。作品采用“UGC+PGC”的方式进行创作，充分利用各类公共“视频”资源进行媒体化再创作，进而通过第三方视角记录和传播社会正能量，具有较好的说服力。这样的创作方式符合新媒体时代的媒介环境特征，具有一定的启发性。

小学生敬礼背后的故事

2020年注定是不寻常的一年，新年伊始，突如其来的新冠肺炎疫情席卷全国。面对来势汹汹的疫情，作为主流媒体，疫情就是命令，防控就是责任。在这场没有硝烟的战争中，媒体人选择逆行，在另一片战场上，以笔当枪，充分运用主流舆论阵地、综合服务平台和社区信息枢纽三大功能，快速响应、整合资源、全媒联动，唱响主流声音，倾情服务群众，用最接地气的画面和语言，创作出一批富有感召力的疫情防控宣传产品，讲好阿克苏战“疫”故事，为实现“引导群众、服务群众”的目标凝心聚力。

《新疆阿克苏两名小学生向医护人员敬礼》短视频就是在疫情防控的过程中，我们捕捉到的一条与疫情、感恩和感动有关的新闻，新闻事件发生4个小时后，在“阿克苏好地方”抖音官方账号发布，产生了巨大的社会反响，迅速被全国410家媒体平台转载（其中报纸1家、微信18家、网站49家、微博342家），涉及新闻报道量达到570篇（其中原创报道415篇、转载报道155篇），网络总浏览量突破1.2亿次，引起国内网民高度关注、广泛评论和积极点赞，成为全疆县级融媒体中心首个点击量超过亿次的视频。

作品“量”变到“质”变

不积跬步无以至千里，不积小流无以成江海。阿克苏市融媒体生产的短视频作品《新疆阿克苏两名小学生向医护人员敬礼》发布后，在受众中迅速传播扩散，产生巨大反响，看似偶然，实则必然。究其原因，其实是量变转化为质变的结果。在2020年的抗疫宣传中，阿克苏市融媒体中心始终坚持“贯通主线，主动作为，策划先行，形式多样，权威发布，突出典型，黏着受众，矩阵传播”的宣传思路，通过图文、海报、短视频、情景剧、MV等多种形式，生产出一大批有温度、接地气、带露珠、冒热气的抗疫作品，展现新疆各族干部群众守望相助、同舟共济、齐心协力战疫情的风采。

在这次战“疫”宣传报道过程中，阿克苏市融媒体中心紧紧抓住“速度、力度、深度、广度”不松劲、常态化，狠抓疫情防控宣传。每天晨会新闻采访部、专题栏目部、短视频部报疫情防控宣传选题、讨论确定选题，针对每个阶段的抗疫工作及时调整宣传角度、宣传方式、宣传力度。正是一如既往地坚持、一如既往地挖掘、一如既往地创新，才有了《新疆阿克苏两名小学生向医护人员敬礼》这样的好作品新鲜出炉。

2020年3月23日是新疆疫情之后阿克苏全面复课的第一天，阿克苏市的中小学生回到了阔别已久的课堂，走进教室，老师为同学们准备了一堂特殊的“开学第一课”——疫情防控科普课、成长感恩励志课、立德树人思政课，静谧了一个寒假的校园，又恢复了往日的生机和活力。策划、新闻采访部门关注阿克苏市各中小学的开学第一课、安排人到校园进行采访，也正是密切的联系，使记者及时捕捉《新疆阿克苏两名小学生向医护人员敬礼》这一新闻线索，在第一时间予以制作发布，契合了受众心理，实现了社会共鸣，达到极佳的宣传效果。

正如北青报和众望移动端的评论文章说的那样：“致敬医护是最好的开学‘第一课’”“一个鞠躬让我们看到榜样的力量。”疫情面前，医护人员迎难而上，义无反顾奋战在抗击疫情一线，守护人民群众的健康和幸福，他们是孩子们眼中的榜样。而向医护人员鞠躬致谢的小学生，她们也为大众树立起了感恩的“大榜样”，这种油然而生的敬礼、鞠躬，让人觉得可敬，既有对医护人员的尊敬，也是对小学生的敬佩。使命在肩、不负人民，榜样在前、奋勇争先，已经内化成了一个中华民族的信仰，孩子们敬礼的画面，更让我们看到了信仰的传承，看到了祖国未来可期。

壮大融媒肩负使命

新时代有新使命，新阶段有新要求，媒体融合发展，坚持“党办”“姓党”“为民”的原则，努力打造一批传递党的声音、反映百姓心声、符合读者需求的融媒体产品，为中华民族伟大复兴提供源源不断的思想动力和精神指引，为实现社会稳定和长治久安总目标提供强大舆论支持。

阿克苏市融媒体中心成立才一年多的时间，在 2020 年疫情防控这场没有硝烟的战“疫”中，阿克苏市融媒体中心“火力全开”——微信公众号、电视、音视频、动画、H5、直播、抖音快手短视频等，及时把抗击疫情的最新信息、党委政府的重大部署、防控疫情的科学知识、人民众志成城的坚强意志，进行全景式、立体化呈现。这也为融媒体融合发展积累了宝贵经验，作为新疆的县级媒体，我们重任在身，要求我们顺应发展大势和受众需求，以先进技术为支撑、以内容建设为根本，推动传统媒体和新兴媒体深度融合，以“高颜值”讲好新疆故事、讲好阿克苏故事，更好地引导群众、服务群众，凝心聚力打赢新疆意识形态领域反分裂斗争攻坚战。

《新疆阿克苏两名小学生向医护人员敬礼》是我们众多抗疫作品中的一件，这件作品打动了人心，取得了社会共鸣。能生产出这样的作品，离不开背后的优秀团队，离不开背后为新闻事业兢兢业业、开拓创新、敢于担当的媒体人。我们永远在路上，阿克苏市融媒体中心将继续紧紧围绕新疆社会稳定和长治久安总目标，顺应移动互联时代大潮，自觉承担起举旗帜、聚民心、育新人、兴文化、展形象的使命任务，守正创新、主动出击，讲述好新时代阿克苏好故事、传播好阿克苏好声音、展示好阿克苏好形象，唱响时代强音，为凝聚起阿克苏各族干部群众上下共同建设大美阿克苏的精气神勇往直前。

作品抖音链接

创 作 人 员：阿克苏市融媒体中心（集体创作）

本文执笔人：杨　桦　程　皓

■ 解放日报

《影像纪实｜上海医疗队在武汉》

推荐词：以时间为线索，以镜头为语言，用独特视角、别具匠心记录下抗疫中难忘的瞬间，凝结成打动人心的力量。高质量的图片、清晰的逻辑线、富有感染力的关键词、简洁大气的版式设计，充分体现出网络技术和优质内容创意的结合。电子画册和实体书籍的联动尤具特色，“一次采集、分类生产、多次传播”，体现出线上线下融合传播的创新实践。

前后方联动融合　记录一线珍贵影像

在抗击新冠肺炎疫情的主题报道中，解放日报·上观新闻积极发挥新媒体特色优势，主动创新融合报道方法手段，通过前后方联动、线上线下打通的模式，以《影像纪实｜上海医疗队在武汉》（电子）画册为核心，生产出包括海报、H5、实体书在内的多形态内容产品。这种“一次采集、分类生产、多次传播”的产品生产理念，在今后的重大事件报道中具有很强的借鉴意义。

一、报道情况

2020年年初，新冠肺炎疫情在武汉暴发之初，解放日报·上观新闻在第一时间派出摄影记者于1月24日大年夜，跟随第一批上海医疗队到达武汉。此后一个月内先后共有2位摄影记者和1位文字记者到达武汉。截至2020年3月22日，3位前方记者足迹遍及上海支援的武汉各大医院，以及有上海医疗队进驻的方舱医院，多次和医护人员一起身穿防护服进入污染区采访。在《解放日报》及《上观新闻》上先后共发表约300篇（组）图文稿件。

经过最初一段高强度、快节奏的内容生产分发之后，战“疫”报道进入常态化阶段，编辑部开始考虑，如何通过整合策划包装，重新梳理讲故事的逻辑和情感内核，推出一系列具有打动人心力量的新闻产品，哪怕在战“疫”结束后，也能留在人们心间。

按照这一思路，后方的视觉编辑团队从产品线出发，充分发挥平面设计优势，对前方高质量图文进行整体包装设计。以前方拍摄的影像素材为基础，按照规范书籍体例，将图文素材分章节编排；由资深编辑撰写卷首语和章节名；精心设计封面、扉页、封底……尽可能按照实体书的品质要求，呈现数字化图文素材。在上海援鄂医疗队出征 50 天、60 天之际，推出了两本电子画册 H5。基本体现了可交互（点击翻页）、多媒体手段呈现（文字、图片、音乐等）等融媒体产品特点。

这两本电子画册的制作过程充分体现了网络新技术和优质内容创意的结合。通过技术外包形式，由专业编程人员编写代码，并根据移动端观看特点，在首次制作电子画册的两天内，数次调整横屏、竖屏呈现方案，广泛征集全报社同事意见，反复权衡后确定了竖屏、单页的电子画册呈现方式，同时在配乐及内容逻辑关系上不断优化。最终形成了相对完善、可重复使用的原创电子画册模板。

在此基础上，2020 年 5 月 20 日上海援鄂医疗队全部凯旋之际，电子画册《去时暖江城，归时江城暖》正式上线。不久又推出包含 150 张照片的同名实体画册。

这套（电子）画册囊括了在武汉抗疫一线的优质新闻照片，以时间线为基本线索，同时根据医疗队工作特点，重点分布、业务结构进行内容穿插。为明晰线索概念，渲染动人情感，编辑团队以富有感染力的关键词及诗句作为每个章节的明线，引导读者的情绪演进。整个画册内容涵盖抗疫全过程，平面设计简洁大气，富有感染力。实体画册由上海人民出版社出版，电子画册在上观新闻 APP 首发，各社交媒体平台广泛转发。

在“一次采集、分类生产、多次传播”的产品生产理念下，这些高质量的一线图文报道除了结集出版、举办新书首发式向公众推介之外，还作为主展区主要作品，入选“我们众志成城”上海防控新冠肺炎疫情主题展览和“召唤——上海市抗击新冠肺炎疫情美术、摄影主题展”，有机会呈现在广大市民参观者面前，在更大的平台上展示主流媒体在抗击新冠肺炎疫情报道中的担当和作为。

实体画册方面，由沪上主要媒体文化记者票选出的“媒体臻选·上海人民出版社20本好书”榜单中，该画册位列榜首；在2020年上海书展上，该画册也成为读者竞相购买的对象。部分画册已赠予参与抗疫的相关医院珍藏；电子画册方面，发布当天在微信朋友圈“刷屏”，各主要网络媒体全网推送。沪上医疗界人士也成为“自来水”，各援鄂医疗队领队等纷纷转发推荐。

此次融媒体报道实践也是“解放日报·上观新闻”提高自身品牌美誉度的一次机会。实体画册的新书发布会特地邀请了9支上海援鄂医疗队的队长齐聚报社，再次扩大了党报在医疗精英群体中的影响力。

二、策划组织

此次融媒体报道实践，得益于报社多年来积累形成的融媒体产品生产经验，使得解放日报·上观新闻在这场战“疫”报道中，始终保持全方位、全流程、全时段跟进的领先姿态。

首先是快速反应机制。早在第一位特派记者出发之际，全报社便迅速组成了前后方联动小组，每日以多路电话会议方式及时沟通前方情况和后方策划编辑思路，使得前方记者对次日采访心里有底，也确保他们每一条精心采写的图文、视频，都能以最快时间、最好版位在报纸及APP上呈现。

其次是分工明确的合作机制。对于以文字报道为核心的传统纸媒来说，融媒体转型过程中经常碰到的问题就是：新的媒体形式带来新的工种需求，如何责任落实到具体部门、具体岗位。这绝非一朝一夕之功。报社自2016年融合转型以来，经过多次重大报道战役的锤炼，已初步建立一支具有较强实力的融媒体策划编辑团队，包括一线采编、策划、文字编辑、视觉设计等多工种多岗位，能沟通、肯协作，分工明确、责任到人。如此方可“召之即来，来之能战，战之必胜”。

最后也是最重要的一点，是新的媒体环境下，党报新一代记者编辑一方面努力学习掌握新的媒体技术，另一方面也继承并发扬报社70年来积淀形成的优良工作作风：前方记者在武汉勇闯污染区，驱车日行五六十公里，在雷神山建设初期克服重重困难进入现场拍摄……与此同时，后方编辑团队也始终保持 7×24 小时待命状态，第一时间对前方记者采写拍摄的大量高质量图文进行整合包装，仔细确认包括拍摄时间在内的每一个细节，综合运用创意海报、电子画册 H5、短视频等多种媒体形式呈现。

三、体会感想

在媒体融合进一步向深向广推进的当下，新闻生产方式正在发生深刻变化，传统的记者一人采写编“单打独斗”，已逐渐被全流程、融媒体的内容生产形式替代。此次融合报道实践的探索意义，也在于此。

首先，这是前后方记者编辑联动的有效尝试。前方采集的高质量图文是一切的基础，后方编辑团队充分挖掘整合，发挥高质量图文的最大价值和传播效果。这种前后方联动，内容、技术、设计和运营全方位参与的模式在今后的重大事件报道中具有很强的借鉴意义。

其次，它也是一次线上与线下融合的尝试。通过前后总共 3 次的电子画册制作，报社掌握了电子画册制作的技术能力和生产经验，对于平面媒体来说，这意味着我们在传统的文字稿采编之余，新增了诸多“技能点”。此外，电子画册、实体画册和平面宣传海报之间也构成了有机联动。通过电子画册链接，高质量的平面图文得以借助微信、上观新闻 APP 等手机端软件，进行广泛传播。同时（实体画册）新书发布宣传海报上嵌入电子画册 H5 链接二维码，又对后者起到了很好的导流作用。通过这两种方式，实现线下平面图文的社交化传播。

最后一点感想，是关于何为“融媒体”，以及在此过程中视觉设计的作用和价值。融媒体时代，不少一线记者既写文章又拍照片又采视频，仿佛唯有多路上阵方可显示媒体之“融”；与此相映成趣的一种成见是，所谓“融媒体”产品，仿佛非精美手绘、炫酷交互动画不可。但在《影像纪实｜上海医疗队在武汉》系列产品中，不管是（电子）画册的页面布局设计，还是平面海报的设计，都有意识避免了过度“炫技”和煽情，我们用相对少的设计元素、理性克制的表达，尽可能原样呈现来自一线的珍贵影像，让影像本身

影像纪实｜上海医疗队在武汉

去打动人心。

可以肯定的是，视觉设计不是简单的排版和制图工作，它是技术与艺术的结合，在今后很长时间内的融媒体报道实践中必将发挥越来越大的作用。在不同题材的主题报道中，以创意设计为主的后期编辑团队如何从前期策划开始介入，如何在不同选题中找到设计突破口，用创意和创新更快更好地反映新闻，依然需要我们思考和探索。

主 创 人 员：前方摄影文字 / 董天晔　赖鑫琳　宰　飞
海报设计 / 黄海昕
电子书设计制作 / 叶田媛　王美杰
编辑统筹 / 章迪思
总策划 / 张　陌
监制 / 徐蓓蓓
本文执笔人：章迪思

■ 湖北日报

《致敬仁心　感恩大爱》大型融媒报道

推荐词： 武汉告急，湖北告急，全国4.2万多名医务人员慷慨逆行，与病魔殊死较量。英雄凯旋之时，湖北日报融汇海量感人场面，浓缩湖北千言万语，深情相送，全心敬谢！31个报纸联版、31段视频、31篇图文、31张海报、31个H5、31份全名单、31个子专题，矩阵式融媒报道，全区域汇聚、全媒体表达，全平台分发，上千家媒体转载，一时刷爆全网络，可以说是传统报媒转型和媒体深度融合的一个成功案例。

记录时代　书写大爱

2020年，这个特殊的年份，注定将会成为我们的共同记忆。

正在人们欢欢喜喜准备迎接农历新年时，一场突如其来的新冠肺炎疫情突袭武汉、湖北。

离汉离鄂通道临时关闭，城市陷入暂停。

党中央、中央军委一声令下，全国30个省区市、新疆生产建设兵团和人民解放军4.2万多名医务人员火速集结，逆行荆楚。

不计报酬，无论生死；白衣执甲，以命护命！他们与武汉本地的数万名医务工作者一道，同时间赛跑、与病魔较量。

作为湖北本地媒体，非常庆幸零距离全过程记录下他们的故事，记录下他们的焦虑、疲惫、难过、惊喜和与子同袍的深情厚谊，记录下武汉人、湖北人对他们发自内心的感谢、感激、感恩和对恩人的依依不舍，记录下一幕幕感人至深、情动九州的场景。

至暗时刻，我们一起经历、一起面对、一起奋战，千言万语汇集成大型融媒专题报道《致敬仁心　感恩大爱》，它是举国同心力战病魔的真实记录，它是我们同胞情深的真实表达。

记录时代、书写大爱，我们义不容辞！

用心用情写就32封特殊“情书”

《致敬仁心　感恩大爱》大型融媒报道，共包括一个报纸联版、一段精剪视频、一张海报、一个H5产品、一个微博话题、一个全媒体总专题。该组报道用31份全名单、33篇稿件、31个子专题，饱含深情地记录了援鄂医疗队“白衣执甲、逆行荆楚”的感人故事，充分表达出湖北人民对援鄂医疗队员感恩之心和由衷敬意。

每个子专题对应一个省区市、兵团、解放军援鄂医疗团队，内容包括文字、图片、视频、人员名单等。

以北京医疗队为例，《“京”兵强将，顽强拼命》专题内有一篇1500字左右的述评文章，记者通过精准提炼该医疗队的代表性人物、代表性故事，包括来鄂时间、团队人数、救治情况等，注重突出北京医疗队特色。专题内还包括该医疗队的所有人员名单、具有代表性的照片、精剪视频、海报及H5产品等。

在策划之初，编委会就强调从全编辑部抽调精锐力量，要求每一篇稿件讲究细节、讲好故事、精磨文字，要求记者编辑用心用情写好编好每一篇稿件，精心设计呈现好每一篇稿件、每一个专题、每一个产品。以标题为例，31个医疗队，31篇稿件，每一个标题都是精心打磨出来的：《“辽”表心意　倾囊以授》《逢凶化“吉”　感谢有你》《龙江汉江　一脉相牵》《“沪”佑平安　死生契阔》《江湖情深　刻骨铭心》……均为8个字，均巧妙嵌入各省区市的简称或特色称谓。专题里特别设计了援鄂医疗队员全名单。每一个医疗队的所有医护人员名字都被精心列出来了，以资纪念。为了体现出为英雄树碑立传之意，编辑和美编几易其稿反复调整版式设计，3万多个名字，编辑们反复一一核对，以确保不遗漏一个。

而在采写过程中，让记者觉得最难的还是文章结构的安排和写作中情感的把握，“需要如同情书一般，见人见事、有血有肉，力求直抵人心”。记者完成初稿后，交由部门主任及同事多次修改，还要将稿件发到部门群中，让大家提意见、参考借鉴，直到发稿前，还一直在核对修改完善。

在湖北日报官方微博上，该组报道就是以话题“32封情书致敬英雄”形式呈现给网友的。“每一个晨曦轻笼的早晨，窗台上都挂满思念，是沪上景象。每一个疲惫不堪的夜晚，隔离病房里都刻录着争夺，是江城瞬间……虽隔千里，一江连心。”“没了长江之畔方舱里的惊心动魄，大漠朔风掠过胡杨树沙沙作响，现在的你是否已安然入眠……从此以后，湖北6000万人民都是你的至亲。”许多网友转发传播时，喜欢将文中的语句作为“情书”向英雄致谢。

千万网友隔空为英雄点赞

《致敬仁心　感恩大爱》大型融媒专题报道在湖北日报客户端和湖北日报微信公众号首发后，迅速在微博、人民号、头条号、抖音、快手、微信朋友圈等新媒体平台分发。仅微信平台就有400多个公众号转发，此外，还被包括人民日报客户端、解放军报客户端、中国军网、北京日报客户端、上观新闻、南方+等在内的100多家新媒体平台转载、推送，实现了全国30个省市自治区、新疆生产建设兵团媒体的全覆盖，总阅读量破亿。

“英雄在战斗，我们在记录。”这组报道引发了千万网友共鸣，获得了大家的高度认可，从白山黑水到天涯海角，从天山南北到黄浦江畔……大家传颂着英雄的事迹，隔空为白衣勇士们点赞、祝福、送行。

《“琼”尽全力　情暖千湖》专题得到了海南日报微信公众号头条转发，并写下标题：湖北日报微信公众号，今天把头条给了海南医疗队；福建省168家微信公众号同一天与湖北日报微信号开设“白名单”，陆续推送《闽鄂同心　江海共情》相关文章；《“荆”生今世　“粤”来越好》得到南方+客户端、南方网等10多家广东媒体平台集体转载呈现。

网友“绿七”留言说：小编辛苦了，今天的湖北日报，格外振奋人心！

网友“一一”说：感谢你们拼尽全力，湖北人民不会忘记！

湖北襄阳读者云帆投书湖北日报编辑部称赞说：这组大型融媒报道，聚合感人素材，精心策划、倾力打造，以全媒形态、全景呈现，表达了对全国援鄂医疗队员最崇高的敬意和感谢，也体现了受援地党报的担当精神。

湖北麻城网友说，《致敬仁心　感恩大爱》大型融媒报道，通过感人的图片、饱含深情的文字、精心设计的新媒体产品，全景呈现了全国援鄂医疗队从除夕夜无畏而来，到依依惜别的全过程。眼含热泪，细细品读，有些细节以前报道过，但大多数是第一次报道，这说明湖北日报全媒记者是用心用情去挖掘、去采访、去思考。用表格形式统计援鄂医疗队的人数、战斗的地方，一目了然，是难得的历史资料，我将好好珍惜收藏。

更多网友表示：希望明年这个时候，为湖北拼过命的白衣战士们，再回到这个战斗过的地方，游东湖，赏樱花，登黄鹤楼。致敬！全国援鄂医疗队员，你们的丰碑永远铭刻在湖北人民心中。

主创人员：陈剑文　赵洪松　张　辉　成熔兴　魏　铼
李剑军　文　俊　龙　华　胡琼瑶　张真真
张小燕　陈博雷　张　磊　王　晶　唐晓煜
余宽宏　黄　伟　张竞恒
本文执笔人：张小燕

■ 新京报

《武汉！武汉！》H5专题

推荐词： 记者深入一线、直面现场，记录非常时刻的“封”与治、城中人的守与望、金银潭的昼与夜、疫情线上的生与死等武汉“封城”期历史，生动讲述武汉人阻击疫情的真实故事；及时科普防疫常识，深刻记录平凡人的泪与汗。该专题内容丰富，手段多样，融评论、特稿、摄影图集、短视频、数据新闻等多种报道形式于一体，策划精心，互动性、沉浸感强，给受众很强的冲击力。

融合报道不只形式创新，内容更要硬核

2020年1月23日的凌晨，注定是一个不眠夜。

在这一天，位于疫情风暴中心的武汉，决定关闭离汉通道。武汉自古乃“九省通衢”，春运期间预测武汉地区铁路、公路、航空，总客流量约1500万人次。实施这样的举措需要极大的勇气，但实属必要之举。

一个月之后，疫情明显向好。但简单的数字与下滑曲线，显然无法呈现那些生离死别，无法呈现那些坚持与逆行，更无法呈现这次举措的重大意义。

这30多天注定会在历史上留下深重一笔。从不缺席重大事件的我们，想打捞那些守与望，看见那些生与死，记录那些昼与夜，“捕捉光点，照亮来路”。这正是一个负责任的“船头瞭望者”存在的意义。

《武汉！武汉！》H5专题应运而生。

近年来的第一次

在重要节点打造专题策划，一直是新京报的特长。融合报道对于新京报也并非新鲜词汇。8年前，报社就已提出“先网后报”，尤其在2018年10月上线崭新的新闻客户端，新京报早已发展为一个以移动端为中心，横跨报纸和各类新媒体平台的最具影响力的全媒体平台。

2016 年，新京报就做出了“来自中共一大筹备组的邀请”H5，交互感极强，还引入了发红包环节，收获 200 万 + 点击量。重大报道中，“快讯 + 视频直播（短视频）+ 深度稿件 + 评论 + 数据新闻”的立体式报道传播，早已成为标配。

但此前的重大新闻策划中，报纸始终是主要或重要的呈现渠道。而这一次，是多年来第一次以新媒体端为主传播渠道，围绕 H5 形式提前策划安排，总编辑中心负责产品统筹策划、展示文案与前端技术制作，设计部负责 UI 设计，深度报道部、时政新闻部、社会新闻部、评论部、摄影图片部、新京报动新闻、新京报数据新闻等近 10 个采编部门或团队负责产品核心内容的生产，最终整合了 10 篇深度内容作品，覆盖深度特稿、评论文章、解释性报道、短视频、摄影图集、数据新闻等多种形态，力求反映离汉通道关闭一个月的真实轨迹。

每一篇内容都饱含匠心

《武汉！武汉！》H5 作品海报的主标题“武汉！武汉！”的封面视觉为手写毛笔字，简洁明了、磅礴大气。H5 专题内的十篇内容也各有特点：

《发刊词　江城水已暖，武汉铆起来》

摘录：我们用文字描摹，用视频记录，用图片表达，是为了让“疫”中人更快地得到救治、康复，让留守者、逆行者、志愿者更有力地前行，是为了让社会更快地成长。

战“疫”逾月，我们注定会付出很多，也会得到很多。比如，武汉人，不服周；中国人，会同心。比如，灾难面前，风月同天，你我能同裳。比如，2020 虽没法“关机重启”，但凛冬过后，定会有万物新生。

《特稿一　非常时刻的治与封》

全面地记录了整套“战时”防控模式，如何在武汉这场“保卫战”中迅速成形。

《特稿二　城中人的守与望》

反映了武汉留守市民从最初的恐惧，到逐渐接受继而积极行动参与战“疫”的历程。通过个体真实的感人故事反映群像，“这里的每个人都不是一座孤岛”。

《特稿三　金银潭的昼与夜》

作为武汉市突发公共卫生事件医疗救治定点医院和第一批定点收治新冠肺炎病人的医院，金银潭医院在一定程度上代表着国家新冠肺炎的治疗走向。坊间流传：世界看中国，中国看湖北，湖北看武汉，武汉看金银潭。医生、护士、病人、志愿者，都在为新冠病毒不眠不休，昼夜奋争。他们的故事需要被讲述。

《特稿四　疫情线上的生与死》

武汉新冠肺炎疫情肆虐，每一个家庭都在举全家之力，从防疫生死线上拽住家人。患者、家庭、医院……求医与救治环环相扣。有的人最终去世，更多的人在治愈出院，在历经煎熬、等待、悲痛、喜悦之后，用人心和勇气筑起的这道防疫线，正在变得牢固而强健。

《探索　病毒的解与未解》

本文从病毒突袭、捕捉病原体、病毒溯源、零号病人、寻找解药等方面为民众普及科学防疫知识，消除谣言与恐慌。

《观察　一场战疫，十个常识》

从离汉通道关闭一个月中，梳理了十个常识，呼吁大家回归理性。

《图集　“封城”武汉影像日历》

震撼的新闻现场往往来自摄影记者的镜头记录。一日一图，我们用31张图片拼接成武汉影像日历，记录了战“疫”中武汉的泪水和汗水、挣扎与希望。

《数读　封城后的武汉之变》

确诊病患增长率降至0.7%，床位增加4.5万个，口罩捐助量达1556万只……利用大数据分析，客观反映了武汉封城抗疫以后，病例增长速度不断下降，床位越来越多，来自全国四面八方的支援每日俱增，这座城市如何从慌乱到有序。

《视频　300秒直击“封城”战疫》

这些天的武汉，每分每秒都刻骨铭心，300秒短视频直击武汉战“疫”，每个人都无法置身事外，每个细节都与你我息息相关。

10篇内容，每一篇都是记者、编辑、摄影、视频编导、剪辑……饱含匠人之心细细打磨而成，各有特点，又互为补充，通过丰富的内容，客观反映出武汉"封城"是阻止疫情进一步扩大的极正确决定，让武汉"英雄城市"的形象深入人心，同时起到了为民众普及科学防疫知识，消除不必要恐慌的积极作用。

2亿+从何而来

媒体融合也好，转型也罢，第一阶段都是内容发布主平台的转移，把报纸、电视、广播的内容搬到"两微一端"。但是简单的搬运显然无法起到好的传播效果。当传统媒体曾经拥有的传统媒介渠道用户明显下滑，声量不再，那么对新媒体平台的运营就变得极为重要。

"酒香不怕巷子深"并不适用于媒介传播，尤其移动端时代，没有传播就几乎相当于什么都没生产。熟悉平台，熟悉传播规律是极为必要的。平台运营与内容生产同样重要。

《武汉！武汉！》H5专题的传播，根据不同平台的属性与规则，进行了针对性的分发和运营，取得了很好的传播效果。

在新京报官方微信公众号平台，新京报强化推送时的专题性排版布局，突出品牌宣传。将专题作品内容浓缩为8条排序发布，并在头条后的其他标题运营上，取系列报道开栏语中"江城水暖在途！"一个字一个标题，加深了读者对新京报的品牌印象。在官方微信公众号后台，许多用户留言表示"新京报有心了""感谢新京报记着武汉封城30天"，取得了传播效果与口碑的双丰收。

在新浪微博平台，利用新京报官方微博近4400万粉丝量，调动用户积极参与，建立话题"武汉封城战疫大考"，阅读量达1823万，精选6篇文章在微博上发布阅读量达300万+。

与今日头条合作，在今日头条平台联合推出内容更全面的头条号专题《武汉！武汉！》，稿件量扩充为20+篇，获千万级曝光，取得较好传播效果。

上线一周，《武汉！武汉！》H5专题内点击即破500万，目前累计1100万+。在微信公众号、微博、今日头条、百家号、企鹅号、一点资讯、UC大鱼号、网易号、大风号等主要新媒体平台总阅读量超2亿。

武汉！武汉！

H5专题本身并未采用酷炫的交互形式，但好的内容与细化的运营依然让它取得了优秀的传播效果。对于以内容生产见长的机构媒体而言，虽然当下的融合报道需要形式与技术创新，但硬核的内容才是核心竞争力。在人们愈发强调技术、强调算法的当下，我们依然坚信内容的力量。

主创人员和团队：H5制作人员/戴玉玺　李亚珍　高俊夫
专题内容主创/新京报总编辑中心
时政新闻部　深度报道部　社会新闻部
视频报道部　评论部　摄影图片部
新京报动新闻　版式设计部
本文执笔人：贾一鸣

CNMC

2020

中国新媒体大会

CHINA NEW MEDIA CONFERENCE

『聚焦新生代 赋能新生态』分论坛

聚焦新生代　赋能新生态　筑梦马栏山

张　严

2020 年 9 月 17 日，习近平总书记考察马栏山视频文创园时指出：文化和科技融合，既催生了新的文化业态、延伸了文化产业链，又集聚了大量创新人才，是朝阳产业，大有前途。党的十九届五中全会从战略和全局高度对繁荣文化事业和文化产业进行了规划和设计。在这种背景下，我们聚集“中国 V 谷”马栏山，就“聚焦新生代　赋能新生态”主题，探讨视听新媒体发展话题，是贯彻落实习近平总书记考察马栏山重要讲话精神的重要举措，具有重大时代意义。在此，我谨代表湖南省广播电视局，对论坛的举办表示热烈祝贺！在这里我主要谈 3 个观点，与各位嘉宾和青年网友分享。

一、聚焦新生代

新生代是指网络环境下的新生代青年。我们正处于媒体生态解构和传播秩序重构的时代，互联网新媒体平台成为新生代学习、工作、生活的首选，新生代成为一个重要群体。芒果 TV、B 站和抖音是我国青年网民集聚的网络平台。抖音平台日活达到 6 亿，大部分是年轻人；芒果 TV 青年会员达到 3400 万，最高日活达 1 亿；今年 B 站的网络春晚在线人数达到 8000 万人之巨。

青年是国家未来的希望，我们要深入研究探讨视听新媒体的传播规律，深入研究广大新生代的价值观念和生活方式。我们要贴近新生代、理解新生代、引导新生代。

习近平总书记指出，“群众在哪儿，我们的领导干部就要到哪儿去”。新生代是我们的工作重点，也是新媒体发展的重点，贴近才能亲近；成长在互联网时代的新生代，具有青春向上、热爱祖国、开拓创新的鲜明时代特色，媒体应创新传播语态，以平等的态度、互动的形式吸引新生代；要提供优质精神文化产品，对他们的网络行为加以价值引导，引导他们树立正确的价值观。

二、赋能新生态

面对新生态，我们要推动青年主力军全面挺进主战场，以互联网思维优化资源配置，把更多优质内容、先进技术、专业人才、项目资金向互联网主阵地汇集、向移动端倾斜，让分散在网下的力量尽快进军网上、深入网上，做大做强网络平台，占领新兴传播阵地。

首先要以内容为王。高质量的内容供给永远是媒体最核心的竞争力。“要么做第一，要么第一个做！”湖南广电正是凭着敢为人先、勇于创新精神，打造了“广电湘军”这张亮丽的名片，成为全国广电行业的领头羊。2020 年推出的《乘风破浪的姐姐》，一度抢占 30 个网络热搜榜中的 18 个之多，该作品温润人心、文质兼美，传播青春正能量，努力成为新时代青年文化的引领者与传播者。

其次要跨界融合。智媒时代，行业出现“媒体即平台，受众即用户，连接即服务，数据即能力”等新的功能和特点，媒体的作用和想象空间无限扩大，在互联网成为最重要的基础设施和工具化的时代，应树立流量思维、变现思维、融合思维，通过新媒体来吸引流量、营造社群，在上游进一步重视技术的引进和研发，中游做好基于互联网的内容生态，下游带动区域产业链的发展，带动其他实体行业的转型升级。

最后是双效统一。习近平总书记强调：“文化产业既有意识形态属性，又有市场属性，但意识形态属性是本质属性。一定要牢牢把握正确导向，坚持守正创新，确保文化产业持续健康发展。”只有双效统一的媒体新生态才是健康的，才是有前景的。

三、筑梦马栏山

“北有中关村、南有马栏山”，习近平总书记考察马栏山园区后，这里成为全球媒体人关注的焦点，更成为青年人创新创业的热土。这里有以湖南卫视、芒果超媒、中南传媒、中广天择、银河酷娱等为代表的3000多家内容制作生产企业，有中国领先的视频制造全产业链，有中国最优秀的青年视频人才集群。我们希望全国乃至全世界的年轻人关注马栏山，来到马栏山，筑梦马栏山，在这里挥洒青春、成就梦想。

“少年智则国智，少年富则国富，少年强则国强”，新生代正处于新时代，肩负打造“新生态”的时代机遇和历史使命，祝青年网友：红日初升，其道大光！

（作者为湖南省委宣传部副部长，
湖南省广播电视局党组书记、局长）

走进马栏山与马栏山走向

周　湘

党的十八大以来，以习近平同志为核心的党中央作出了加快传统媒体和新兴媒体融合发展的战略部署，有力推动媒体融合向纵深发展。2020 年 9 月，中央发布《关于加快推进媒体深度融合发展的意见》，为媒体发展指明了新方向。党的十九届五中全会《建议》明确提出“推进媒体深度融合，实施全媒体传播工程，做强新型主流媒体，建强用好县级融媒体中心”，进一步表明党中央对媒体融合的高度重视。按照中央和省委部署要求，湖南大力推进媒体融合，打造了一批具有全国影响力的新闻资讯类、文化娱乐类、专业细分类、政务类新媒体矩阵，形成了融媒体集群发展格局。特别是在新冠肺炎疫情防控宣传报道中，湖南全媒体上阵、新媒体主攻，组建“新媒体特攻队”，推出一大批现象级产品，为打赢疫情防控阻击战凝聚强大网上力量，彰显了新媒体湘军的责任与担当。

2020 年是决战决胜脱贫攻坚和全面建成小康社会的收官之年，2021 年是“十四五”开局之年，也是建党 100 周年，媒体融合创新的进程再一次走到了关键点。要抓住机遇，迎接挑战，努力抢占传播制高点，推动新媒体发展乘风破浪、行稳致远。借此机会，我与大家分享几点观点。

胸怀“两个大局”，担负起新时代赋予的职责使命。当前中国处于近代以来最好的发展时期，世界处于百年未有之大变局，两者同步交织、相互激荡。在关键当口和时代大潮中，面对激烈的舆论交锋，新型主流媒体要深入贯彻落实习近平总书记重要指示精神，站在“两个大局”的高度来审视世界格局之变、时代发展之变、舆论生态之变，以新的担当，肩负起牢牢掌握舆

论场主动权、主导权、话语权的责任，做引领网络舆论导向的排头兵，切实提高新闻舆论传播力、引导力、影响力、公信力，构建网络舆论新生态，为全面建设社会主义现代化国家新征程贡献力量。

强化“用户思维”，不断创新内容赢得发展优势。新型主流媒体必须强化“精品意识”“用户思维”，大力创新传播机制、模式、内容、表达，聚焦“新生代”，用贴近年轻用户的语境语态，构建年轻用户感兴趣的内容体系，不断推动内容生产供给侧改革，使内容产品“颜值”更高、品质更优、传播更广，不断增强舆论引导的针对性、实效性，引导和鼓舞青年一代，把他们培养成忠实粉丝，为新媒体发展注入新动能，不断巩固和壮大主流思想舆论阵地。

突出“技术赋能”，积极抢占新技术变革先机。当前，新一轮科技革命和产业变革正在重构全球创新版图，也在重塑互联网行业生态和媒体发展格局。技术创新重要性日益凸显，新型主流媒体要加快技术赋能，将5G、大数据、云计算、人工智能、区块链等新一代信息技术，有机融入新闻采集、生产、分发、接收、反馈全流程，让产品搭上技术创新的快车，用个性化定制、精准化生产、智能化推送重塑与用户的连接，全面提高网络传播的到达率、阅读率、点赞率。

挖掘“第一资源”，汇聚创新人才做新生代宣传。习近平总书记强调，

“人才是第一资源”“国家的希望在青年，民族的未来在青年”。当下的互联网可以说是年轻人的互联网，互联网创业者年轻人居多、互联网企业年轻人居多、互联网用户年轻人居多，互联网行业平均年龄逐年下降。新型主流媒体要顺应年轻化趋势，创新理念机制，备好“燃料”引才，提升“动能”育才，念好“人才”经，大力引进和培养具有新生代思维、了解新生代喜好、熟悉新生代表达的创新型人才来做新媒体，用社会主义核心价值观教育引导新生代，赢得国家和民族发展的未来。

2020年9月，习近平总书记在马栏山文创园考察时强调，谋划“十四五”时期发展，要高度重视发展文化产业。我相信，敢为人先、勇于担当的新媒体湘军一定牢记习近平总书记提出的打造“三个高地”、担当“四新”使命的殷殷嘱托，乘势而上，创新发展，勇立时代潮头。让我们聚焦融合、畅谈变革，努力碰撞思想火花，共同谋划新媒体发展的美好明天。

（作者为中共湖南省委宣传部副部长、省委网信办主任）

牢记总书记嘱托　加快建好马栏山

陈　刚

2020 年 9 月，习近平总书记来到马栏山，肯定了湖南文创的特色，并指出：文化产业是一个朝阳产业。现在文化和技术深入结合，文化产业快速发展，从业人员也在不断增长，这既是一个迅速发展的产业，也是一个巨大的人才蓄水池，必须格外重视。文化产业既有意识形态属性，又有市场属性，但意识形态属性是本质属性。一定要牢牢把握正确导向，坚持守正创新，确保文化产业持续健康发展。

习近平总书记的重要讲话为马栏山的发展指明了方向，提供了遵循。我们将牢记总书记嘱托，进一步坚定走向，蹄疾步稳，加快建好马栏山。一是走文化与科技相结合之路更坚定。文化是守正的内核，科技是创新的动力。马栏山践行守正创新首要的是推动“文化 + 科技”相结合，“用技术服务内容，用内容服务人民”。巩固内容创作优势，借力 5G、云计算、高新视频、人工智能、虚拟现实等技术发展契机，加快产业底座搭建，加快实验室成果转化，以内容创制及 IP 衍生商业链、数字孪生及视觉预演多场景应用链为核心，形成高新视频内容制作流程、技术工艺、视觉美学及交易标准，开发更具人文精神、传承红色文化、反映当代成就的作品和产品，用中国技术、中国标准讲好中国故事。二是走媒体深度融合发展之路更坚定。2020 中国新媒体大会的开幕式上，徐麟部长从“全媒为本、导向为先、内容为王、技术为要、改革为重、人才为宝”6 个方面，提出了加快推进媒体深度融合的理念、路径和方法。马栏山要深入贯彻，抓好落实。重点是要加强与在座专家、各大媒体和企业的深度合作，借助技术力量，促进各种媒介资源、生产

要素有效整合，驱动传统媒体加快转型升级，真正做到“融为一体、合而为一”。三是走党建引领与青年文化之路更坚定。党建是旗帜，是根本。青年是未来，是力量。马栏山是青年创业的热土，也是党建引领的“红土地”。通过党建带团建，服务青年、团结青年，发现人才、聚集人才。研究青年需求，走进青年生活，用年轻人的“语言”讲年轻人的“故事”，用青春的榜样激发青春的斗志，用红色文化传承红色基因构建年轻受众感兴趣的内容体系，引领青年文化。

以时间为轴，走进马栏山是我们的进行时，马栏山走向是我们的将来时。当下与未来，你们都是马栏山砥砺前行的强劲动力！我们定当不忘嘱托，不负期望！

（作者为长沙市委常委、宣传部部长）

议题一：创新语态，推动主流价值传播

把脉青年话语生态　引领舆论新风向

■ 陈　丽

长沙关于新生代和新生态的元素很多，千年学府岳麓书院培养了无数青年志士，青年毛泽东就曾从这里走向全国，又带领中国屹立于世界。以芒果 TV 为代表的媒体走出了媒体融合的新路子，湘军传媒引领青年群体喜好。所以我们今天在这里探讨这一话题具有天时、地利、人和。

习近平总书记曾指出，青年的价值取向决定了未来整个社会的价值取向。对青年的积极的价值取向的引导，是我们所有传媒人的责任。人民数据作为人民日报、人民网旗下的大数据国家队，积极承担党媒使命。我们通过对网络舆论和消费数据的挖掘，精准把握当下社会各界特别是年轻人的诉求、心理特征和喜好变化，服务舆论引导，助力社会民生。我和大家分享的话题是“把脉青年话语生态　引领舆论新风向”。通过研究，我们发现，当今青年群体的习惯和话语生态主要有以下六大特点：

第一，新媒体重塑舆论格局，互联网原住民话语权扩张。截至 2020 年 9 月，我国网民规模达 9.4 亿，其中，20—49 岁的网民群体占比接近 60%，按照世卫组织对青年的界定，那么可以看出，我国青年网民基数庞大。B 站、抖音等社交平台的崛起，重塑了舆论格局。这种情况下，青年群体，尤其是以 90 后、00 后为代表的互联网原住民的话语权不断扩张。

第二，由读报到读屏，青年群体偏爱数字化阅读。第十七次全国国民阅读调查数据显示，超过半数成年国民倾向于数字化阅读方式，纸质阅读的比例不断下降。从偏向数字化阅读方式的人群分布来看，近八成（79.6%）是 18—49 周岁的人群。可以说，青年群体由读报一代变成读屏一代，数字化阅

读时代来临。

第三，视听成国民第一应用，青年获取信息以视听化为主。《2020 中国网络视听发展研究报告》显示，截至 2020 年 6 月，我国网络视听用户规模达 9.01 亿，网民使用率为 95.8%。受新冠肺炎疫情影响，网民，尤其是青年群体，娱乐需求持续转移至线上，带动网络视听用户规模进一步增长，视听成为国民第一应用。这一习惯也使得青年群体信息获取呈现视听化的趋势，图片、音视频更易在舆论场上传播。

第四，以趣缘为基础的圈层话语生态凸显，网络暗语值得关注。随着分众传播、精准推送技术的成熟，我们越来越感受到信息茧房的桎梏，在舆论场上，就是舆论的圈层化。以地缘、血缘、趣缘、业缘为分类的舆论圈群呈现。在青年群体中，以趣缘和业缘最为明显。这些圈群封闭不易察觉但尺度开放，我们对这些不正确的言论缺乏引导机制。

第五，青年群体对现实的泛娱乐化、片面化解读值得忧思。舆论场上流传着这样一句话，“70 后有存款，80 后有贷款，90 后有老爸”，90 后、00 后生活状态轻松，习惯用戏谑化的表达解构严肃的事件，话语生态呈现明显的泛娱乐化倾向。比如，中学课本中李白的画像被多次改写，学生们曾经发起“李白很忙运动”，在这场运动中，甚至将李白变成了“大唐第一古惑仔”。有青年网民对历史课本上的人物进行考证，发布了新说。

“泛娱乐化”其实是对历史的一种“去价值化”，容易滋生历史虚无主义。

基于舆论场上青年网民的画像，我们的舆论引导可能有了一个大概的方向，那么，我和大家分享下人民数据在以下3个方面的思考：

第一，青年群体崇尚品质与圈群认同，低质化、同质化内容将加速被淘汰，有深度、有内涵的精品化制作为大势所趋。近年来，受过良好教育、有稳定收入的青年群体，对社会议题更加关注，表达更为理性，追求有品质、有态度的生活。打造这些群体的精神食粮，需要我们加大内容在垂直化、个性化、圈层化方向的发展，并围绕青年群体的情感消费场景和习惯进行传播。

第二，“调频聚焦”，进入互联网原住民的视听部落。近年来，大量政务号入驻抖音、快手，这些账号以政法系统为主，占比高达到70%。这些政务短视频活跃、有趣，逐渐成为最受网民喜爱的政务新媒体之一。还有一些机构通过喜马拉雅音频的方式，传递信息。比如中国国家博物馆，在美术鉴赏类方面，推出了“伦勃朗和他的时代”，获得70多万人收听。此外，十月革命文物展、纪念马克思诞辰200周年主题展也都获得较高的收听率。较好地在青年网民的沟通体系中实现了信息传播。这些或许可以作为我们主流媒体的借鉴。

第三，积极吸纳青年群体的有益表述和潮流元素，寻求“融合”与“破圈”。人民数据在近年来的研究中发现，公安干警的形象在网民群体中发生了较大的积极改变，这得益于公安系统丰富的宣传脚本。这些脚本中纳入了青年群体的“圈内”要素，比如，通过青年群体喜欢的沙画、热门歌曲、流行词等，展现人民公安忠于职守的主题。还有一些应用了我们媒体融合的技巧，比如将日历、手提袋、碳素笔、笔记本、T恤作为宣传的载体，向青年群体传播。

宣传思想工作的对象是人，人在哪儿重点就应该在哪儿。我国网络空间汇集了9亿网民，青年网民近6亿，可以说这片阵地像息壤一样不断生长，谁都无法忽视。所谓，“不日新者必日退”，只有正视互联网、正视青年网民的习惯及话语生态，唤起“阵地不能丢”的忧患意识，才能将最大变量变成最大增量，长久服务于社会治理体系和治理能力现代化。

（作者为人民网人民数据常务副总编辑、人民数据研究院院长）

创新融合时代主流舆论表现方式

■ 周 亮

一、创新表现方式是一场自我革命

众所周知，当今的媒体生态、舆论格局、传播模式已经与10年前甚至5年前有根本的不同。这种演进，媒体人身处其中，感受最为真切。

在时代变迁中，媒体出现了新的划分，也可以说进化，出现了主流媒体、社交媒体、自媒体，还有传统媒体、新媒体、多媒体、融媒体等，以及各种各样的平台。不管这种划分是否科学，但一个不争的事实是，我们面对一个全新的环境。这个环境的最大特点，我的体会就两个字：竞争。今天的媒体生态，就是一个充分竞争的生态。

2020年9月26日，中央印发的《关于加快推进媒体深度融合发展的意见》，提出了尽快建成一批具有强大影响力和竞争力的新型主流媒体，从中可以看出，竞争力就是影响力，影响力就是竞争力。

我从事新闻工作35年了，深刻认识到我们的工作，实际上是“争夺广大受众有限业余时间”的工作。

通常一个人在工作睡觉之外，最多也就8个小时，其中家务、杂务、应酬占去了四五个小时，那么一天的剩余时间也就只有三四个小时。在这三四个小时里，受众的选择是很多的，追剧、打游戏、看书、K歌、打麻将……就是玩手机，那也会去购物、晒娃。那么，受众为什么要花费精贵的时间来接受你的作品呢？你的魅力在哪里？这里面有一个受众选择的机会成本情况，逼着我们拿出优质产品，让公众觉得物有所值。这就是新闻的受众导向

和供给侧改革的概念。

习近平总书记在“2·19”重要讲话中，提出9个环节的创新，为我们指明了方向，实质是为我们构建核心竞争力指明了路径。其中，创新方式、方法，就与今天要说的“语态”有关。传统媒体必须改进我们的话语方式，也就是表达方式，这点很重要。不然，我们会因自己因循守旧、不合时宜，被受众抛弃。

新闻的表现方式必须因时而变、因势而变，这是一道必答题，不是选择题。但是，传统媒体创新表现方式，也是很难的一件事。因为我们习惯于单向传播，习惯于单调说教，习惯于主题先行，传统势力很强大，要自我革命，走出舒适区，很不容易。尽快构建对等、亲切，有贴近性、互动式的新的表现方式，是摆在我们面前的一个重大课题，也是十分紧迫的任务。

二、创新表现方式要与时代相适应

我们身处的这个时代，传播方式演进太快，刚刚走出读报时代，就进入了读图时代，马上又进入短视频、微视频时代，很快又进入算法时代、分众化传播时代、社交化传播时代，现在“四全”媒体（全程媒体、全息媒体、全员媒体、全效媒体）又来了。随着技术的进步，下一波流行的传播方式是什么？我们很难捕捉。

就传统媒体而言，如何才能跟上时代，参与竞争呢？我想，融合发展，是一条明路。融合发展，也是一条艰难的路。

需要改进创新的工作很多，是篇大文章。但就表现方式而言，应着重围绕“短、实、新、活”4个字展开。

短：提供有效信息，节省受众时间。社会需要长文章、长视频、长图，有些思想性强的作品，应该有一定篇幅和容量，但大多数报道要有所节制。比如短视频，如果超过1分40秒，除非有效信息含量比较大，否则就要挑战受众的耐心了。

实：就是真实、权威，值得信任。这点是传统媒体的优势。但是，也要注意改变一些传统报道中的空洞无物、故作高深的毛病，尤其是要解决语态中教训人、宣传腔的问题。比如，我们对一件事的看法，喜欢用“要怎样”“必须怎样”等字眼，我主张改为“应怎样”“最好怎样”这样的说法。

新：就是生动、鲜活，有趣、抓人。传统媒体的弊病，是一厢情愿，潜意识里觉得人们在等着享用我们的新闻信息产品，在表现方式上太过随意，不用心讲故事，不营造情景，忽略情节、细节，不关注人，较少说理陈情。许多作品人家不用看，就知道你要说什么，想表达什么，这样吸引不了人、打动不了人。还有另外一种极端，一说创新表现方式，就卖萌、装嗲，让人感觉不舒服。还有标题党。

活：就是多样、丰富，发动受众参与。融合时代，为我们提供了一个可以互动的平台，让我们能够与受众共情、共鸣、共进、共享，这方面有很多工作需要做。这是走好全媒体时代群众路线的具体体现。

三、走好创新表现方式的行军路

传统媒体推进深度融合发展，目前仍在起步阶段，需要进一步破题。主力军要挺进主战场，需要走出一条艰难的行军路。

我认为，传统媒体创新，不宜跟着社交媒体走，应该巩固自身优势，守住自己的根据地，坚持守正创新。同时，也不能一味地、机械地迎合大众，需要开拓一种吸引大众、引领和培育大众审美趣味的新路子，逐步形成自己的风格。在分众化时代，特别要注重吸引青年群体。

在创新表现方式的探索中，新华社作为党的新闻舆论重镇，正在主动投身创新的历史洪流中，调整心态姿态，拥抱创新变化。

在2020年的报道中，我个人经历了一些新媒体产品的策划制作过程。今天晒出几件，就教于方家。

案例一：创新总书记报道

做好习近平新时代中国特色社会主义思想的宣传，塑造领袖光辉形象，是我们的中心任务。我们利用大数据分析和知识图谱技术，推出了“习语‘智’读”栏目，首期推出的两篇报道获得较高评价。

我们努力改变“机械复读+简单梳理+外延解读”的路径，着重结合历史和实例，对总书记思想的哲学内涵、思想源流进行破解。

同时，我们放大平台的交互特点，推出了UGC交互式栏目“网上传习录”。目前推出的系列报道社会评价也比较正面，算是有点新意。

我们的目的，是想改变以往单向的传播方式，在网上搭建起总书记与广大网民良性互动、心气相通“云平台”。

案例二：提前布局5G时代的全媒报道

2020年两会，我们利用全息影像技术，推出了5G异地同屏访谈。这个尝试受到关注。

案例三：开拓卫星新闻

作为大型央媒，我们有一定的资源优势，比如联系卫星资源。2020年抗疫期间，我们推出了“从卫星看中国系列”，这种还原是对我国率先复苏最有力的证明。

案例四：创意海报

武汉保卫战期间，我们作为新闻报道主力军，在创意海报上下了一点功夫，效果很好。

我们承担着许许多多主题宣传、形势宣传、典型宣传、重大活动报道的硬任务，这需要我们下苦功夫、硬功夫，转变理念，改变话语，创新表达方式，以求在融合时代的新闻竞争主战场获得一席之地，更好地肩负起职责使命，完成好党和人民交给我们的任务。

（作者为新华社新媒体中心总编辑）

突破“边界”

——谈融媒体时代的变通和触达

■ 唐 怡

融媒体时代，用户有限的精力被层出不穷的热点收割，用户拥有选择平台的权利，属于强势用户。如何拉近与用户的距离、与用户互动、突破圈层？央视新闻尝试打破常规风格、突破传播形式、报道手段、新闻语态的原有边界。

融媒体时代的变通和触达中突破“边界”的思考如下：

传统栏目 × 创新语态；主流媒体搭台 × 融合新技术拓维；线下抵达 × 线上传播；用户参与 × 平台传导。

一、传统栏目 × 创新语态：“融合”与“重构”，主流媒体的语态创新变革

《主播说联播》是总台新闻新媒体中心旨在传递主流声音打造的节目新品牌，自 2019 年 7 月 29 日正式上线以来，依靠中央广播电视总台强大的平台支撑和《新闻联播》的权威性与影响力，迅速形成自己的特色，获得受众的广泛关注和好评，其不仅继承了主流媒体“专”“定”“广”的优势，又发扬了新媒体时代“微”“精”“近”的特质。通过手机竖屏、大字幕、BGM 的方式对当下某条新闻进行解读。《新闻联播》中平日里“高冷”的主持人，用年轻人听得懂、愿意听的语言，配上网络用语，塑造出网红主播 IP 形象，拉近了与年轻人之间的距离，让权威声音走进大众，真正实现了传统媒体话

语的新媒体突围。

很多人感慨《新闻联播》好像不是过去那个《新闻联播》了，其实《新闻联播》还是那个《新闻联播》。该高大上的绝不低姿态，该接地气的也绝不端架子。

截至 2020 年 11 月 15 日，央视新闻微博平台共发布《主播说联播》480 条，话题“主播说联播”累计阅读 72.3 亿。

二、主流媒体搭台 × 融合新技术拓维：打破“次元壁”，实现跨平台互动

突破次元壁指的是原本我们以为不相干的两个不同世界之间的壁垒被打破，原本不相干的事物融合在一起。

央视新闻新媒体在 4 月 6 日开启“谢谢你为湖北拼单”公益直播带货，段子手朱广权与带货一哥李佳琦联手，“小朱配琦”组成“主持人 + 网红”的跨界组合，这两个人都自带流量，朱广权的段子和李佳琦的话题都是网友所关注的热搜内容。

这场直播单场为湖北带货超过 4000 万元。“谢谢你为湖北拼单”微博话题阅读 4.1 亿，直播观看人次达 1.22 亿次，点赞超 1.6 亿。

从传播的类型来说，这种传播类型以传播者为中心，信息发散式地传递到了受众方。节目在娱乐、猎奇、公益、社交等方面对受众形成需求满足，这几个特征使得这个内容以大众媒体为中心，对受众形成了发散式的传播。用户在购买商品时，更多的是为这些商品附加价值买单。

其中娱乐满足体现在节目用观众喜闻乐见的形式，在购物实时场景中实时解答大众疑问，让大众有一种沉浸式的购物体验。

公益满足体现在“为湖北拼单”这一话题上，最终形成了积极下单、全民公益的局面。疫情、湖北都是大家非常关心的点，一些不能从其他方面为疫情贡献的人，在直播的场景中也会因为产生购买行为，从而获得内心的满足感。

这里就还得提到社交满足这个概念，通过改变创新之后，不同次元之间的要素进行了细致融合，使得这个“传播网”形成了关键闭环，央视新闻的公信力加上网红的接地气，让不同圈层的受众都乐于传播相关信息，也易于大家形成兴趣相投的社交圈。

三、线下抵达 × 线上传播：“仪式感”与“亲和力”，以“超燃”话语传递中国自信

2020 年国庆中秋假期，是常态化疫情防控以来的第一个长假，央视新闻在武汉火车站特别制作《我的祖国》快闪视频，邀请人民英雄张定宇、武汉医务工作者、抗疫志愿者等参加。视频播放后瞬间点燃了大家的爱国热情，总计参与互动和阅读人数破亿。国庆期间，各地也陆续推出不同版本的快闪，让《我的祖国》燃爆整个假期。

在疫后复苏和国庆双重氛围下，一首《我的祖国》将全国人民拉到一种仪式感中，大家在共享和参与中，构建起了一种共识，这也是为什么从官方引导到社交媒体引爆，再到大众积极参与，能够实现不同群体共同联动、线上线下共同参与的原因。

美国社会学家兰德尔·柯林斯在对社会学的两个重要概念“仪式”和“互动”研究的基础之上提出了“互动仪式链”之说。互动仪式链的核心机制是相互关注和情感连带，个体之间通过互动仪式可以形成一种瞬间共有的

存在，从而获得与认知符号相关联的成员身份和情感能量。

主流媒体一旦抓住这一点，就可以迅速点燃大众的情感，让大众很快愿意参与进来。受众是传播内容的接收者也是活动效果体现的关键。快闪式新闻报道，正是大众媒体探索出的一种宣传主流价值观的新的传播方式。

四、用户参与 × 平台传导：受众是裂变起源，也是传播终点

这些视频片段都来自医疗队的家人。我们只是分类组合，对他们的内容进行专业制作和平台传播。

这一类内容的生产者就是大众，在传播的概念中叫作 UGC（即用户生产内容）。这种类型的生产者可能有成千上万个，素材可能来自网友的随手拍，不可否认其作品有着独一无二的现场价值。如何做到在短时间内刷屏，就需要大众媒体的推动。大众转发，在个人层面的社交媒体全面爆发，其中可能有情感需求，也可能有互动的需求。

这一创新实践突破了传统媒体的报道形式。内容任何时候都是舆论场的硬通货，传播要适应传媒变革新趋势，不断探索、突破、创新与技术、渠道、平台的融合，实现与年轻观众的沟通对话，巩固和提高主流媒体的引导力和传播力。在舆论引导中赢得话语权和主导权。

2021 年我们将迎来建党百年，在 2020 年“七一”期间，央视新闻推出了一条 MV《我们的选择》，是用新裤子乐队一首 00 后都很熟悉的《都选 C》进行的改编。这条视频在网络上获得了 10 亿 + 的点击量。我想说，成为全媒体人是我们作为职业的选择，那么在媒体融合这条路上，我们也需要不忘初心、努力前行。

（作者为中央广播电视总台新闻新媒体中心客户端部副主任）

议题二：创新内容，护航主流文化出圈

引领新主流审美，让正能量有大流量

■ 蔡怀军

2020 年 9 月，习近平总书记来马栏山文创园考察时指出，“要高度重视发展文化产业，坚持把社会效益放在首位，牢牢把握正确导向”。芒果 TV 作为湖南广电旗下唯一的互联网视频平台，坚持自主自控，做媒体融合的先锋军，青年文化的引领者，为加快推进媒体深度融合贡献了芒果实践案例。

一、新时代有新审美：“过程要上头，结尾要走心”

通过大数据进行用户分析，我们发现，现在的年轻人会追求时尚、先锋，也会被《石榴花开》里的国风娃娃吸引，传统的、流行的都有可能打动他们，形成了一种“新主流审美”。

比如，2020 年夏天推出的《乘风破浪的姐姐》，节目播出前，网上有很多议论，都是冲着 30 个姐姐的八卦去的，最后全都被姐姐们的拼搏精神感动了。另外一部电视剧《以家人之名》关注的是原生家庭，跳出了贩卖焦虑的套路，用温暖治愈的剧情激发共鸣，成为年度爆款。像《乘风破浪的姐姐》《以家人之名》这样的优质内容都有一个共同点，就是过程很上头、结尾很走心，充满了正能量。

可见，新时代有新审美，正能量将带来大流量。

二、正能量有大流量：是因为我们建立起了相对闭环的工业化生产体系

一直以来，我们坚持内容为王，牢牢把核心生产要素掌握在自己手上。主要体现在以下几个维度：

第一，价值标准方面，意识形态属性是主流新媒体的本质属性。做一个内容必须能解决一个社会问题，或关照一个社会现象，这是芒果做内容的黄金法则。

第二，团队建设方面，坚持自主自控、协同作战。目前，公司有 20 个节目制作团队、12 个影视制作团队和 25 家"新芒计划"战略工作室，还成立了音乐、导摄、视觉等多维工作室，这是我们最重要的战斗力和核武器。在团队激励方面，明确考核梯队奖励，升级超级工作室、鼓励团队裂变，最大限度地激活团队的创造力。2020 年，上线了 40 多档自制综艺，在市场排名前 10 的综艺中，我们占了 5 档。影视剧也形成了良性的自有生态，并且进入了收割模式，《韫色过浓》《一夜新娘》《从结婚开始恋爱》等多部剧集用 B 级成本播出了 S 级效果。11 月初，在德塔文电视剧榜单前十中，芒果出品就占了 4 席。

第三，智能中台方面：目前，全国内容产量最大的机构，不是市场上的制作公司，而是芒果 TV。这么大的产出，成本还得到了有效控制，主要得益于有一个坚不可摧的智能中台。一般来说，市场公司与内容团队都是甲方和乙方的关系，而我们的中台，打破了这种关系，建立起了新的联动机制，项目的评估、运营、产品、技术等环节全部由中台完成。同时，还将人工和 AI 相结合，让中台更加智能化。智能中台让内容团队解放了双手，专注于创新，所以每个季度都能推出两三档的创新节目。

中台的功能还体现在团队的协同和支撑上，比如，《乘风破浪的姐姐》是由 4 个节目团队和大量幕后人员配合完成，每场公演就有 800 多个工作人员。可以想象一下，连续 4 个半月，800 多个人在一起是怎么运作的？这就是智能中台最独特、最不可复制的地方。

第四，芒果生态方面：2020 年起，我们还围绕核心主业，不断延伸产业链。打造基于长视频内容的“小芒”垂直电商平台，推动视频内容与电商深度融合，探索湖南广电的下一个增长极；重磅推出“芒果季风计划”，打造国内首个台网联动周播剧场。同时，布局实景娱乐、音乐版权、艺人经纪等新赛道，不断完善和升级芒果生态，让正能量流淌到每一个角落。

三、新媒体有新展望：芒果 TV 要做青年文化引领者

习近平总书记指出，“青年的价值取向决定了未来整个社会的价值取向”。现在的年轻人不愁吃穿，不缺爱国情怀，也很喜欢传统文化，缺的是正确的打开方式。芒果 TV 专注青年圈层，坚持以人民为中心，与青年共振共鸣，生产出大量优质内容，用年轻化语态让主旋律流行起来，让正能量聚集起大流量。

除了在内容上走近年轻人，还专门为会员们打造了一年一度的“青春芒果节”，通过一系列线上线下的联动，芒果 TV 已经成为用户成长道路上的价值引领者和精神陪伴者。文化走出去方面，我们自主打造芒果 TV 国际 APP，并进行本土化部署，下载量已经超过了 3350 万。我们用芒果特色内容，吸引越来越多的国际青年，让他们在这里读懂中国、感受青春的力量。

2020 年，中央出台《关于加快推进媒体深度融合发展的意见》，提出

“要推动主力军全面挺进主战场，把更多优质内容、先进技术、专业人才、项目资金向互联网主阵地汇集”；近日，国家又计划把推进媒体深度融合写进“十四五”规划，这都为主流新媒体的发展提供了基本遵循。

芒果 TV 将坚定融合发展的道路，在新内容、新赛道、新技术、新市场、新机制上坚持创新，争做青年文化的引领者，引领新主流审美，让正能量拥有大流量。

（作者为芒果超媒总经理、总编辑，芒果 TV 总裁）

议题二：创新内容，护航主流文化出圈

以精品力作致敬伟大时代

■ 王晓晖

2020年的确是极不平凡的一年，网络视听行业经受住了新冠肺炎疫情带来的严峻考验，今年又恰逢中国“十三五”规划收官，2021年我们还将喜迎中国共产党成立100周年。立足新时代的重要历史节点，网络视听行业持续推陈出新，践行为国家立心、为民族铸魂、为人民立传的神圣职责，以精品力作记录时代故事，传递时代精神。

一、聚焦全面小康，以匠心之作奉献人民群众

习近平总书记指出，推动文艺繁荣发展，最根本的是要创作生产出无愧于我们这个伟大民族、伟大时代的优秀作品。作为国内领先的主流网络视听平台，爱奇艺始终坚持“以人民为中心，为人民而创作”的理念原则，保持“青春、阳光、正能量”的内容价值观底色，执行“弘扬主旋律，提倡多元化”的内容创作策略，2020年在精品创作方面取得了巨大突破：电视剧《破冰行动》成为第一个荣获白玉兰奖的网络自制剧；纪录片《棒！少年》是第一个获得电影节奖的网络自制纪录片；系列动画片《无敌鹿战队》陆续登陆尼克儿童频道和亚洲、欧洲、拉丁美洲等众多国家，是首个在创意阶段就被国际知名电视媒体预购的中国原创IP动画；爱奇艺还倾力打造了第一个纯自制的网络脱贫攻坚主题纪录片《劳生不悔》，用精品创作助力主旋律宣传。这些都充分彰显了爱奇艺在精品创作方面付出的巨大努力和收获的丰硕果实。具体来说，爱奇艺主要从以下3个方面发力精品创作。

第一，现实题材关照人文情怀。2020 年 8 月，爱奇艺自制剧《破冰行动》荣获第 26 届上海电视节白玉兰奖“最佳中国电视剧”奖，成为首部获得该奖项的网络首播电视剧；同时该剧也先后入围“飞天奖”“金鹰奖”等重要奖项，意味着网剧创作实力与艺术水准正日益得到行业与社会的充分肯定。

近年来，随着网剧创作不断精品化、精细化、精致化，越来越多的网络制播内容受到关注，满足了人民群众对美好精神文化生活的追求。我们坚持，真正的精品创作不仅要在制作水准上追求极致化呈现，还要在导向立意上严守底线思维，严把创作关，只有这样才能创作出既符合广大用户群体观看需求，同时兼具时代正能量的作品。2020 年上半年，爱奇艺推出的网剧《我是余欢水》作为难得一见的现实喜剧题材短剧，告别国产都市剧惯常的剧情铺陈，直奔小人物逆袭主题，通过黑色幽默折射人生百态，收获观众如潮好评。《我是余欢水》用喜剧外壳包裹住悲剧色彩的内里，看似荒诞悬浮的叙事下，对于普通个体的生活关照直指人心。爱奇艺“迷雾剧场”《隐秘的角落》《沉默的真相》等高品质热播网剧，也正是遵循这样的创作原则，既在视听呈现上追求创新，又在主题立意上深度挖掘，增加弘扬法治、普及法理、追求正义、关注人文等元素，最终得到各方认可，赢得市场与口碑。

第二，网络综艺引领青年文化。综艺内容创作方面，爱奇艺凭借对主流意识形态的洞察把握和对年轻人潜在兴趣的精准开掘，成功将说唱文化、乐队文化、冲浪文化、潮流文化等融入节目内容，助推青年文化走向大众流行，丰富了当下年轻人的精神文化需求。截至 2020 年 11 月，2020 年爱奇艺已经推出了 10 多个头部综艺，多元布局说唱队、原创音乐、青年竞演、冲浪、社交、青年生活等题材，全面覆盖青年群体喜好、审美、生活方式、情感状态等方方面面，在现实生活与节目表达的异同中引发社会关注和探讨。

第三，多元内容满足群众需求。近年来，爱奇艺在动画片、纪录片等领域持续发力，满足用户多元观影需求，全面呈现新时代精神风貌。

2020 年 8 月，由爱奇艺出品的动画系列片《无敌鹿战队》登陆尼克儿童频道，成为首个在创意阶段就被国际知名电视媒体预购的中国原创 IP 动画，为国产动画出海树立了标杆。该片获得第五届玉猴奖年度十佳新锐动漫 IP 奖项。

疫情期间，爱奇艺推出纪录片《中国医生战疫版》，聚焦战斗在武汉抗击疫情一线的专家、医生、护士，真实记录疫情之下中国医护人员坚守岗位、不怕牺牲、勇挑重担的责任担当。

2020 年 8 月 3 日，由爱奇艺出品的纪录片《棒！少年》获得第 14 届 FIRST 青年电影展最佳纪录片奖项。这部关于“希望与成长”的纪录片，讲述了困境中的少年通过棒球运动改变自身命运的故事，关照乡村贫困、留守儿童、体育竞技、家庭情感等多元主题。

2020 年，我们还拍摄制作了脱贫攻坚主题纪录片《劳生不悔》，通过记录国家干部、民间力量、脱贫榜样等多个扶贫一线人物代表、群像及其背后的故事，展现各行各业团结一心为实现脱贫攻坚目标努力拼搏的时代缩影。

二、献礼建党百年，以家国情怀攀登文艺高峰

2021 年，我们将迎来中国共产党成立 100 周年，作为主流网络视听平台，爱奇艺高度重视、及早准备，我们将充分发挥自身优势，主动关切国家命运，关照社会现实，攀登文艺“高峰”，承担起记录新时代、书写新时代、讴歌新时代的使命担当，真正以反映真实生活的好故事、好作品奉献人民群众。

第一，致敬伟大信仰。不忘初心，牢记使命。未来几年，爱奇艺将推出包括《人生若如初见》《王牌部队》《那一天》《叛逆者》《我和爷爷是战友》等重点项目，形成宣传矩阵，以实际行动为庆祝中国共产党成立100周年奉献精品佳作，用心用情用功讲好中国故事，传承红色基因，致敬伟大信仰。

爱奇艺自制网络剧《那一天》，献礼中国共产党成立100周年，以“坚持信仰、坚守信念”为叙事主题。《那一天》在题材的选择上，既聚焦革命成长中的英雄人物故事，也挖掘国家建设时期普通人秉承的信念和追求；既有对历史横断面的波澜壮阔的描绘，也体现当代生活中凡人小事折射出的人性光辉。《那一天》是对中国人追寻信仰心路历程的生动展示，试图表达不同出身、职业，不同性别和不同年代的中国人的革命信仰和生活信念，正是这些信仰和信念塑造了中国的道路自信、理论自信、制度自信和文化自信。

第二，致敬幸福生活。家国情怀，天地人心。中国特色社会主义进入新时代，奋斗谱写出人民生活的幸福画卷，每个普通人的故事背后都有着不凡的光彩。爱奇艺将在未来几年推出一系列反映个人通过奋斗获得幸福生活的影视节目，包括《理想之城》《约定》《假日暖洋洋》《小舍得》《北辙南辕》《生活万岁》《生活家》等重点项目，聚焦平凡人的真实生活，传递美好时代人民群众通过奋斗创造幸福生活的温度和厚度。《约定》作为2020年献礼小康之年的系列网络剧，聚焦百姓关心的民生问题，从农村脱贫致富到养老、社会保障，从青年创业到教育振兴、大国工匠，力求通过百姓视角展现宏大主题，既有对社会发展变迁的抒怀，又有对不同价值观念碰撞的思考，力争全景式、史诗性地展现在2020年全面建成小康社会这一重大历史节点，中国老百姓在党和政府领导下，为构筑幸福生活所付出的艰辛努力，收获的深深喜悦。

第三，致敬美好青春。青春是人生中最美好的年华，鲜活的青春故事、闪光的成长图谱能够为现实题材作品的创作不断输送养分。不论是持续深耕文化领域，还是创新布局新的赛道，爱奇艺始终专注于青年文化的“精耕细作”，向社会描绘出新时代青年炽热向上的精神面貌。

接下来，爱奇艺计划推出包括《亲爱的戎装》《亲爱的，挚爱的》《了不起的女孩》《梦见狮子》《灵域》《终极笔记》等重点青春剧，还将推出《潮流合伙人 2》《哈哈哈哈哈》《奇葩说 7》《跨次元新星》《冬日滑雪屋》等重磅综艺，聚焦潮流消费、公路旅行、辩论、虚拟偶像二次元、滑雪运动等赛道。

第四，致敬传统文化。上下五千年，悠悠中华史，中华民族孕育出了独具特色、博大精深的传统优秀文化。弘扬彰显中华优秀传统文化，是网络视听行业肩负的时代使命。爱奇艺始终以优质内容助力传统文化传播，以创新表达为传统文化注入活力。与此相关，我们正在策划推出《风起洛阳》《一剪芳华》《敦煌》《两京》《当家主母》等重点项目。

未来，爱奇艺将全面布局影视剧、综艺、纪录片、动画片等多个领域，积极发挥自身优势，继续在网络空间凝聚共识，打造主题主线宣传高地，创作播出更多“以人民为中心，为人民而创作”的精品佳作，以精品奉献人民，用明德引领风尚，与时代同频共振。

（作者为爱奇艺首席内容官）

合作打造精品，共传主流价值

■ 朱承铭

中央高度重视主流价值观对年轻一代的传播。B站正是一个年轻一代高度聚集的综合性视频社区，目前，我们的月活跃用户已经达到1.97亿，其中78%是18—35岁的年轻人，中国的90后、00后大概有3亿多人，也就是说，每两个年轻人中就有一个是B站的用户。年轻人如此聚集，我们当然深知做好主流价值和正能量内容传播的重要性。

良好的创作氛围是优质精品内容不断涌现的丰沃土壤

B站作为视频社区，绝大多数内容是由专业视频创作者，也就是UP主创作的。我们的月均活跃UP主已经达到了190万人，月均投稿量高达600万。这些UP主绝大多数也是年轻人，所以，B站是年轻人自我表达的一个平台。

这些UP主们创作的视频质量很高，正能量满满。比如最近我们纪念抗美援朝70周年，UP主“四月是我的生日”制作了《抗美援朝始末》的系列视频。许多优质视频播放量都过百万，战争故事和英雄人物感动了无数人，弹幕飘过一片“泪目”“致敬”。每到国庆节、建军节等时间节点，很多UP主就会创作视频抒发爱国情怀。UP主“虚空之翼”去年10月3日发布的一个视频，叫“我就爱国，咋的了”？讲述了自己作为一个95后，怎么从对国家的不理解、不认同，到高度爱国自信的心路变化历程。他说中学时受到一些文章和影视作品的误导，觉得国外比中国好，后来他在大学时看了一部国

产动画片《那年那兔那些事儿》，彻底改变了他，他是看一集哭一集，理解了祖国一路走来的不易，也促使他广泛阅读探求真相，转变为坚定的爱国者和爱国精神的传播者。视频引发了很多共鸣，不少人在弹幕评论中表示曾经历同样的思想变化。

当然，B 站 UP 主表达的主流价值远不只是爱国情怀，还有传统文化，B 站已经成为传统文化爱好者的聚集地。比如“李子柒”在这里分享中国传统的田园文化；“古琴诊所”是一群年轻人，他们身着古装，合奏传统乐器，犹如在古画中一般；还有“碰碰彭碰彭”，身着华丽的汉服，在法国街头用古筝演奏中国传统音乐，将中国文化展示给海外。B 站还是中国最大的在线学习平台，过去 12 个月，有近 1 亿用户在 B 站观看知识类视频。很多年轻人在 B 站学习编程、视频制作和剪辑、外语、数理化等各种知识。中国政法大学的罗翔老师在 B 站讲解刑法学，已经有超过 1000 万的粉丝，成为 B 站涨粉最快的 UP 主，这充分说明 B 站的年轻人热爱学习。

年轻人喜欢在 B 站分享他们的兴趣爱好、生活日常、思想观点，一个很重要的原因是 B 站有着良好的创作氛围，能够有效激励创作。比如在 B 站发弹幕必须通过 100 道题的考试，我们通过这种办法树立了一种积极健康向上的社区文化；再比如我们坚持品质优先，视频推荐机制更重视点赞、收藏等正面反馈数据，而不只是播放量；我们还坚持数据真实，流量是不能买的，只能通过优质的创作去获得。

我们深深感到，现在的90后、00后的年轻人都非常爱国，也认同主流文化，他们在B站表达正能量不是出于自上而下的要求，而是发自内心的真诚，年轻人自己的表达当然更容易打动年轻人，收获共鸣。所以，只要有良好的创作氛围，年轻人喜欢的正能量作品就会像种子一样自动生长出来。

要用年轻人喜闻乐见的方式讲好主旋律

之前说到动画片《那年那兔那些事儿》，它通过动画的形式，把原本在教科书中高高在上的历史事件和人物们“请了下来”，变得有趣，变得亲和，变得萌萌哒，同时又没有失去对基本史实的尊重，感动了无数的年轻人。可见，年轻人不是不喜欢主旋律，而是需要用他们乐于接受的方式去做出好内容，讲好主旋律。

B站是最了解年轻人的。我们知道年轻人喜欢动画，B站最早就是一群动画爱好者的聚集地，我们也一直致力于做出优质的国产动画。《那年那兔那些事儿》就是我们出品的优秀国产动画。我们平台播出的动画片《领风者》，讲述“千年思想家”马克思一生的传奇故事，播放量已经接近1000万，学子们纷纷在弹幕中打出“某某某学校前来报到”，表达喜爱和尊敬。明年是建党100周年，我们会推出更精彩的主旋律动画片向党献礼，还会上线年轻人万分期待的《三体》动画。

年轻人还喜欢纪录片，他们实际上也很关注自己身边的现实生活。《我在故宫修文物》就是在B站爆火的，年轻人喜欢里面展现的传统文化和工匠精神。我们出品的《人生一串》《但是还有书籍》《守护解放西》等纪录片也广受欢迎，年轻人喜欢真实、贴近生活、有温情有回忆的好内容。特别说一句，《守护解放西》讲的就是长沙最大商圈坡子街的警察故事。疫情期间，我们推出了全网首部抗疫纪录片《在武汉》，不仅受到年轻人的欢迎，还得到了国家广电总局的认可。

年轻人还特别喜欢弹幕这样的互动方式。大家边看视频边发弹幕，就像和朋友们一起看电视，很是欢乐。而且，在很多年轻人看来，弹幕已经成为内容的一部分，没有弹幕的视频，会缺少一份共鸣和感动。2019年B站举办的跨年晚会深受年轻人喜爱，不仅仅是内容好，满屏飘过的弹幕为观看增添了新的内涵。

媒体深度融合能有效促进精品内容生产和主流价值传播

目前，许多主流媒体已经将B站视为向年轻人传播主流价值的重要渠道，比如人民日报、新华社、央视等党媒央媒已经在B站开设了官方账号，收获了大量粉丝。可以说，主流文化正在B站成功出圈。

主流媒体也会将B站上的优质内容在自身平台进行推送，扩大影响。疫情期间，我们的UP主制作的25条视频被党媒央媒联合推送超过100次，全网观看次数超过50亿。比如，2020年1月24日，UP主“林晨同学”发布了一条介绍武汉封城后24小时情况的视频，这应该是全世界第一个把武汉封城后真实情况传递给外界的视频，当天就得到了央视新闻和人民日报的转发，这条视频在国外也有非常多的传播。

主流媒体对于主流文化和价值的把握以及深度内容的制作方面有着天然的优势。而B站则比较善于策划制作年轻人喜爱的内容，而且平台上聚集着大量的优质年轻用户和才华出众的UP主。双方优势和特点的结合，将有助于创作出更多精品内容并向年轻群体传播。这方面的合作已经有不少成功案例，比如疫情期间，我们与人民日报合作的长漫画《与时间赛跑的“病人”医生》成为爆款；与新华社联合制作了史诗级战“疫”长漫画《武汉战“疫”图》，在手机上延展的总长度达1102厘米，将武汉抗击疫情的全景全貌做了呈现；我们还与央视综艺频道合作策划并播出系列节目《战“疫”故事》，纪录片《在武汉》也得到了央视新闻的大力支持。

推进媒体深度融合，我们希望能与主流媒体开展更多合作，未来创作出更多受到年轻人喜爱的精品内容，传播好主流价值。

（作者为哔哩哔哩党委副书记）

中兴通讯为新媒体注入 5G 之“心”

■ 王喜喻

中兴通讯是 2G、3G、4G、5G 制造商，中兴通讯和其他伙伴一起为中国三大运营商建设了超过 60 万个 5G 基站，上到四大城市，下到每一个县城都已经有 5G 的覆盖，中国已经初步建成全世界最领先、覆盖最广的 5G 网络。

5G 新基建，媒体新动能，中兴通讯愿为新媒体注入 5G 之“心”。

过去一年中，在新华社牵头带领之下，中兴通讯有幸参与到中国“5G+新媒体”实践的滚滚浪潮之中。

2019 年 3 月两会期间，新华社使用中兴通讯制造的中国第一部 5G 商用手机，对政协会议进行了全过程的高新 4K 直播，开启了“5G+ 新媒体”的篇章。

2019 年广州亚洲美食节期间，中兴通讯和新华社合作提供“5G+AI”直播。新华社记者 5G 吃播接力成为一大亮点，这个媒体产品的背后是超过 5 个地点的全链路覆盖、多路联播信号的技术支持。

中兴通讯为新华社提供“5G+VR”技术支持，通过全新观景平台感受一次处处都是 VR，实现了澳门、珠海两地的无缝高清直播。

2020 年春天，武大美丽的樱花如何才能够不负春光？中兴通讯利用 5G 技术和 VR 技术、AI 技术让全国各地人们足不出户可以观赏到“樱花作意开，绕花岂惜日千回”的实景。

在 2020 年两会期间，新华社和中兴通讯合作重磅来袭，主持人和人大代表虽然远隔千里，娓娓相对而谈，“5G+ 新媒体”，让距离虽远，但是所见接近。

过去 30 年中，2G、3G、4G、5G，信息高速公路一直往前建设，为何是 5G 催生了新时代，为何是 5G 创造了媒体的新机遇？其实归根到底是因为 5G 有更高带宽、更短时延，如果把 4G 比作四车道的高速公路，5G 就是 100 车道的高速公路，这么快的高速公路让超高清视频行业化成为可能。

"5G+ 高清视频"，丰富了视觉媒体种类，提高了传播速度，让传播更加及时，拓宽了媒体信源，提高了媒体融合积极性。5G 为新媒体注入底层"心"，为微信息社会注入"心"的动力。

为什么中兴通讯积极参与到"5G+ 新媒体"？第一，中兴通讯源于航空，秉承航天精神，不忘初心，产业报国不忘本。第二，中兴通讯历经两世纪，激荡 30 年。中国通讯产业在过去 30 年的经历较为跌宕，首先 2G 时代是落后的，其次 3G 时代是跟随状态，再次到了 4G 的时候跟国外领先厂家是并肩跑，现在到了 5G 是处于领跑地位。中兴通讯经历了激荡 30 年的时代，在 30 年的过程中中兴通讯坚持做最难的事情，坚持发展核心技术，我想这些核心技术也是中兴通讯能够为新媒体作出应有贡献的基础。

中兴通讯能为新媒体做什么？新媒体等于"内容 + 平台 + 技术"，中兴通讯首先最想为广大媒体朋友和媒体单位提供的是融合的视频云平台，有了这个平台，采购更容易，能够实现"内容 + 互动 + 时空"的多维信息融通，让媒体容易服务于 C 端；其次中兴通讯提供 CDN 技术，实现多屏融合，提供自由沉浸式体验，让受众能随心随选；再次中兴通讯提供人工智能技术，新媒体极其消耗带宽，中兴通讯 AI 技术让带宽节省 70% 以上；最后中兴通讯提供很多其他技术，比如操作系统、数据库等。

中兴通讯不做什么？作为一家科技公司，中兴通讯肯定不做内容，不碰内容的数据。中兴通讯不做合作伙伴所做的事情，而是用我们的平台和技术，打造一个生态圈。我们的定位有三点，一是行业赋能者，二是创新业务实践者，三是生态贡献者，帮助合作伙伴打造更开放的生态圈，进而实现互赢、共赢。

中兴通讯有 2.8 万名研发人员，在上市公司中研发收入比最高，为 14.6%，2020 年将达到 15%。在全国拥有包括新华社等 500 家顶级的合作伙伴，有连续 8 年排在全球前三的专利，拥有自主研发的中国最缺少的核心芯片、数据库、操作系统。在长沙基地扎根 3 年来，中兴通讯产值贡献了 166 亿元。

无论雄关漫道，我们在这里祝福长沙，祝福湘军，祝福中国的新媒体人士，中兴通讯愿意与大家一起，而今迈步从头越。

（作者为中兴通讯股份有限公司执行副总裁兼 CTO）

5G 创新媒体未来

■ 张平安

5G 商用已经一年，相比于 3G 和 4G，5G 发展速度前所未有。截至 2020 年 11 月，全球已部署的 5G 商用网络超过 110 张，5G 站点超过 80 万个，短短一年时间，全球 5G 用户数已经超过 2 亿，而 3G 和 4G 时代，这个数字分别只有 32 万和 40 万。

5G 也正实实在在地改变我们的生活方式和生产方式。今天，5G 已经进入千行百业，驱动下一波智能联接革命。尤其是 AR/VR、超高清视频、无线传影等领域，已经成为 5G 第一波应用，将给媒体产业带来非常大的变化。

面向未来，5G 将进一步帮助人们从物理世界的交互走向虚拟世界的交互，不断拓展人类联接的范畴和体验边界，才能满足人类对“天涯若比邻”和“身临其境”等体验要求。

当前“5G+VR/AR”实现了人与虚拟世界的基本交互，但未来 XR Pro、全息需要沉浸式体验，对蜂窝通信的要求将更高，平均接入速率从当前 4K 的 120Mbps 提升到未来的 16K 2Gbps，交互时延要进一步降低，从目前 20ms 左右的时延进一步缩短到 5ms 左右。

与此同时，内容产业链也会迎来深刻变化，会产生新的终端，新的内容创作，包括 4K/8K 超高清内容、多视角直播、VR/AR/MR 等内容，也会有新的交互方式、新的生产方式、新的商业模式。

华为有领先的 5G 技术和 5G 终端等产品，面对未来数字化智能社会的高速发展，华为终端提出了“1+8+N”的智能硬件战略，“1”是华为的手机，是用户最常用的智能设备；“8”是平板、PC、智慧屏、车载、手表等 8

个品类，华为专注研发和创新“1+8”；N 是合作伙伴提供的可以通过 HiLink 与华为“1+8”硬件互联互通的其他智能设备。

2019 年 5 月 16 日后，我们在海外新的手机不能继续使用谷歌服务，所以我们下决心构建华为自己的移动服务（HMS）应用生态，来支持华为“1+8+N”的智能硬件战略，构建全场景智慧化的移动服务生态。

内容生态是整个 HMS 生态非常重要的部分，基于浏览器和负一屏的智慧助手·今天上，我们打造了新闻资讯信息流，让消费者可以更便捷地看到新华社、人民网等媒体的报道，同时还有华为视频、华为音乐、华为阅读这样的影音娱乐平台，与芒果 TV 等在座的很多伙伴都有合作。主题的杂志馆还与《时尚芭莎》杂志合作，在手机上更好地呈现电子杂志的视觉内容。所有这些生态内容都会在华为的全场景终端上智慧分发，包括把音频内容分发到智能音箱上，影视内容分发到 VR 眼镜上，甚至把智能手机上的体验带到车机上。华为希望能够缩短媒体内容创作者与消费者之间的距离，让内容更快地触达，更多入口地触达。

我们打造了全球化精品视频、音频、阅读内容平台和内容合作中心，实现一点引入全球分发，通过平台的持续构建，缩短优质内容与用户的距离。通过统一的视频内容开放合作平台——百花号平台，服务于内容创作者，一点接入，华为全终端、全场景、全渠道分发，帮助合作伙伴提升品牌影响力和商业变现能力，共同建立高品质、正能量的内容生态。以华为视频为例，我们已经在英国、法国、意大利、西班牙、德国、俄罗斯、新加坡等海外20多个国家和地区上线。

通过华为视频，我们构建了完善的全场景的视频内容生态平台，支持媒体内容的高效分发和商业变现。

我们与芒果TV、优酷、腾讯视频等伙伴合作，最近也与苏宁体育合作，各个视频平台、内容平台的各类别海量优质内容，更精准智慧地分发给华为终端的用户，也把华为视频打造成了一站式的综合视频窗口。

我们也向全球合作伙伴和开发者开放华为AI能力、媒体处理能力，包括自由视角/多视角技术，我们也在与芒果TV等共同探索体验创新，20多种语言的AI字幕翻译、AI视频增强技术、超分技术，通过这些创新技术使能全球内容合作伙伴，构筑以华为终端用户为中心的全球内容生态，为用户提供越来越丰富的极致视频体验。我们的WiseVideo技术获得了2018 MSU世界视频编码器大赛第一，同等带宽，画质提升63%，同等画质，流量节省20%。

针对智慧屏，我们还上线了AiMax影院，与全球范围内的内容伙伴一起，提供海量高清片源，打造“极致+纯粹”的超高清体验。极致就是必须同时满足“4K+HDR+5.1声道标准”；纯粹就是只播放电影大片。AiMax影院展现细腻流畅的幻彩“视”界。

在中宣部、网信办等主管部门的指导和支持下，华为视频坚持守正聚力、创新共融。在精品短小视频领域，也不断升级发力三大核心方向，包括资讯类、影视类、知识类。同时，积极响应疫情资讯、新中国成立70周年等重大选题，共建高品质、正能量的视频内容生态。

最后，还是要感谢各位伙伴一直以来对华为的支持，我们希望未来继续携手合作伙伴，创新用户体验，助力优质中文内容出海，讲好中国故事，共筑全球内容生态，为全球范围内7亿华为终端用户带来更美好的数字生活。我们也会不断地通过技术创新、研发将好产品、好的体验带给消费者。无论多大困难，我们的业务都要进行下去，而且要更好地进行下去，在一起，就可以！

（作者为华为消费者业务云服务总裁）

牢记总书记嘱托　加快建好马栏山

■ 邹犇淼

2020 年 9 月 17 日，习近平总书记来马栏山视频文创园产业考察，充分肯定园区“文化 + 科技”发展路径，要求我们“一定要牢牢把握正确导向，坚持守正创新，确保文化产业持续健康发展”。习近平总书记的重要讲话，立意高远、思想深邃、内涵丰富，立足当前、着眼长远，为湖南文化产业建设特别是马栏山视频文创园“十四五”时期的发展确立了新坐标、锚定了新方位、注入了新动力。

一、究竟是怎样的“山”，吸引了总书记的目光

马栏山坐落于长沙的东大门，传说三国时期，关羽战长沙在此屯兵养马而得名。20 世纪 90 年代，湖南广电移师于此，20 余年的耕耘，造就了享誉全国的“广电湘军”和“马栏山”这一文化地标。

为顺应新时代，转换新动能，推动新发展，做强具有比较优势的文创产业，2016 年 11 月湖南省委、省政府提出“北有中关村，南有马栏山”的发展战略。要我们学习中关村，对标中关村，中关村是一个地名，马栏山是一个地名，中关村是科技企业的聚集地，马栏山是文化科技的聚集地，时任省委书记杜家毫亲自谋划、亲自部署、亲自推动。在省、市两级的大力推动下，马栏山视频文创园于 2017 年 12 月 20 日挂牌成立。3 年的发展，呈现 3 个特点：

一是“小园区”有“大产业”。马栏山园区不大，只有 15.75 平方公里，

应该是全省面积目前最小的省级产业园区。马栏山虽然面积小，但聚集了大产业。芒果超媒、电广传媒、中广天择、中南传媒四家主板上市公司汇聚，特别是芒果超媒市值超过 1400 亿元，跻身全国国有文化企业第一股。园区成立 3 年时间，目前有 1480 余家企业抢滩入驻，有芒果 TV、芒果超媒和湖南广电的强大吸引力，累计有 3000 余家企业在这里汇集发展。预计 2020 年可实现营收 410 亿元、税收 25 亿元，较上年实现两位数增长。园区是首个国家级广播电视产业园，被中宣部、科技部等授予国家文化和科技融合示范基地。

二是政策“洼地”更是发展“高地”。园区的“政策组合拳”涵盖了国家部委（广电总局）、省、市、区 4 个层面。省市出台系列扶持政策，简称为“1+1+6”体系，为保障政策实施，省、市政府将连续 5 年，投入 50 亿元支持产业建设，支持企业发展。市政府下放 28 项行政审批权限，94 项工程建设类事项“一站式”受理办结，备案事项压缩至 1 个工作日。与一批金融机构战略合作，为企业授信 1450 亿元。积极打造产业云平台，目前一期已建成并为 22 家企业提供服务，2019 年投资 5300 万元的公共服务平台，企业从存储、传输、计算都可以用我们这个设备，2020 年投资 1.6 亿元，正在交付。为企业集中提供更快的传输速率、更大的存储空间、更强的计算能力的同时，有效降低了企业生产成本，打造“拎包入住”的云上空间。

三是既要“快速建设”也要“稳妥推进”。天下武功唯快不破。园区建设同样如此。我们坚持“项目为王”，加快基础设施和重大产业项目建设，3 年时间建成浏阳河两翼景观带，2019 年劳动节已经投入使用了，11 条主次干道，形成“三纵三横一环”的路网骨架。12 个重大项目启动建设，目前建筑总体量超过 200 万平方米。同时，我们坚持“不搞地产、搞文产”，严格企业准入门槛，坚守“视频文创”产业定位，对每一块出让地块，都慎之又慎，确保长沙主城区、浏阳河第八道湾这片 1825 亩可建设用地，都能发挥出最大价值，真正做到“把最好的资源留给最优的产业”。

二、未来的马栏山，要实现怎样的梦想

“牢记总书记嘱托，加快建好马栏山”，是每个马栏山人的梦想和追求。到底要建设一个什么样的马栏山？我想，要紧紧咬定一个目标，就是省委、

省政府提出来的“领先全国、具有全球竞争力的媒体融合新地标”。具体怎么做？我认为要抓好3个方面：

一是抓建设。始终坚持“精明增长”理念，按照“四精五有”要求，加快产城融合，实现“园区、景区、社区”统一。重点抓好四块建设：景观和交通设施。2020年，基本建成投资4亿元的马栏山公园，打造与浏阳河两翼风光带遥相呼应的马栏山“绿心”。加快启动“空中巴士”建设，形成地铁、公交、空轨交会的“立体交通”。现代办公环境。2020年建成马栏山创意总部大厦、马栏山能源北站，为企业提供舒适宜人、四季如春的办公环境。马栏山能源北站集中供冷供热。3年内，建成200万平方米左右的甲级写字楼，满足企业更高的办公需求。新型基础设施。围绕5G新基建、大数据中心、人工智能等领域，继续推进云网一体化的信息基础设施建设，加快建设IDC机房等大数据中心、云计算中心，支撑视频文创产业向网络化、数字化、智能化方向发展。城市功能配套。2021年上半年建成马栏山人才公寓1000套，我们提供人才公寓，运动场地已经建好，游泳馆、篮球场、足球场都有，3年建成3所中小学校，引进优质医疗资源，加快集聚高端酒店、购物、休闲为一体的380米标志建筑——星城光塔建设，打造优质的“15分钟生活圈”。

二是抓发展。就是“一边建楼，一边建链”，既要“招商”，也要“招才”。重点是3项工作：“精准、执着、舍得”抓招商。精准，就是围绕视频产业链招商，保持定力，不搞“放到篮子里都是菜”。执着，就是对优质企业、头部企业和签约项目紧盯不放，紧追不舍。舍得，就是要用好用足各类政策，对头部企业、总部企业、“独角兽”企业敢于“一企一策”“一事一议”，向企业让利，为企业开路，做到“只要来马栏山，一切好商量”。“厚底座、扩外延、强能力”抓产业。计划3年内投入10亿元，建好超高清制作共享云平台，打造“拎包入住”的数字支撑环境。“用技术服务内容，内容服务人民”，加快推进红色经典影像修复、AI手语翻译、智慧电台、工程机械数字建模与动画展示等项目的应用，建设全国最大的4K内容生产中心、媒资智能存储中心、内容交易中心，实现企业制作流程全面云化。“专业化、市场化、国际化”抓人才。建设“与社会没有围墙，与企业没有距离”的马栏山新媒体学院，推动产教深度融合，培养既能“动脑”更会“动手”的复合型内容创作、技术研发人才。用市场化理念组建马栏山研究院，用最好的待遇、最真的情感、最优的政策吸引、留住一流人才。

三是抓创新。主要是两个方面：坚持守正创新。以党建为引领，企业发展到哪里，党的工作就覆盖到哪里，加快主力军挺进主阵地，用新技术、新业态、新模式讲好中国故事、湖南故事、长沙故事，在守正创新、融合发展的道路上迈出更大步伐，走在更前位置。坚持改革创新。建立科学合理的政策体系、决策机制、服务标准，以重大产业项目作支撑、头部企业作引领、产业生态作环境、高端人才作保障，致力打造先进内容制造业高地、具备核心竞争力的文化和科技融合创新高地、内地改革创新高地。

各位领导，各位嘉宾，马栏山朝气蓬勃，蓄势待发！马栏山承载厚望，成就未来！马栏山永远属于不甘平庸、追求梦想的优秀企业和人才！

（作者为长沙市开福区委副书记、马栏山
视频文创产业园党工委书记）

2020

中国新媒体大会

CHINA NEW MEDIA CONFERENCE

『新平台的社会责任』分论坛

主题演讲

发挥特色优势　助力精准扶贫

■ 张碧涌

2020年是决胜全面建成小康社会、决战脱贫攻坚之年。广大新媒体平台积极履行社会责任，开展了多种多样的扶贫公益行动，日益成为脱贫攻坚主战场上的一支重要力量。借此机会，我就如何发挥特色优势，助力精准扶贫，谈一谈光明日报新媒体的做法与体会。

脱贫攻坚贵在精准，重在精准，成败之举在于精准。习近平总书记指出："必须在精准施策上出实招、在精准推进上下功夫、在精准落地上见实效。"新媒体平台助力脱贫攻坚，大水漫灌不行。要想帮到点上、扶到根上，就必须把自身优势和贫困地区的需求有机结合起来，多做一些自己擅长做，又能实实在在产生效果的事情。光明日报作为中央党报，以思想文化为特色，教科文卫是我们的传统优势领域。我们在对口扶贫青海玉树囊谦县时，首先从这些方面寻找新媒体的突破口。

囊谦县位于青海省最南端，平均海拔4000多米，气候恶劣，交通不便，经济社会发展落后。但这里自然风光非常优美，有"玉树小江南"之称。为了帮助当地群众拥抱互联网，缩小他们与发达地区的信息鸿沟，让外界了解囊谦、关注囊谦，我们重点做了以下几件事：

一是建平台。在当地县委、县政府的大力支持下，我们捐资上百万元，与国家广电总局一起，帮扶囊谦县挂牌成立融媒体中心，改造、完善了硬件设备，大幅提升了当地的新闻采编播能力，让专业新闻队伍发出的主流传播声音覆盖面更广。现在，囊谦已一跃成为青海省的县级融媒体试点。

二是搞培训。不光授人以鱼，还要授人以渔。我们将囊谦县电视台的全

体采编人员请到北京参加专业培训，开阔了视野、提升了能力；我们将囊谦县在抖音、快手等短视频平台上活跃的 18 名青年网红邀请到北京参加系统培训，提高他们的短视频制作技能以及法律法规意识，以他们为“种子”，带动更多群众来宣传囊谦、推介囊谦。培训期间，还专门为他们配备了无人机。

三是做电商。我们积极参与囊谦县电商中心建设，引导 30 多名返乡创业的大学生一起，成立了囊谦县第一家外卖企业、第一家婚纱摄影企业、第一家“网红”带货企业，132 类地方产品在这里展销。在 2020 年疫情期间，囊谦开展了直播带货，将藏区的特色农副产品销售到了全国。

四是搞活动。从 2019 年开始，我们在囊谦发起了网上文化旅游节，报社派出新媒体技术团队，由囊谦本地的青年网红“出镜”，以现场直播的方式，推介囊谦的自然之美、文化之美和生态之美，让囊谦在手机小屏上走红。第一场直播是在内部面积 1800 多平方米、能够容纳 700 多人的牦牛黑帐篷中举行的，当天通过光明日报客户端、光明网和其他的直播平台，直播观看量达上百万人次。

2020 年 4 月，囊谦已退出贫困县序列。下一步，我们将继续扛牢责任，按照“脱贫不脱帮扶”的要求，在信息传播、旅游推介、技能培训、直播带货等方面进一步发挥新媒体平台的作用，补齐囊谦发展中的短板、弱项，巩固脱贫成果，为囊谦乡村振兴奠定坚实基础。

2020年新冠肺炎疫情暴发，给脱贫攻坚工作带来了不小的困难。疫情期间，不少贫困地区群众难以获得医疗卫生服务。我们充分发挥在卫生领域的传统优势，积极联系权威专家，提供在线咨询服务。2020年7月，在全国政协教科卫体委员会、国家药品监督管理局的指导下，光明网与中国药学会密切合作，邀请一批权威医药专家，专门面向安徽省临泉县和砀山县开展"科学用药　科普扶贫"直播活动，创新运用"多地连线"的方式，在"云端"普及科学用药知识，提高贫困地区公众的科学用药素质，强化防病治病的意识和能力。

此外，为缓解疫情期间群众的就医难问题，防止因病致贫、因病返贫，光明网还联合国家卫生健康委宣传司、北京市卫生健康委、武汉同济医院等抗疫一线部门和定点医院，进行防疫知识科普、诊疗方案解读。与中国心血管健康联盟等联合发起"抗击疫情丨心血管医生在行动远程公益问诊活动"，与中华医学会糖尿病学分会、39健康网、今日头条共同主办"战疫控糖八日谈"在线义诊，积极开展便民医疗咨询服务。在国务院扶贫办社会扶贫司发起指导的"中国志愿者扶贫案例50佳"征集活动中，光明网的"西藏健康扶贫公益项目"也榜上有名。

以上跟大家分享的是光明日报新媒体平台发挥特色优势、助力精准扶贫的一些实践与思考。下一步，我们将深入贯彻落实中办、国办《关于加快推进媒体深度融合发展的意见》，在新媒体领域激活更多潜力，为决胜全面小康、决战脱贫攻坚贡献更多的"光明"力量。

（作者为光明日报副总编辑）

芒果人的行囊里永远装着社会责任

■ 龚政文

2020 年 9 月，湖南卫视和湖南广播电视台新闻中心的记者白云龙，同时荣登中共中央、国务院、中央军委授予的全国抗击新冠肺炎疫情先进集体和先进个人的榜单。10 月，湖南卫视又获得 2020 年全国脱贫攻坚组织创新奖，连获三项国家级荣誉，我们湖南广电人感觉到诚惶诚恐，但是也深知这是对芒果人坚守社会责任和践行使命担当的鼓励与鞭策。

芒果人的社会责任体现在永远坚守正确的政治方向和舆论导向，我认为政治责任是媒体人最大的社会责任，或者当我们说社会责任的时候，我们首先要说的是政治责任，党内信党，绝对忠诚，培根铸魂，导向为先，我们把它视为湖南广电的最高原则，覆盖了包括湖南卫视为代表的上星频道，芒果 TV 为代表的新媒体平台，以及其他所有的频道频率、微博微信，湖南卫视、湖南新闻联播着力打造的头条工程，芒果 TV 常年首页置顶飘红的都是宣传习近平新时代中国特色社会主义思想的内容。导向金不换，这已在湖南广电提出了将近 20 年。最近习近平总书记在考察马栏山视频文创产业园时予以肯定的话语，一直是芒果人的金科玉律，我们努力把对正确导向的追求落实到每一个画面、每一句台词、每一段视频和音频。

芒果人的社会责任体现在永远坚守党媒国企的职责使命。党之所指，我之所向；国之大者，我之所为。习近平总书记强调我们的各级领导干部要对什么是国之大者要有底数。电影《蜘蛛侠》里面有一句台词“能力多大，责任多大”，湖南卫视作为省级头部卫视，芒果 TV 作为名列前茅的新媒体平台，湖南广电作为地方广电的佼佼者，广电湘军作为文化湘军的骨干力量，

一直有这样的责任自觉。

就 2020 年来说，“国之大者”有两大，一个是抗击新冠肺炎疫情，另一个是决战决胜脱贫攻坚。抗疫期间，湖南广电在全国省级广电中，第一个调整综艺节目编排，第一个在黄金时段开辟疫情防控新闻专栏，第一个创制公益宣传片和主题 MV，第一个举办抗疫主题晚会。我们的记者不断深入抗疫一线，还奔赴武汉、黄冈和援鄂医疗队一起战斗。

脱贫攻坚，我们着力打造主流媒体参与消费扶贫的湖南样本，湖南卫视携手芒果超媒建立了芒果扶贫云超市的新媒体平台，采用的是一键开店、一键直播、一键到家，到目前为止，帮助农民开店 7000 多家，培育农民网红 1.6 万多人，带动农产品销售总共超过了 29 亿元。湖南卫视在 2020 年 6 月 7 日推出了一个大型的直播，《天天向上》的天天兄弟一起出镜主持，叫作《出手吧兄弟》，这台晚会卖空了湖南 15 个县的多种特色农产品。

湖南卫视连续 8 年开展新春走基层直播活动，这个新春走基层不是一个小分队，而是有 100 多人在一个村里面准备半个月，直播一个星期。新春走基层直播一个村寨，带火一方旅游，致富一方百姓。全台连续 4 年开展青春洋溢公益广告创制，推出一县一品、家乡好物系列扶贫广告。我们还参与投创湖南省委宣传部主办的大型史诗歌舞剧《大地颂歌》，在湖南演出了 7 场，在北京国家大剧院演出两场，获得了巨大成功。正在湖南卫视播出的扶贫主题综艺节目《青春在大地》，得到广电总局和央媒的高度评价。我们创制出品的 32 集扶贫题材电视剧《江山如此多娇》已经杀青，即将与观众见面。

芒果人的社会责任体现在永远坚守社会主义核心价值观、公序良俗、文明风尚，是主流媒体的深刻标记。湖南卫视芒果 TV 都是以青年文化引领者、国民精神塑造者自诩，那么在价值观方面更加是丝毫不敢大意。湖南新闻联播在全国最早推出解读社会主义核心价值观电视系列评论，以新闻大片方式推出县委大院、绝对忠诚、为了人民等社会主义核心价值观五部曲，5 个系列的新闻大片。6 年来湖南广电获得了 6 个中国新闻奖一等奖，2020 年总共有 8 个作品获奖。《快乐大本营》《天天向上》等综艺节目，也要求以核心价值观打底，积极传播正能量。芒果 TV 有一个超级爆款《乘风破浪的姐姐》，让乘风破浪这样一个励志性的话语状态成为年度国民精神的象征。湖南卫视正在播出的第二季舞蹈风暴，不但有精彩舞蹈的时空凝结，更有舞者对艺术的赤诚追求和彼此之间赤忱的友谊。也许人们都还记得歌手的灵魂进化，《爸爸去哪儿》的亲子时光，《变形计》和《少年说》的治愈蜕变与成长。

芒果人的社会责任体现在永远热心社会公益，关怀大众。媒体人的身份与情怀决定了不能只关起门来过自己的小日子，必须关照社会心系大众。2011 年湖南广电成立了自己的公益平台，芒果 V 基金，跟中国福利基金会一起成立的。截至 2019 年年底，芒果 V 基金开展的活动和项目覆盖了全国 14 个省份，直接惠及了将近 8000 万人次，募集和引进善款超过 5.7 亿元。芒果 V 基金有两次荣获中华慈善奖，三次荣获中国慈善榜的慈善推动力奖，无论是抗洪、抗震、抗冰，还是抗疫，都活跃着芒果人的身影，都汇聚着芒果人的爱心。2020 年新冠肺炎疫情期间，芒果 V 基金募集捐赠了超过 3600 万元的医用设备和食品。

2019 年湖南卫视公益广告播出市场占到商业广告播出时间的 10%，3 年来湖南广电总共获得了 22 个中国公益广告黄河奖，其中金奖有 7 个。最近揭晓的这届，总共得了 9 个奖。我们先后对口帮扶江华瑶族自治县等贫困地区，都出色地完成了任务。爱心送考、芒果助学，都努力做成品牌，援疆援藏都希望做到最好。

如何担负好社会责任，实现最佳的社会效益，有 3 点体会：

一是要融入血脉基因。举旗帜、聚民心、育新人、兴文化、展形象。这样的职责使命必须要内化于心、外化于行，必须要诚心诚意、自觉自为。湖南有深厚的湖湘文化传统，心忧天下，传道济民的精神在湘人中代代传承，湖南有鲜明的红色文化品格，匠心璀璨，英雄辈出。“寸土千滴红军血，一步一尊英雄躯”。这两句诗是习近平总书记在湖南考察的时候，形容湖南红色土地的。这两种文化交织于当代三湘儿女身上，也深深地影响到湖南广电的精神气质。另外，我们通过常态化的马克思主义新闻观培训，党性教育、台史教育不断激活和强化全体员工的导向意识和责任意识，筑牢社会主义核心价值观的底座。

二是要构建组织体系。湖南广电不断完善导向的把控体系和社会责任体系，党委会、总经理办公会、编委会、周例会、新闻联席会等各个层面的会议，构成了落实社会责任的指挥调度机制，编委会宣管部、总编室、芒果V基金、广告中心承担着内容三审项目协调公益宣传、公益行动等各项任务。建立了具体完备的社会效益的评价体系，连续8年向社会发布全台的社会责任报告，形成了良好的价值风尚和责任谱系。

三是创新表达方式。天生青春，芒果人的创新精神和青春气质也体现到主流价值表达和社会责任担当上，不是教化式地做宣传，不是简单粗暴地交作业，而是巧妙地渗透和融入。创新的表达和传播，让正能量有大流量，主旋律有高频率。很难想象，没有高燃魔性的唱跳，《乘风破浪的姐姐》中30位姐姐的励志精神会成功出圈；没有天花板及舞者的风暴时刻，《舞蹈风暴》能将一个小众的艺术展示变成社会大众的饕餮盛宴。芒果TV《我爱你，中国》等一系列小成本、正能量、大情怀的主旋律作品，实现了切合当下传播语境的年轻化表达。通过一个又一个新闻大片，爆款节目，通过一点一滴每日每时的创新创意，我们在坚定走出单纯娱乐、过度娱乐的同时，努力做到既有意义又有意思，既有收视又有口碑，既有经济效益又有社会效益。

心有所向，行者无疆，责任永无止境，追求不能懈怠。习近平总书记在考察马栏山视频文创产业园时强调，文化产业既有意识形态属性又有市场属性，但意识形态属性是本质属性，做专注于时代、影响于人心、奉献于社会的主流大台和新型主流媒体集团，是湖南广电的历史使命，要更好地做到这一点，芒果人前面的路还很长，还需要做很多改进，我们将更深入地学习领会习近平新时代中国特色社会主义思想，更积极地呼应主管部门的要求，更真诚地聆听社会大众的声音，更虚心地学习各位同行的经验，让湖南广电的责任之路越走越坚实、越走越宽广。

（作者为湖南广播电视台党委副书记、总经理、台长）

主题演讲

后脱贫时代的互联网探索

■ 窦瑞刚

腾讯公益慈善基金会是由民政部发起成立的，也是中国互联网最早的企业基金会。腾讯在基金会成立的时候承诺，每年会把利润的一个百分点捐给基金会，截至 2020 年 5 月，腾讯累计给腾讯基金会捐赠的资金超过了 65 亿元人民币，其中员工捐款超过了 7000 万元，这是基金会的简单概况。

腾讯基金会的核心，我们一直在思考，对于腾讯这样一个具有互联网媒体属性的基金会，应该如何来承担企业社会责任？对于腾讯基金会来讲，最重要的就是利用腾讯的互联网平台和技术去带领腾讯身后亿万的网友开展公益，培养大众参与的公益文化。

腾讯依托于互联网，逐渐建构了自己的扶贫体系。这个体系包括基金会，长期以来腾讯每年会把利润的一个百分点用作公益。基金会成立以后，搭建了中国最早的网络互动平台，2007 年 6 月该平台正式上线。腾讯公益平台动员网友一起来参与到公益项目。腾讯也利用互联网赋能农村平台，推动乡村治理和乡村振兴，利用“互联网 +”的能力、科技的能力，助力乡村的发展。

腾讯基金会成立以来，腾讯累计捐赠超过 65 亿元，基金会对外支出超过了 45 亿元，其中扶贫相关的项目超过了九成，腾讯公益平台 10 多年来总共有 10.23 亿人次累计捐赠的资金超过 115 亿元人民币，九成都是用于扶贫济困。2019 年的扶贫善款超过 26 亿元。

2007 年基金会成立，搭建了腾讯公益平台，希望通过这样一个平台来连接爱心网络、公益机构和爱心企业，重点是为平台提供技术的支撑，然后依托腾讯的社交力量，影响更多的公众，同时推动项目的公开和透明，推动更多的公众参与。

腾讯公益平台的项目涵盖面非常广，包括救灾、疾病、教育、生态、文化，与精准扶贫和乡村振兴紧密相关。

2015 年推出了全世界第一个基于互联网的筹款日“99 公益日”，5 年时间，带动了亿万网友参与，从 2015 年有 205 万人次参与到 2020 年有 5780 万网友参与捐赠，来自爱心企业的捐赠以及网友的捐赠善款，从 2015 年的 2.27 亿元增长到 2020 年的 30 亿元。

筑梦新乡村，是腾讯等中国民营企业、互联网企业自发启动的定点扶贫计划。定点扶贫的过程中，腾讯贡献的最重要的能力是互联网能力，所以在定点扶贫过程中，打造出了腾讯为村平台。通过为村平台连接情感、连接载体，探索数字化和乡村振兴和乡村治理的有效结合，为乡村治理插上数字化的翅膀。

导致贫困的重要原因就是因病致贫、因病返贫。我们希望利用腾讯科技的力量，包括腾讯觅影 AR 图像识别的技术，通过觅影进行早期癌症的筛查，能够对贫困地区有一些直接帮助。文旅产业方面，我们希望通过数字长城、数字敦煌等数字化技术，探索特色文旅。

（作者为腾讯公益慈善基金会执行秘书长）

主题演讲

让每一块土地都变成幸福的发源地

■ 王　强

在互联网时代，注意力其实是非常重要的资源。中国幅员辽阔，在每一个偏远的地方都分布着我们可亲可爱的老乡，小康不小康关键看老乡。快手平台日活用户规模达到3.2亿人，每天花85分钟时长浏览短视频。怎样利用快手平台，让数字鸿沟进一步缩小，让那些沉默的大多数不再沉默，让那些容易被忽视的角落和人群不再被忽视，让他们被外面更广阔的世界所关注到，这是我们想做的事情。

我们希望通过快手这样的平台，以直播和短视频的方式能够赋能每一个地区，赋能每一个人，让更多的人被记录、被看见，实现被理解和被尊重，这是我们的初心。快手的价值观是平等普惠和科技向善，我们希望快手平台的流量像阳光一样，普照更多的普通人，而不是像聚光灯一样，聚焦某些头部网红。所以让每一块土地都成为幸福的发源地，是快手扶贫的初衷。

2018年，快手专门成立了扶贫办公室，截至2020年11月，全国有2570多万人在快手上有了收入，其中664万人来自国家级贫困县，在所有国家级贫困县中，每4个贫困县的人就有一个快手的活跃用户。我们初步做了一个统计，在快手平台上，目前大概有29亿条来自贫困地区村民或老乡们上传的视频，总共获得了950亿次的点赞，这些视频反映的是他们这些人以及区域的变化，这些点赞响应了我们这个时代以及党中央脱贫攻坚的伟大决策。1600亿次的播放量，让更多的人看到了贫困地区老百姓的生活。

快手扶贫主要是通过3个方面来推动，一是专注于人，扶贫先要扶智，我们希望通过快手这样的平台赋能于人，让更多的人提升自己的能力。二是

物，让贫困地区的好货好景能够通过快手传播出去。三是文旅扶贫，他们的非物质文化遗产、人文风情、民俗，通过快手能够得到更好的展现。

在人才方面有两大计划：一是乡村振兴官计划。目前在快手上活跃着来自全国各地的乡村振兴官或者说是政务人员，大概有 1000 多位，从市领导到县领导，到扶贫第一书记等，都在平台上通过“短视频 + 直播”来开展工作。所以现在快手基本上能够成为一个脱贫攻坚的新农具，也能够成为乡村治理的新工具。

简单举一个例子，张飞是阿坝州小金县扶贫第一书记，发了一个麻足寨的视频，播放量达到 1200 万次，让更多人喜欢这个地方。快手帮助他做了很多培训，教会其他老乡拍短视频。然后周边的老乡都因为分享这个地方而获得了更多的关注，他们的民宿、农特产品都因为快手获得了很好的销售。海拔 3200 米的寨子上吃饭，有 1200 万的播放量，很多人去这里排队吃饭，餐厅订单排到一周以后，全国各地的老乡也开始学习拍这样的视频，然后去做他们的民宿。

二是幸福乡村带头人计划。我们挑选了一批有短视频拍摄经验、致力于扶贫的青年，带动周边的人一起致富。目前，68 位幸福乡村带头人已经帮助 3000 多户贫困户脱贫，创造的总产值超过 2000 万元。举一个例子，太平原来是一名保安，也是一名货车司机，不会讲普通话，拍了快手之后，因为跟用户互动，翻着字典学普通话，2018 年建了自己的厂房，2018 年一年卖牛肉干卖了 500 万元，现在带动了周边很多人一起做，帮着周边的同行、老乡一起卖牛肉干。

快手福苗计划请网红做直播卖货，2019 年总共举办了 6 场大型直播，500 多场小型直播活动，2019 年又举办了 200 多场直播活动，销售额达到 3.6 亿元，帮助 6 万多建档立卡的贫困户增收。

关于景。打开快手发现美丽中国活动，就是快手与很多下沉的地方区域建立了合作，然后与黑龙江、贵州、广西、云南等地达成合作，帮助他们推荐各地的文旅，包括非物质文化遗产，包括一些物产，进行精准扶贫，扩大这些地区的影响力。

以上人、物、景 3 个方面是快手扶贫的具体做法，在 2020 年新冠肺炎疫情期间，我们也专门启动了市长、县长带货活动，开展了 170 多场，销售额达 2 亿多元。2019 年 6 月，《焦点访谈》专门点赞快手的扶贫模式。

最后我想以一个湖南女孩的故事结束我的分享。这个女孩叫杨淑婷，是一名护士，20 岁的时候发生一个事故，腰椎以下没有行动能力了。2018 年她开始在快手上发视频，记录和分享她的生活。其实她并没有想过带货，她在这个平台上的分享，她需要获得的是认同，需要获得的是力量。但是，慢慢地，发现很多人跟她互动交流的时候，她能够帮助老百姓来卖一些东西，包括灯笼椒、绣品等。近两年来，她已经帮助了 300 多户村民卖东西，这是湖南城步苗族自治县的一个真实例子，她因为快手发生了变化，我们也希望更多的地区的更多的人能够因为快手发生变化，快手也会一如既往地按照党中央的部署和号召，在我国脱贫攻坚战取得全面胜利之后，我们再为乡村振兴继续添砖加瓦，发挥自己应该发挥的力量和作用。

（作者为北京快手科技有限公司副总裁）

主题演讲

拓展媒体服务功能　更好履行社会责任

■ 王　恬

当前，互联网正在媒体领域催生一场前所未有的变革，加快推进媒体深度融合发展的任务越来越重、人民群众对媒体责任的期待越来越高。作为主流媒体，我们必须把握融合发展趋势，构建强大传播生态，走好全媒体时代群众路线，更好担负职责使命。借此机会，我结合人民日报新媒体的发展实践，分享 3 点体会。

一、拓展媒体边界，提供有价值的服务

2020 年，中办、国办印发的《关于加快推进媒体深度融合发展的意见》提出，要坚持贴近群众服务群众，推动新闻信息与政务、服务紧密结合，更好满足群众需求。《意见》明确把“服务功能”作为媒体深度融合发展的重要突破口，可以预见，未来媒体的发展将由较为单一的信息传播功能向服务功能极大延伸。

疫情期间，很多主流媒体已经通过提供垂直化、人性化、下沉化的服务去延伸内容供给。人民日报新媒体突破传统媒体边界，充分发挥互联网平台的作用，针对抗疫不同时期的特殊社会需求，提供多个精准服务。在疫情严重的 2020 年 2 月，人民日报新媒体上线“征集新型冠状病毒肺炎求助者信息”平台，收到 4 万多条求助信息，及时转交有关部门处理，有力推动了“应收尽收、应治尽治”工作，有不少网友反馈，经该途径求助后，家人迅速获得收治。在疫情逐渐好转的 2020 年 4 月，人民日报新媒体连通电商媒

介、知名主播、当红明星发起“为鄂下单”系列公益直播带货活动，助力复工复产，完成5场湖北定向带货直播，累计销量近300万单，带货价值超过2.5亿元。我们还推出了“慢性病缺药求助信息平台”“确诊患者同行查询工具”“暖春行动——全国求职招工云对接活动”，通过打造工具平台，联动线上线下，务实有效地助力抗疫，履行了平台责任，增强了主流媒体的影响力，拉近了与群众之间的距离。

二、构建“以人民为中心”的内容生态

新形势下，信息传播方式在变、媒体格局在变，但人民群众在网络舆论生态中的主体地位没有变。从简单交互到深度参与，到出现像微博、微信、抖音、快手这样几乎完全由用户提供内容的平台，用户与媒体之间已经建立深度的合作关系。

人民日报新媒体整合资源，以开放平台吸引用户参与构建一个“以人民为中心”的内容生态，我们认为这样媒体才能获得持久的生命力，也是媒体应该履行的社会责任。2018年6月，人民日报客户端推出的全国移动新媒体聚合平台“人民号”正式上线。经过两年多的发展，“人民号”已经成为内容的“蓄水池”和用户的“输水管”，吸引了超过2.6万家生产者入驻，累

计收录1200万条以上优质内容。疫情期间，“人民号”号主共生产了30多万条优质内容，这些创作者已经成为内容生态构建的重要力量。下一步，人民日报新媒体还将推出应用人工智能技术的“创作大脑”，为自身采编团队和媒体机构，特别是普通内容创作者提供通用型创作工具，提升创作效能。

三、打造更加丰富和开放的信息环境

目前，互联网上的内容已经极大丰富，但是从内容供给侧来看，真正稀缺的优质内容依然供给不足。

主流媒体的新媒体平台履行社会责任，重要一点就是要不断推进内容供给侧结构性改革。一是要扩大优质内容产能，创新内容表现形式。新媒体平台的“新”，应体现在综合运用全媒体方式、大众化语言、艺术化形式来制作具有新鲜吸引力的新闻产品。疫情期间，人民号“我是K董”与人民日报新媒体联合创作的《中国抗疫图鉴》，全景展示中国抗疫过程，形式新，接地气，全网阅读量高达6亿次。二是增强服务意识，强化用户理念，提升传播效果。目前，推荐引擎驱动的“千人千面”的个性化服务，提高了信息的触达率，受到欢迎，但既有的新闻推荐算法也存在问题，如推荐内容良莠不齐、缺乏价值引导，推荐算法单一、内容重复率高，容易形成“信息茧房”和“信息成瘾”。人民日报新媒体正在和智能分发领域的合作者一起，研究新的算法，把政治方向、舆论导向、价值取向等维度加入算法推荐体系中，形成体现主流价值的“主流算法”，纠正算法偏差，为技术引擎注入价值观。2019年9月人民日报客户端7.0版搭载“主流算法”正式亮相，目前取得初步成效。

《关于加快推进媒体深度融合发展的意见》指出，要坚持公益属性，坚守社会责任，坚持把社会效益放在首位、社会效益和经济效益相统一。在媒体深度融合发展的过程中，人民日报新媒体愿与政府、企业和各位同仁一道，携手合作，不断做大平台、做精内容、做好服务，更好履行社会责任。

（作者为人民日报社新媒体中心副主任）

主题演讲

挑战与破局：抗疫报道中，新浪媒体责任的践行

■ 王 巍

作为互联网媒体平台，我们也强烈地感受到，媒体在记录社会、反映时代方面，不断被赋予新的责任和使命。2020 年是特殊的一年，面对新冠肺炎疫情这样一场社会公共卫生重大事件，新浪也在重新思考媒体责任的内涵和外延。如何让我们传播的内容不仅被人们关注到，而且还能赢得人们的价值认同，我想，这考验着我们的专业度、品质力和创新性。

下面，我仅以新浪的抗疫信息服务以及抗疫公益上的新动作为例，阐述在重大事件中我们是如何落实互联网媒体平台的主体责任。

疫情期间，新浪为助力抗疫主要做了 3 件事：

第一，提高权重，主推主流媒体发布的新闻资讯。追求流量的前提与关键因素，是要处理好流量与质量的关系。作为有正向价值观的互联网媒体平台，我们不会为了流量，一味地向用户推荐那些博眼球、标题党等劣质内容，而是借助推荐策略为人民日报、新华社等主流媒体加权提效，更多地去推荐高品质、正能量的新闻资讯，引导用户去获取有价值、有深度的信息。

第二，及时发布权威信息，切实助力全民疫情防控。我们借助大数据和可视化产品技术，及时获取国家和各地卫健委发布的权威疫情信息，打造疫情数据产品，及时向网民传播疫情动态。以新浪的实时疫情地图为例，它将抽象的数据用图形、图表等具象形式表现出来，这种可视化的新闻产品，降低了用户获取信息的成本，为疫情防控和大众行为提供参考。事实证明，权威信息更能被广大用户认可，我们的疫情地图在疫情期间服务了全网数以亿计的用户。

第三，融合内外资源，打造优质公益策划。媒体不仅是公益活动的报道和传播者，也应该是公益行为的主体，成为组织和引导者，我认为，这是媒体责任回归的体现。疫情期间，我们积极联动主流媒体、权威机构以及各领域明星大咖，推出了一系列公益活动，并通过新浪全矩阵传播资源放大公益声音。比如，我们联合新华网、湖北电视台共同发起“2020 我想说：谢谢你”活动，制作抗疫纪念画册，在微博发起话题征集，借助用户自发传播的“感谢”，让正能量的情感走得更远，更深入人心；再比如，我们探索“明星 + 公益”的抗疫公益新路径，打造“中国科普月”活动，借助明星影响力，传播防疫知识，助力科学抗疫；疫情后期，我们又推出如“佳片复苏计划”等活动，持续引导年轻用户尤其是粉丝群体关注各领域的复工复产进程。

面对疫情的严峻挑战，新媒体行业积极承担社会责任，发挥专业优势，与时代同呼吸共命运，打了一场硬仗。在关键历史时期，抓住机遇、利用技术和经验优势，为人们营造风清气正的信息环境，是新浪始终践行的方向。我相信，通过各方的协同发力，共同履责，会始终推动网络社会的向上向好发展，凝聚更多民心画下最大同心圆！

（作者为新浪集团首席信息官）

主题演讲

焊牢网上民生服务链 画出最大公益同心圆

■ 王宣海

近年来，大江网（中国江西网）坚持守正创新，主动服务全局，以公益践行媒体责任，深耕“互联网 + 公益”，强化公益策划，焊牢网上民生服务链，创造性搭建“法媒银”平台、问政江西等有一批公益平台，推出了一系列有社会影响力的品牌公益活动，凝聚起最强网上正能量，画出了最大公益同心圆。

精准发力　打造系列“互联网 +”公益平台

赋能传统行业，助推传统行业进行优化升级转型，是当下互联网行业的使命，也是向前发展的“关键一环”。作为江西最大的互联网平台，大江网（中国江西网）不只做信息“传声筒”，而是充分运用“互联网 +”思维，发挥全媒体平台优势，将传统公益事业与互联网巧妙地结合起来，创造性打造了一批网上公益平台，蜕变为民生“服务员”，以公益践行媒体责任，助推传统行业优化升级。

法院执行，谁都知道是“天下第一难事”。“法媒银”平台就是为了破解这个难题而生。说起“法媒银”，分享下它的成长历程。2015 年年初的一个很偶然的机会，我遇到了江西省高院的一个院领导。他说，法院工作压力大，尤其是执行工作，媒体能不能帮忙策划策划。当时，江西法院审判工作压力大，执行工作案多人少，积压严重，社会关切高，执行难被称为天下第

一难。我提议，能不能在借鉴江西省文明办推出“诚信红黑榜”的基础上，打造一个专门精准曝光涉江西“老赖”的平台。当时，高院同意先试着做。“法媒银”建设是个全新工作，对我们网站的内容团队、技术团队来说，都是一个考验，建设过程也是一波三折。曝光的老赖有两块，一块是涉民生的，就是赡养费、抚养费等；另一块就是金融机构的，银行是大头。法媒银，顾名思义，就是法院、媒体、银行。第一次开曝光台建设推进会，法院向驻赣所有银行都下了邀请函，目的是希望能让银行出资帮我们启动平台前期建设，如采购服务器等硬件，可到了开会时发现只来了仅仅 5 家，是工农中建交五大国有银行，说到底，大多数银行还是对曝光台的建设没信心呀。社委会决定报社先投入先建设。我们团队一方面憋足了气，一方面也很争气，几个月的时间，就搭好了全部平台，高院和银行试用后反响都不错。

2015 年 12 月 4 日，我们选择在国家宪法日那天上线，推出初始的 1.0 版，就是简单的曝光查询功能和新闻发布。就是简单曝光，威力还不小。蔡发文，曾头顶着“市政协委员”“区政协常委”“省级劳模”“中国十大社会公益人物”等诸多光环的萍乡市民营企业家，他就亲身体验过“法媒银”平台的威力。因为与他人发生借贷纠纷后拒不执行，被当地法院第一批列入“法媒银”平台进行曝光，他的照片、住址、年龄、案件信息等被精准曝光。登上“黑名单”仅仅几天后，蔡发文就主动找到法院承认错误，表示愿意立即履行判决，唯一的请求是希望法院撤销其失信记录。他对执行法官说，走到哪里都被人家戳脊梁骨，这种滋味不好受。

2017年6月，中宣部、最高法在南昌召开现场交流会，总结推广“法媒银”平台经验做法。同年9月，中宣部、最高法、银保监会联合下发通知，要求全国各地认真学习借鉴江西“法媒银”平台的经验做法。2018年，平台经验做法作为工作创新机制的典型，两度写入了最高人民法院的工作报告，接受党和国家领导人及全国人大代表的审议。2019年9月，“法媒银”平台的创立作为全国首创解决执行难的典型被写入新中国江西70件重大历史事件中。

如何打造“忠诚型、创新型、担当型、服务型、过硬型”政府，落实全面从严治党要求，坚持依法行政，坚持政务公开，提高治理能力是关键“锁匙”。为广泛宣传动员全省上下积极参与“五型”政府建设，敞开大门接受企业和群众监督批评，我们用“互联网+”的方式拓展民众的参与渠道，让“政府+媒体”产生新的“化学反应”。2019年，江西省“五型”政府建设领导小组办公室与江西日报社大江网（中国江西网）“问政江西”栏目联合，携手打造江西省“五型”政府建设扩大社会参与加强社会监督平台。该平台上线后，实现舆情直达、快速回应、跟踪问效、亮牌监督和矩阵效应等功能特点。截至2020年9月底，网友在平台发表有效帖文24612条，各级政府主动回复达到22986条，回复率高达93.3%。目前，平台已经成为广大网友反映民声、表达民意、汇聚民智的最直接平台之一。

强化策划　积极参与组织引导公益事业

除了公益平台的搭建，大江网（中国江西网）还是公益慈善身体力行的参与者。一直以来，大江网热心公益报道策划，例如，策划了“关爱城市守护者　盛夏酷暑送清凉”大型公益活动、“1元钱温暖环卫工人”众筹大衣致敬活动、帮橘农卖滞销蜜桔等系列公益策划活动。

新冠肺炎疫情发生以来，我们在做好抗疫、防疫报道的同时，还加强策划，开展多种志愿服务、公益捐赠活动。例如，策划推出“爱心蔬菜致敬抗击疫情一线”行动，先后向南昌援助湖北医护人员家属、各大定点医院一线医护人员、封闭社区居民、社区一线抗“疫”人员等，捐赠5万多公斤新鲜蔬菜。同时，数次联合江西邮政和爱心企业面向南昌、吉安广大网友推出“风雨同舟共抗‘疫’口罩免费邮到家”公益活动。

在2020年江西抗洪救灾中，我们又第一时间启动“爱心大篷车”大型公益，在汛情发生的第二天就向全社会发出征集令。征集令随同我们的全媒体汛情报道在全国范围内引起了极大关注，包括江西省药监局在内的单位、企业、个人纷纷响应，还不断接到省外的捐赠电话。自7月10日至7月底，“爱心大篷车”接受外界捐助物资近千万元，我们第一时间将这些急需物资送到受灾一线，受到社会各界的广泛好评。

此外，为解决身边好人生产生活中的实际困难，解除好人后顾之忧，树立“让有德者有得，让好人有好报”的价值导向，2017年，我们联合中国移动通信总公司、江西省体育彩票管理中心等爱心单位，开展“善行无疆·善者无忧”好人传播帮扶公益活动。通过“帮扶+礼遇”，给当选好人发放3000元激励金；通过“帮扶+消费”，帮助好人销售农产品；通过“帮扶+宣讲”，邀请好人宣讲资助3000元帮扶金等多种帮扶形式，4年来共帮扶了653名好人解决了生产生活困难，累计发放帮扶资金180.07万元，让“好人有好报”成为社会风尚。

（作者为大江网、中国江西网总编辑）

现场访谈

县级融媒手牵手　东西协作在路上

■ 主持人：顾　洁　中国记协新媒体专业委员会专职副秘书长

■ 嘉　宾：魏其宁　山东省淄博市博山区融媒体中心主任

岳文斌　甘肃省文县融媒体中心主任

龚　献　浙江省兰溪市融媒体中心新媒体中心主任

苗　岚　山西省中阳县融媒体中心播音部主任

向洪斌　湖南省永顺县融媒体中心主任

薛建兵　江苏省如皋市融媒体中心主任

【顾　洁】欢迎各位主任来到新媒体大会新平台的社会责任分论坛，我们今天来进行一场关于县融中心建设的对话。

【龚　献】我来自浙江省兰溪市融媒体中心，到陕西省略阳县融媒体中心驻点交流。非常感谢东西协作交流公益项目提供机会让我深入贫困地区了解、采访、记录正在进行的脱贫攻坚伟大工程，让我亲身感受国家脱贫攻坚的力度和决心，这对于我个人来说是一笔宝贵财富，也是对兰溪融媒体中心的肯定。在陕西省略阳县一个月的时间里面，我到周边几个县级融媒体中心学习交流过，谈一点个人的最大体会。西部的融媒体中心的发展空间、成长潜力都很大，相关负责人对如何缩小东西部的融媒体中心差距的方法和路径，都是很清楚的。但是，好的经验、好的做法，如何落地、推行，主要还受制于体制机制的制约。建议中西部县级融媒体中心以事业单位性质执行企业化的管理，深入全面地推行绩效考核机制，从源头上解决问题。这是解决西部融媒体中心发展的一个关键性问题。这个问题解决了，其他问题都会迎刃而解。

【苗　岚】我来自山西省中阳县融媒体中心，到江苏省高邮市融媒体中心驻点交流。2020 年记者节采风时，我们在江苏三湾公园学习一个月，收获良多。第一，他们的优秀理念、互联网思维已深入人心，融媒体中心打造了多平台的融媒矩阵，制作精良、推送及时、内容丰富，这些都令我震撼。第二，制作节目一定要多关注民生，要接地气，有温度。我参加了一个政府服务热线的现场直播，短短两个小时，住建部门有关人员就解答了来自网络后台留言提问、场外电话提问、现场提问等 10 多个问题，这些问题囊括老百姓生活的方方面面，在现场得到解决，实现了倾听民生、为民解忧。第三，我分享个好消息，江苏高邮和中阳融媒合作交流更上一个台阶，2020 年 10 月 15 日双方合作推出直播节目“小木耳大产业——高邮融媒进中阳”，把中阳的黑木耳产品向全网推送。最后，我呼吁广大吕梁融媒人，紧紧跟随习近平总书记脚步，传承红色基因，发扬吕梁精神，做最基层最贴近群众的融媒体，把党的声音传得更快、传得更广、传得更远。

2020 县级融媒体中心东西协作项目在中国新媒体大会上分享成果

【顾　洁】在此次东西协作交流项目中，山东博山和甘肃文县结对。东西协作交流项目，对于我国县级融媒体中心的发展，能起到什么样的帮助？对于项目的长效推进，各位有什么建议？

【岳文斌】我来自甘肃陇南市文县融媒体中心，我们和山东淄博市博山区融媒体中心结对。甘肃文县是深度贫困县，文县与博山区结对模式比较特殊：文县派出一名工作人员到博山融媒体中心学习，博山融媒体中心派出两名技术骨干到文县帮扶。仅仅一个月，文县融媒体中心在报道精准脱贫、讲好脱贫故事方面，获得极大提升。特别是在融媒体中心的建设方面，品牌栏目的打造、技术的更新、人员的培养，东西协作都起到了积极的推动作用。在本次东西协作驻点交流过程中，甘肃文县发生了泥石流，县城受灾严重。博山融媒体中心感同身受，发动社会力量，给文县受灾群众捐赠 30 万元生活用品，周密安排，暖心帮扶，给予我们很大支持，让我们深刻感受到了来自兄弟县级融媒体的大爱！这不但拓宽了媒体交流内容，还让我们结对交流的感情进一步升华！

【魏其宁】我来自山东省淄博市博山区融媒体中心，我们和甘肃省文县融媒体中心结对。中国记协举办县融中心东西协作交流项目，在决战决胜脱贫攻坚的重要时刻具有重要意义，可以使东西部融媒体进一步加强了解，共建共享。经过一个月交流，双方收获颇丰。简而言之，我有 3 个感受。

首先是帮助了对方。为了在一个月的时间，让文县派出的交流同志有更多收获，我们把日程排满，以自身优势补对方短板，针对对方短板实行精准帮扶，从品牌栏目创设、运营模式、活动组织方面都安排参与学习。其次是激励了自己。博山站在帮扶的位置上，必须教真东西。从这个角度来说，我们的同志也受到了激励，提升了自己。在一起创办栏目的时候，为了一份策划方案和第二天的拍摄，他们午饭都没吃，真帮真干，教学相长。最后是实现了共同提升。和甘肃文县结对，博山感到非常幸运。文县是中国记协长期对口帮扶对象，文县融媒体中心很多理念思想走在全国前列。我们经常交流，互相取长补短，实现共同提升。下一步的交流规划主要有 3 个层面：一是实现长期共建。以本次交流月为起点，持续长期开展交流。双方签订了长期共建协议书，大会之后，我们就到文县开展共建活动。二是实现常态共建。双方探索搭建长期交流机制，如以季度为单位互派同志进行交流学习，或者探索班子成员交叉任职等，以提升共建层次。三是实现长效共建。双方探索从队伍建设、运营交流、经营互助等方面去提升共建效果。

【顾 洁】湘西是脱贫攻坚事业的启航地，请问向洪斌主任，您觉得县级融中心建设对脱贫攻坚能起到什么样的帮助呢？

【向洪斌】我来自湖南湘西永顺县融媒体中心。湘西十八洞村是习近平总书记精准扶贫重要论述的首倡地，湘西也是全国脱贫攻坚的主战场。作为县级融媒体中心，扎根在基层，同时也承担着用新闻舆论打通服务群众“最后一公里”的责任。所以，我认为县级融媒体中心，在脱贫攻坚中的作用还是很大的，主要通过3个方面发力：一是县级融媒体中心要做脱贫政策宣传的快车道。党中央和省委、省政府为了使边远的少数民族地区脱贫，出台了一系列好政策。比如教育、住房、医疗、生态、社会等兜底政策，这些政策要使老百姓都知道，就需要通过县级融媒体中心，采用群众喜闻乐见的方式，比如说土家山歌、方言广播、村村响、地方戏等，把好政策深入浅出地送到老百姓的心坎上，让老百姓真正地感受到党和政府的温暖，同时也理解、支持、参与脱贫攻坚工作。二是要讲好脱贫故事。县级融媒体中心最大的特点就是接地气，讲的就是身边人的故事，所以老百姓对基层融媒体动态很关注。习近平总书记在湘西花垣十八洞村提出了精准扶贫的十六字方针，我们基层干部和群众就围绕这十六字方针做生动实践。在实践过程中，涌现了很多的先进典型和可复制、可推广的经验，需要县级融媒体中心把声音沉下去，用沾着泥土味、带着露珠的鲜活话语，把挖掘的故事生动地讲出来，牢牢把握舆论引导的阵地，同时把可复制可推广的经验总结出来、推广出去，达到共同进步的目的。三是搞好服务群众。主要有两个方面，第一是把群众的心声、群众的建议意见收集上来，反馈给当地的党委政府，便于当地党委政府决策。第二是县级融媒体中心有很多的新媒体平台，形成了一定规模的传播矩阵，永顺县在抖音和快手的支持下，开设了抖音和快手的公众号，短视频的直播带货是助推贫困地区脱贫的重要手段。我们通过直播带货，把永顺县的土特产品腊肉、柑橘、猕猴桃等推销出去，成交额达到四五十万元。虽然我们才刚刚起步，但为民服务的空间很大。总而言之，县级融媒体中心在脱贫攻坚中大有可为。

【顾 洁】总结来说，县级融中心要成为宣传脱贫政策的快车道，脱贫攻坚故事的讲述者，政府和群众之间的连心桥。东部地区县融中心最大的特点就是新技术应用得好，最后有请江苏如皋针对如何更好利用新技术谈一谈看法。

【薛建兵】我来自江苏省如皋市融媒体中心。如皋是江苏历史文化名城，是中国花木盆景之都，也是世界长寿福地。如皋融媒体中心有自己的特色，首先它是江苏省第一家县域性的传媒集团，2010 年实现了有效整合，2018 年成为中宣部第一批重点支持推动建设的融媒体中心。2020 年，我们感觉有一种力量在推动着我们前行，那就是技术赋能。技术赋能和内容为王，两个方面缺一不可。就县级融媒体中心而言，新技术主要体现在应用层面，而非原创开发层面。我们和中西部的兄弟单位交流的时候，中西部同志谈到技术门槛问题、实现条件问题，很有顾虑。其实新技术、新应用门槛没有那么高，只要努力去尝试，积极主动拥抱新技术，就会有很多应用层的现成解决办法。其次，融媒体中心要系统地考虑问题。新技术、新应用要系统化、集成化，要以一种创新、协同、开放、绿色、共享的理念来打造县融新平台。要考虑到县级融媒体中心有很强的区域性，要与当地的实际相结合，按照“适用就好，适度超前”的原则布局，这就是在新技术、新应用方面的一点体会。

最关键的还是解决人的问题。首先思想上要接受，然后手段上要用得起来，我们不像很多新平台，都是年轻人的队伍，由于我们各自的历史很长，团队都是老中青相结合。所以在新技术的应用上，我们研究提出了“1+1+N”的模式来培养团队，做到不落一个人。

【顾　洁】概括来讲，就是既要拥抱新技术，同时又要与实际相结合。最后，希望各位嘉宾用一句话，寄语我们国家县级融媒体中心建设。

【魏其宁】东西协作永远在路上，我们将以此为起点，百尺竿头再出发。

【岳文斌】加强媒体东西协作，讲好扶贫故事，助推脱贫攻坚。

【龚　献】县级融媒，融之有道，合为精彩。

【苗　岚】山水相依，共融互通，合作交流，再创辉煌。

【向洪斌】我借用习近平总书记说过的一句话，县级融媒体中心在脱贫攻坚中，功成不必在我，功成必定有我。

【薛建兵】融而为一，融而为新，融而为精，融合让我们更有力量。

县级融媒体中心东西协作交流公益项目简介

2020年是全面打赢脱贫攻坚战关键之年。经中宣部批准，中国记协新媒体专业委员会开展2020县级融媒体中心东西协作交流公益项目，旨在助力贫困地区县级融媒体中心建设，为精准扶贫提供更多信息服务、舆论支持，为全面打赢脱贫攻坚战贡献一份新媒体力量。

项目采取东部和中西部省区县级融媒体中心一对一结对、互派人员驻点交流方式，推动双方深度交流协作。项目安排国务院公布的11个集中连片特殊困难地区、西藏、四省藏区、新疆南疆三地州以及中国记协对口扶贫的

2020县级融媒体中心东西协作交流公益项目启动仪式现场

甘肃文县共计15家县级融媒体负责人或业务骨干，到山东、江苏、浙江3省的15家优秀县级融媒体中心交流工作一个月，鲁、苏、浙3省相关县融中心同期也派出工作人员赴中西部驻点指导。10月13日，2020县级融媒体中心东西协作交流公益项目正式启动，30家县级融媒体中心签订结对共建协议。

参与2020县级融媒体中心东西协作交流公益项目的中西部县级融媒体中心有：甘肃临洮县、陕西略阳县、湖南永顺县、四川越西县、贵州普安县、云南腾冲市、黑龙江海伦市、河北阜平县、山西中阳县、河南息县、江西井冈山市、西藏山南市乃东区、青海格尔木市、新疆莎车县、甘肃文县。

与之结对的东部县级融媒体中心有：浙江杭州市余杭区、兰溪市、宁波市鄞州区、三门县、绍兴市柯桥区，江苏南京市江宁区、江阴市、如皋市、高邮市、邳州市，山东青州市、烟台市蓬莱区、桓台县、邹城市和淄博市博山区。

2020中国新媒体扶贫十大优秀案例

■ 人民日报社

人民日报新媒体公益带货系列直播

党媒牵手　共探直播带货的公益扶贫道路

2020年是全面建成小康社会和“十三五”规划的收官之年，是实现第一个百年奋斗目标的决胜之年，也是脱贫攻坚战的达标之年。脱贫攻坚贵在精准，多年来，农产品滞销的新闻时常引发社会关注，其中一个原因就在于买卖双方信息沟通不畅。2020年年初，一场突如其来的新冠肺炎疫情，蔓延到了我国的很多地方，为了控制疫情传播，全国不少城市采取了严控交通、延迟企业开工的做法，很多农村也选择严格控制车辆、人员流动。各地实施的严格交通管控，致使物流受阻，给农副产品的运销带来巨大挑战，造成滞销难题。人民日报新媒体针对这种情况“对症下药”，推动扶贫工作向更加精准高效的方向发展。

一、扶贫主题公益直播带货历程回顾

2020年4月8日零时，武汉离汉通道管控正式解除，武汉、湖北生产生活秩序开始全面恢复。此前，受到疫情影响，农业大省湖北作为全国重要的农副产品生产基地，部分农特产品因运输和购买渠道不畅出现滞销情况。如何发挥人民日报的影响力，助力湖北复工复产？人民日报新媒体第一时间想到了直播带货。所谓直播带货，是指通过互联网平台，使用直播技术进行近距离商品展示、咨询答复、导购的新型服务方式，或由店铺自己开设直播间，或由职业主播集合进行推介。

2020 年 4 月 8 日，与武汉“重启”同步，人民日报新媒体迅速推出公益带货直播项目方案，与国内头部主播团队、淘宝电商平台建立核心联系。4 月 8 日至 9 日，三方就帮扶湖北相关事宜达成合作意愿，并多次展开会议对齐了项目方案细节与执行节奏。

4 月 13 日晚，人民日报新媒体发起首场“为鄂下单”系列公益直播带货活动。5 款“鸭货”单品累计售出 51 万单，引导成交额近 1000 万元。直播观看人数超过 5000 万，微博话题“为鄂下单”阅读量过 4 亿，网友互动讨论量 10 万以上。人民日报新媒体展开“为鄂下单”系列公益直播带货活动，带货 72 款湖北产品，累计观看人次过亿，成交量近 300 万单，总价值超过 2.5 亿元。相关话题全网阅读量 12.5 亿、互动量 136 万。湖北省扶贫办重点推荐的小龙虾、随州香菇、恩施茶等滞销较为严重的农副产品带货效果显著，累计销量超 50 万单，价值近 3000 万元。

4 月 21 日，600 万只小龙虾与 50 万个脐橙由湖北省副省长亲自送机，乘专机来到直播间。600 万只小龙虾 5 秒售罄，50 万个脐橙 3 秒售罄。习近平总书记点赞的柞水木耳也来了，几秒的时间售出了 14.6 吨，速度十分惊人。这场直播总带货金额超过 1400 万元。

通过人民日报等主流媒体的加入，媒体的公信力和直播平台的流量联合，直播带货事实上已经开启“全民带货”模式。

5 月至 7 月，人民日报新媒体继续充分发挥媒体优势，推出多场公益直播，带货产品除地方好货外，也包括各类优品国货。7 月 9 日，启动“为陕下单”公益直播，助力推广陕西农特产品，观看人数破千万。7 月 22 日，上线“下一单、扶一把”扶贫专场，为各地农产品带货，包括广西、甘肃、福建、云南、贵州、新疆等地区未摘帽贫困县及部分湖北省深度贫困县，持续推进精准扶贫。

8 月至 9 月，人民日报新媒体与各大电商平台及知名主播艺人合作，推出“人民的美好生活”“未摘帽贫困地区公益扶贫”“国潮国货”三大主题6场带货直播。做好协助销售未摘帽贫困县滞销产品有关工作，持续引导各方力量参与消费扶贫，拓宽产品销售渠道，切实解决困难。

二、直播带货的复盘与思考

1. 人民日报又一次拥抱新技术新业态的实践。当前，随着5G、大数据等最新互联网技术的快速发展，媒体格局、舆论生态、传播业态都在重构。近年来，媒体融合向纵深发展，用新技术新业态连接公众，人民日报不断拥抱新技术、新业态。在当前统筹推进新冠肺炎疫情防控和经济社会发展工作的大背景下，直播带货不但有助于化解农特产品滞销难题，也契合了特殊形势下的“宅经济”，为扩内需、促消费找到了着力点。在加快推进媒体深度融合发展的今天，人民日报新媒体联合电商平台、主播团队、明星艺人等共同发起的“为鄂下单”系列直播等带货活动，是人民日报又一次拥抱新技术新业态的实践。

“党报 + 直播带货”是媒体融合向纵深发展的又一例证。从内容创新到开拓渠道，从入驻社交平台到打造新闻客户端，从拥抱短视频到直播带货，媒体变革没有止境，创新永不停息。从这个角度看，人民日报新媒体的公益扶贫带货，实际上也是通过理念、内容、形式、方法、手段等创新进行的内容生产供给侧结构性改革。

2. 既要“流量”，也要“质量”。一场成功的直播带货活动，流量是其中的关键因素。没有流量，也就没有传播力，更别谈转化为销量。首先，人民日报新媒体矩阵“自带流量”。其中，人民日报客户端累计下载量超过2.6亿，活跃度在主流媒体创办的新闻客户端中保持领先；人民日报微博总粉丝超过1.2亿，是中国媒体第一微博；人民日报微信公众号关注人数超过3200万，影响力居各类微信公众号之首；人民日报抖音和头条账号的粉丝总量均超过1亿。这样庞大的粉丝群体，是打造一场爆款带货直播的基础。同时，人民日报新媒体合作的电商平台和主播团队也都居于行业头部位置，并且邀请了明星名人进行造势。一方面，他们的粉丝效应能够导入大量的流量；另一方面，动员有影响力的明星参与其中，使得直播的呈现更接地气。

除了平台流量，产品质量也是非常重要的一环。3月31日，中国消费者协会发布《直播电商购物消费者满意度在线调查报告》。报告显示，有六成消费者担心商品质量，超过四成消费者担心售后问题。在直播带货过程中，人民日报新媒体为自己订立了一条原则：绝不能因为低价而减损产品质量，从产品质量到售后服务，每个环节都不能出差错。既不能损害媒体的公信力，也不能辜负网友的爱心。人民日报新媒体在扶贫带货中对选品环节进行严格把控，不仅要保障产品销得出去，还要能让消费者买到称心如意的产品。以“为鄂下单”系列活动为例，在考虑湖北本土产品的基础上，产品质量、优惠力度、供货量等都是考量因素。同时，人民日报新媒体结合当地扶贫办的需求，重点推荐扶贫产品，也搭建并开放了“湖北好货征集平台”，面向湖北民众征集滞销品信息，并由专人核实后，交由主播选品团队进行后期核验。为保证货品质量，我们会要求商家提前寄样，对食品类用品类进行试吃试用，收集多人反馈后作综合决定。

直播带货的一大卖点是优惠力度大。在这方面，人民日报新媒体有多方面优势，能够做到“史上最低价”。一方面，因为活动是公益形式，对商家不收取任何费用，大幅度降低了商家的参与成本。另一方面，商家希望通过这次直播打响知名度，为了入选，会最大限度压低价格。

3. 直播流程设计：趣味性、参与感和沉浸度。直播带货的形式，本身从媒介形态看，在互动上有了更多的拓展维度。以“为鄂下单”系列带货活动为例，我们从整体上考虑了直播的趣味性、参与感和沉浸度。比如，4月17日晚的直播中，歌手周深连线深圳援鄂医疗队的两名护士，为援鄂医护人员演唱《达拉崩吧》，就与帮扶湖北的主题相契合，大大增加了直播的公益性和话题讨论度。类似这样的环节设置，为用户带来了全新的体验，更好地输出了货品的品牌价值，真正实现“品效合一”。

酒香也怕巷子深。一场成功的直播带货活动，少不了宣介推广，而这正是人民日报新媒体的“拿手好戏”。人民日报报纸的权威报道、人民日报新媒体在各大平台的宣介、好货征集平台H5的推广、各区域人民号矩阵的参与，都让这场活动被更多人知晓、更顺利推进。

4. 传递正能量，社会效益是最终落脚点。直播活动之所以成功，很大程度上也是因为公众的爱心和热情。公益主题能够激发民众的责任感，与党报的调性相匹配，大大提升了活动的社会动员能力。基于这些因素，扶贫主题公益带货直播达成了很好的社会动员效果，也收获了“霸榜”热搜、吸引流量的传播效果。无论是从观看人次、话题讨论度，还是带货的成交金额，包括产生的社会影响力，最终都实现了各方的多赢。

对于带货主播的选择，人民日报新媒体慎而又慎。人民日报的直播间有成百上千万的观众，主播的一言一行都有可能影响到每个人，从而产生一系列“蝴蝶效应”。线下说错一次可能只是针对一位顾客的小失误，而直播间的错误说法，则可能误导几百万人。在本次直播带货活动中，人民日报有效地调配和吸纳了头部主播和明星艺人的力量、公众的力量。这既考虑到他们的流量效应，也考虑到他们的口碑和业务能力。

当然，本次的直播带货活动也有一些不足之处。比如目前人民日报客户端直播功能未与电商打通，无法直接购买，带货量有一定折损；因细节确认不到位，导致一些工作失误；等等。

三、对新媒体带货直播的展望

2020 年 4 月 20 日，习近平总书记在陕西省调研考察时，在直播平台前，同村民亲切交谈。他表示，电商作为新兴业态，既可以推销农副产品、帮助群众脱贫致富，又可以推动乡村振兴，是大有可为的。

人民日报新媒体“为鄂下单”系列直播带货活动的数据，也充分说明“党报 + 直播带货”在助力经济发展方面能够起到重要作用。在直播带货“全民化”的风口上，未来，人民日报将从以下几方面探索优化，让直播带货发挥更大作用。

一是尝试更多领域，形成直播带货的长效机制。除了特定历史条件下的公益活动，从长远来看，直播带货可以在助力脱贫攻坚、地方产品滞销、宣介“中国制造”“中国智造”等更多方面进一步发力。据人民日报新媒体有关负责人介绍，下一步，人民日报新媒体将以深度助力脱贫攻坚为目标，聚合各方力量继续开展直播带货活动。

二是避免同质化，做出自身的特色。在人民日报新媒体展开扶贫带货直播期间，许多媒体也在开展类似活动，同区域直播销售产品的重合率较高，未来还需进一步挖掘地方产品特色。

三是让“党报＋直播带货”发挥更大舆论引领作用。直播带货不只是一种商业行为，也是一种媒介传播行为，在主播与用户的每一次互动中，直播间早已不只是“货架”，而已经具有了情感共鸣、身份认同等诸多价值功能。因此，主流媒体还需洞察用户的特定需要与欲求，加强议程设置，让直播带货成为主流媒体与用户沟通的又一渠道。

主创人员：苗　苗　徐　丹　梁昌杰　陈雪娴　张　磊
焦　岩　柳香璐　李迅琦　张世悬
本文执笔人：张世悬　焦　岩

新媒体下基层　以直播带货推动消费扶贫

为深入贯彻落实习近平总书记关于决战脱贫攻坚的重要指示精神，发挥媒体在新闻宣传、舆论引导、活动组织、用户互动等方面的优势，自2018年以来，津云新媒体组建脱贫攻坚专项工作团队，在这场战役中持续投入力量，不断创新模式，广泛发动群众，开展了《新闻扶贫我们在一起》系列公益活动、《脱贫云中云》系列访谈等，为精准扶贫、精准脱贫提供更多信息服务、平台搭建、智力支撑、舆论支持，助力全面打赢脱贫攻坚战。

2020年是决胜全面小康、决战脱贫攻坚的关键之年，然而突如其来的新冠肺炎疫情给脱贫攻坚带来新的挑战。一时间，直播带货如雨后春笋，活力满满、生机无限。它不仅有效解决了老乡家农产品的滞销问题，也似乎为实体经济找到新的出路。津云新媒体希望借助这种新形势，转变思维方式、发扬工匠精神、注重内容为王，借助融合优势开启媒体"直播带货"的新篇章。自5月21日首场启动至今，已成功组织了西青区、津南区、静海区、和平区、河北区5个区以及甘肃陇南文县、康县等10场活动，累计成交额达5200余万元，得到社会各界的高度关注和认可。

内容决定方向

"老乡别急，我们帮你"是由津云新媒体策划，贯穿2020年全年的网络助力脱贫攻坚直播带货系列公益活动，由中国记协、天津市委宣传部、天津市委网信办、天津市合作交流办、天津市商务局、天津海河传媒中心联合主办。该活动于2020年5月至12月开展，全市16区及甘肃陇南1区8县的主要负责同志化身"代言人"和"推销员"，与海河传媒中心主持人共同为天津结对帮扶地区和贫困地区的特色扶贫产品直播带货，帮助更多贫困户脱贫致富，助力打赢脱贫攻坚战。

虽然新媒体有很好的社会资源，也有一定的品牌背书能力，但希望通过直播带货取得实实在在的效果，还需要思维方式上的转变。因此，策划之初，津云新媒体就本着公益的初心，让“公益”成为活动的属性，把“扶贫”作为活动的目标，努力在这片蓝海中大胆实践、积累经验。

直播带货的本质是利用网络视频直播这一新型传播形式与电商行业有机融合，通过更紧密的互动与用户建立起更为牢固的“信任感”，更好地输出品牌价值，真正实现“品效合一”，其特点为“现场＋互动”。但需要清楚的是，直播电商的核心还是流量平台，如果没有流量平台这一核心渠道，再红的主播也难以带货。因此，新媒体直播带货最大的缺陷是没有自己掌控的流量平台，而如果没有流量平台的加持和倾斜，带货也就没有优势。所以，优质的内容更成为成功的关键。

因此，津云新媒体将直播带货的重点放在前期的内容策划上。比如首场直播是帮天津市西青区结对帮扶的新疆于田县、河北省承德市平泉市、甘肃省天水市麦积区和白银市景泰县带货。通过反复比较，团队精挑细选了新疆骏枣、核桃切糕、珍珠菇、土蜂蜜、枸杞、木耳等6种扶贫产品，并对其逐一进行摸底。团队深入挖掘这些扶贫产品背后的故事，并在直播脚本里融入当地的风土人情、特色文化。经过近20天50余次的修改，直播脚本每一个细节都精细打磨，努力追求极致和完美。两个小时的时间，让网友欣赏了一件用心打造的“艺术作品”，凝聚起脱贫攻坚的真情，也践行了消费扶贫的承诺。

每一场直播带货活动，津云都力求深入挖掘各区对口帮扶地区扶贫产品背后的故事，充分了解帮扶地区群众“扶贫与扶志、扶智相结合”，努力改变生活面貌的奋斗精神，在直播脚本里融入风土人情、产品文化，并找到与天津民俗文化的最优结合点，碰撞出一期期主题鲜明、特色突出的直播，比如相声味儿、脱口秀、田园风、家宴范儿、云连麦等多种形式。创新的表现形式和现场编排都极大地打破了现有直播带货的固定模式，更加贴合网友喜好，也在互动中增强天津脱贫攻坚工作成效的宣传效果。

融合彰显优势

从融合的角度来看，新媒体直播带货实现了媒体的内容属性、服务属性及金融属性的融合。而津云新媒体开展的“老乡别急，我们帮你”消费扶贫直播带货系列公益活动，“融合”两字则有更深层次的含义和更典型性的示范。

津云新媒体是天津市媒体融合向纵深发展的率先实践者和直接受益者。2018 年，天津重塑市级媒体格局，撤销天津日报社、今晚报社、广播电视台等机构，“合六为一”挂牌组建天津海河传媒中心。在此之前，天津已将新媒体整合作为全市媒体融合的先导，将原“两报一台”所属新媒体采编人员、平台、项目等资源整建制划入北方网，成立天津津云新媒体集团。先行者先至。近两年来，津云新媒体结合传统媒体的采编资源和新兴媒体的技术优势，成为一支颇具成长力的媒体新锐。通过融合，津云新媒体也打通了与各传统媒体间的信息内容、技术应用、平台终端、管理手段全要素。生产流程一体化带来了融合创新一体化，机制的优势日益显现。其中，广电传统媒体的主持人就在直播带货中发挥了重要作用。在直播现场，每位主持人都能够将自己的业务专长巧妙融入直播氛围中，轻松拉近与网民之间的距离，增强感染力，提高观看率，也夯实了购买力。

与此同时，对节目进行整体包装、运营和推广运维，也充分发挥了媒体融合优势，借助传统媒体的资源和特长完成了一次传播能力的升级，找到了融合的最佳结合点，也体现了主流媒体的价值回归，重新拾得“链接”的能力。而对于脱贫攻坚工作的媒体赋能、融合加持，也建立了一种全新的模式。

专业助力成长

直播带货，除内容策划外，技术处理、现场管理、互动活跃等环节缺一不可。直播带货所用的津云中央厨房，为活动的顺利进行提供了强大的技术保障。一是在宣传推广方面，津云及其前身北方网 19 年来在媒体融合关键核心技术的原始创新上持续投入，自主研发的津云中央厨房作为全市信息数据资源汇集、开发、应用的总集成、总平台，发挥媒体融合龙头作用，形成“一朵云”的生态格局。活动的前期预热、行进播报、后期推广，都能通过津云中央厨房进行全流程实时指挥调度，所需素材云端调取，成品稿件一键转发，涵盖天津海河传媒中心的全媒体平台，并可送达全国70多家兄弟网站和海外40多家华文媒体，形成铺天盖地的宣传声势。二是直播推流方面，直播带货最尴尬的就是网络卡顿、多次中断，此例已有前车之鉴。为确保直播的流畅性，津云新媒体采用了“4+1”讯道系统视频推流的方式进行，并安排了现场导播，设置了延时播放，既保证画面有远景、中景、特写的镜头层次感，又最大限度地避免了任何可能发生的播出故障。由于具备广电基因，津云新媒体把直播带货活动按照电视节目的全流程进行议程设置，尽最大努力打造一场完美的视听盛宴。

官员直播带货，是直播带货风潮中一道亮丽的风景线。从湖北到全国，这种方式让各级领导干部从电视大屏走向手机小屏，从传统媒体走向新媒体，从与部分群众交流到与更广大的网友对话。他们接地气的语言、深入人心的表达，让政府的形象树立得更加鲜明，也让干部的情怀展现得更加淋漓。以首场直播为例，策划初期，天津市西青区的白凤祥区长与津云新媒体以及两位主持人反复商榷脚本，并精心准备了很多小故事、小谜语，用于现场调动网友气氛。因多次深入结对帮扶地区并与贫困户“结亲戚”，白凤祥区长还特意准备了照片海报，能更直观地向网友介绍扶贫产品的种植环境以及当地的风土人情，这暖心的举动也赢得网友的点赞，更直接决定了直播带货的成交效果。直播刚刚开始不久，平台就已有超过两万人同时在线观看。6种扶贫产品中，来自新疆于田的核桃切糕、骏枣刚刚上架就被一抢而空，多次补货。直播接近尾声，当听说销售额达到1002万元时，白凤祥区长激动不已，并与两位主持人共同向广大网友们鞠躬致谢。

讲故事，也是媒体的专长。讲好扶贫故事、中国故事，让励志的声音、奋斗的精神穿透手机屏幕感动网友，是活动成功举办的又一关键。“你们知道吗？今天带来的新疆于田骏枣，在西青区结对帮扶的地区，有53个村的4000多户农民在种植，我们多买一些枣，就能帮助到更多的老乡。还有甘肃麦积的土蜂蜜，是真正取之于大山的好蜂蜜。为了把这种优质蜂蜜推广出来，我们帮助当地百姓，培训他们养蜂技术，捐助他们蜂箱，让当地近6000户蜂农走上脱贫的道路。有的通过养蜂，居住的土房变砖房，生活一天比一天好。”这些凝结着天津市在脱贫攻坚战中点点滴滴心血和感情的故事，成为直播带货最抓人的卖点。

“老乡别急，我们帮你”消费扶贫直播带货系列公益活动已成功举办10场，累计成交额达5200余万元。成功的背后源于津云新媒体对专业的执着、对融合的理解，更源于对脱贫攻坚这项伟大的事业投入无限的热情、履行忠实的职责。该系列公益活动也为海河传媒中心“海河有爱，津媒助力——扶贫行动计划”增添一抹亮丽的色彩，更为通过消费扶贫助力打赢脱贫攻坚战提振了信心、鼓舞了士气。

本文执笔人：刘雁军　闫　征

培养县域青年主播　组建电商扶贫人才队伍

一、背景简介

党的十八大以来，以习近平同志为核心的党中央把脱贫攻坚摆到治国理政突出位置，提出精准扶贫方略，全面打响脱贫攻坚战。党的十九大进一步把精准脱贫作为决胜全面建成小康社会必须打好的三大攻坚战之一，作出了新的重大部署。

2020 年是决胜全面小康、决战脱贫攻坚的收官之年。习近平总书记在脱贫攻坚座谈会上强调，要以更大决心、更强力度推进脱贫攻坚，坚决克服新冠肺炎疫情影响，坚决夺取脱贫攻坚战全面胜利。2020 年上半年，习近平总书记在陕西调研时为当地特产点赞带货，指出电商大有可为，进一步为我们发挥青年作用、助力打赢脱贫攻坚战指明了方向。

为贯彻落实党中央国务院关于打好精准脱贫攻坚战的决策部署，推进共青团投身打赢脱贫攻坚战三年行动，充分发挥互联网电商在扶贫助农、特殊时期稳定经济社会的积极作用。中国青年报社联合快手推出"青耘计划"乡村振兴青年助农行动，通过电商手段帮助农民脱贫增收，渡过疫情难关，构建长效可持续助农机制，实现开发式、造血式扶贫，以乡村振兴巩固脱贫成果。

2020 年 4 月 26 日，"青耘计划"乡村振兴青年助农行动正式启动，通过电商手段帮助农民脱贫增收，力争在未来两年内，对全国欠发达地区县域进行助农帮扶，优先帮扶未摘帽贫困县以及受疫情影响严重的地区。本次行动还从每个县甄选一名具有网络主播潜力、有一定经验的青年代表，他们可以是具备互联网内容创作潜力的团干部、大学生村官、驻村第一书记等。

主办方借助短视频、直播课程等培训方式，对学员进行内容创作、电商营销、账号运营等方面的培训，将其打造为网络"大 V"。主办方计划甄选青年代表组成“百V合作社”，中国青年报社将发挥公信力及组织优势，为完成培训的学员颁发荣誉证书，并搭建起优秀学员与地方团组织、地方青年企业家协会等机构联系的桥梁，为乡村青年成长提供组织、智力与资源支持。

不仅如此，行动还面向地方县域征集优质农特产品，在每个县精选一款地理标识鲜明、区域产业带动性强、易受市场欢迎的农特产品，打造“一县一品”农特产品牌。

二、报道情况和社会反响

活动开展以来，组委会收集欠发达地区助农短视频进行宣传推广，收集贫困地区农产品信息，并对接给青年网络主播进行公益售卖。2020年“中国农民丰收节”青年网络主播助力消费扶贫活动，不但云集了淘宝、快手、抖音、微博、西瓜视频等平台的头部主播，更吸引了来自各行各业、热爱主播职业的青年人加入，得到社会的广泛关注。

同时，组委会还举办了“主播名人堂”线上分享活动、开展青年网络主播与地方政府结对等，集中展现广大青年争当乡村振兴、脱贫攻坚生力军的时代风貌。

1. 头部主播，汇聚宣传合力。2020年4月以来，新时代脱贫攻坚青年网络主播助农直播活动已举办多场，知名主播广泛参与；歌唱家、青年演员、青年作家纷纷走进直播间，与观众朋友远程连线；青年歌手积极参与，录制预热短视频，为活动宣传造势。

【案例：5月3日共青团援鄂专场】

助力湖北，青年不缺席！5月3日20：00，为助力湖北省特色农产品销售，由共青团中央青年发展部、中国青年报社、淘宝直播联合举办的共青团援鄂专场活动如约而至。开场前，奥运会冠军、全国青联副主席、世界反兴奋剂机构副主席杨扬专门发来VCR短片助力本场直播，并为直播间内的青年朋友提前送上了节日祝福。

来自“世界硒都”湖北恩施的高山红茶巴东红、让人欲罢不能的潜江油焖大虾调味料、脆爽可口的爽露爽吸吸米酿等湖北特色好物依次登上共青团援鄂直播“专场舞台”；人气主播携手青年演员在淘宝直播间化身“最强销售员”隔空“连麦”，为屏幕另一端的观众一一“解锁”。

5月3日当晚，共青团援鄂专场活动累计观看人数达到1861万，1300万人点赞，来自全国各地的网友用自己的行动助力着英雄省份。青年演员纷纷通过短视频为湖北加油打气，视频累计点赞数突破百万。共青团中央官方微博、公众号先后发布直播预告，广大青年群体纷纷转发。在微博平台，“青年援鄂直播带货”话题阅读量3530万，讨论高达12.2万。

【案例：9月22日农民丰收节助农直播】

为庆祝第3个中国农民丰收节，助力脱贫攻坚，促进特色农产品多渠道销售，9月22日20：00，“中国农民丰收节”新时代脱贫攻坚青年网络主播助农直播活动在直播平台准时开播。

来自西双版纳的香甜芒果干、河南封丘的金银花茶、让人欲罢不能的衢州特产鸭舌、营养方便的黑五味果蔬粉，还有产自东北黑土地的稻花香五常大米等优选农副产品依次上架到直播间内，人气淘宝主播为屏幕另一端的观众一一介绍这些接地气的“新鲜玩意儿”。

主播线上介绍展示，观众可以立刻拍下心仪的产品。很快，随州干香菇、陕西肉夹馍、香糯农家地瓜干等公益产品一上架就销售一空。“好期待秋分之日带来的丰收！”“好货多多、不能错过！”“看着好有食欲啊……”各种为公益助农产品而来的口号弹幕瞬间填满了聊天窗口。

在直播开始之前，“中国农民丰收节”新时代脱贫攻坚青年网络主播助农直播活动就受到很多观众的期待。9月22日当晚，直播间累计观看人数达到1834.6万，来自全国各地的网友积极参与其中。短短2小时直播期间，售出产品71.9万余件，总销售额达到2356.9万元。其中，仅稻花香五常大米一项，销售件数达到3.7万件，销售金额突破400万元。

2. 真人出镜，讲好扶贫故事。主播们在“卖力吆喝”的同时，也与各地的扶贫干部视频连线，向广大网友讲述真实感人的扶贫故事。

【案例：“布楞沟村的致富史”】

“从引进来，到走出去，解决了农产品的销路，才能让农民的钱袋子真正鼓起来。”中国石化驻甘肃省东乡县布楞沟村第一书记杨成连线直播间，“隔空”介绍布楞沟村的致富史。

甘肃省东乡县是个少数民族自治县，2012年人均纯收入为1624元，贫

“青耘计划”乡村振兴青年助农行动

困发生率高达96%。布楞沟村一度是东乡县最偏僻穷苦的村。在东乡语中，“布楞沟”意思是“悬崖边”。村如其名，山大坡陡、沟壑纵横。这里十年九旱、植被稀疏，不合适农作物生长。

2013年，中国石化承担起东乡县的脱贫攻坚任务。除了建设基础设施以外，中国石化结合自然环境等特点，带领布楞沟村发展藜麦产业。7年来，从为乡亲们送种子、送技术，到育种种植、打通销售，中国石化和东乡族群众将藜麦种植发展为村可持续发展的支柱产业，藜麦种植已形成四千多亩的规模。

“当年这里只能种土豆和地瓜，产量低，每亩每年只能挣800元左右；现在改种藜麦，产量上去了，每亩最少能挣2000元。”直播间里，杨成一边手捧一筐藜麦展示着扶贫成果，一边向广大网友发放优惠福利，帮助农户推销藜麦，“绿色、健康、全营养，欢迎大家来东乡，品藜麦。”

3. 互帮互助，培训带动扶贫。农业农村部向共青团中央征集“中国农民丰收节”青年主题活动，为此，组委会启动了“2020年寻访新时代脱贫攻坚青年网络主播”系列活动，并同步开展“主播名人堂”项目，请新时代脱贫攻坚青年网络先锋主播讲述电商扶贫故事，分享直播带货经验。《主播名人堂》由中国青年报社、共青团中央网络影视中心等单位主办，旨在贯彻落实党中央、国务院新时代“三农”工作部署，充分发挥消费扶贫作用。该活动引导青年网络主播参与乡村振兴，也是“中国农民丰收节”青年网络主播助力消费扶贫活动的重要组成部分。

4. 注重互动，做好新媒体传播。活动传播采取“线上＋线下”的形式进行，报纸端以《中国青年报》版面为主，新媒体以微信、微博、客户端、快手号、抖音号等为主，包括中青报新媒体传播矩阵、主播自媒体矩阵、地方政府传播配套、直播平台传播资源配套等，形成多层次、多频段的传播格局。

直播活动得到广大网友的积极关注和支持，热心网友们纷纷留言“我愿意为消费扶贫拼单”“藜麦好味道，东乡给你造！”“点赞，为扶贫加油”“去皮去核枣能饮料，看着就想喝！”“厉害了，吃冬虫夏草长大的‘牦牛肉’”……

供稿单位：中国青年报社

“湘字号”农特产品畅销“云端”的芒果经验

2020年是脱贫攻坚决战决胜之年，为深耕湖南本土农特产名片打造，拓展打通农产品上行通道，实现农产品“最初一公里”和“最后一公里”的直连对接，真正做到精准扶贫，快乐购举全公司之力搭建助农公益平台“芒果扶贫云超市”。该平台由湖南省委宣传部、省委网信办、省商务厅、省扶贫办指导，湖南广播电视台运维建设。以直播和带货为核心，为全省农户、新农人、农业合作社、农业企业、达人主播等提供“一键开店、一键直播、一键到家”的农产品销售服务，该平台于3月12日正式上线。

截至2020年12月31日，芒果扶贫云超市已走过42个地区县市，累计线下培训16459人，线上培训31.5万人，同时建立了25个直播培训基地。总订购金额19820万元，总订购扶贫类商品182万件，开店8164家，上架商品32980件。通过芒果扶贫云超市品牌带动，全省扶贫农产品全网销售达29.2亿元。具体成效如下。

一、宣传成效显著

芒果扶贫云超市把开办好、宣传好该平台作为决战决胜年最重要的政治任务。积极联动湖南广电台属媒体和新媒体，利用新闻宣传、电商平台、内容制作等多方位优势，形成了扶贫电商平台、扶贫带货直播、扶贫新闻、扶贫带货晚会、扶贫公益广告等一系列宣传产品，脱贫攻坚有产品布局、有结构生态、有聚集合力。截至2020年年底，芒果扶贫云超市全网曝光量达24.8亿次，微博相关话题阅读量3277.1万次，共有200多家主流媒体与新媒体平台发布相关报道5700篇以上。通过直播带货和全网全域的主题宣传，联动市县各级融媒体，通过海报、短视频，利用主流媒体、新媒体、自媒体在全国范围内进行推广宣传，讲湖南农产品的故事、讲湖南农民的故事、讲湖南脱贫攻坚的故事，炒热了各地特色农产品品牌，大幅带动拉升了全网曝光度，直接带动全省扶贫农产品销售攀升。如2020年6月，《出手吧，兄弟！》《出手吧，姐姐！》系列带货大晚会大直播，湖南卫视多位知名主持人、综艺节目《乘风破浪的姐姐》中多位明星艺人、全省妇联51万执委参与其中，总计带货超1.2亿元，卖火了三湘特色农产品。8月上旬，“芒果扶贫云超市”在平台集中推广湖南黄桃，联动13家湖南广电媒体，以原产地大直播、公益宣传片、音频等方式推荐湖南黄桃，并协同湖南省32家媒体参与宣发，全网曝光量达360万次，半个月时间共带动湖南黄桃销售1.56亿斤，共计7亿元；其中仅炎陵黄桃通过宣传带动，在不到半个月的时间内，就销售了总产量的七成。10月，《奋斗吧，姐姐》直播活动1000多位农人参与开播，同步开启短视频挑战赛，吸引了1110万观众观看，近3.5万名网友在直播间“剁手”消费，累计带动销售额超268万元。11月，为了打造一场“永不落幕的大型农业盛会”，在第二十二届中国中部（湖南）农业博览会期间举办16场大型直播带货活动，为超过400个农产品直播带货，共吸引77万人次观看，总订购金额超700万元。

为了更好与各区县联动，云超市项目组特别编写了《“芒果扶贫云超市”直播对接工作手册》，有效提高了各场直播活动的规范性，提高了与各区县工作对接效率。

同时，湖南广电各大新闻媒体也持续对芒果扶贫云超市进行跟踪报道，其中龙山“惹巴妹”、桂阳“粽子哥”等平台涌现的“网红”典型还登上了央视新闻。

二、脱贫效果扎实

芒果扶贫云超市以精准脱贫为目标，通过“一键开店、一键直播、一键到家”的创新平台功能，每一场带货直播都发生在农户的房前屋后，每一个订单都打通了“最后一公里”连接到了农户的个人用户端，每一笔销售款都在第一时间结算到了农户的个人账户。经过近10个月的运行，芒果扶贫云超市日活已达12万，消费者形成了买湖南特色农产品，就到芒果扶贫云超市的习惯。这让农民群众在云超市开店的热情不断高涨。不少农户还做起了网上“致富带头人”，如益阳新农人主播谌建军从2020年3月开播至2020年年底，共直播80多场，每场直播都在3个小时左右，累计直播14400多分钟，带动安化黑茶、大叶红茶产品销售4832份，销售额近50万元。

在湖南广电的整体宣传带动下，芒果扶贫云超市已成为“湖南特色农产品线上直播带货第一平台”。如江永县直播活动当天就销售沃柑近100万斤，30天内全县2000万斤沃柑销售一空，比往年提前了1个半月断货，沃柑每斤单价从2元飙升到7元，创总销售额近1.4亿元；宜章县利用“县长选品大直播”，县长用充满趣味的沉浸式直播，挖掘好产品的好场景、好故事，带火了莽山红茶，还将莽山脚下的东源村打造成为网红打卡地，每天农民们做直播、游客粉丝们来打卡。不仅如此，云超市还与芒果TV综艺节目《功夫学徒》合作，其中一期就以东源村直播带货为主题，用国际化的爆款综艺IP再次为东源村引流，让东源村更火，让特色农产品销售更好。来自不同国家的10位不同肤色的年轻人深入宜章农村，用不同的视角通过手机直播带货，实地参与湖南脱贫攻坚最前线，体验中国脱贫攻坚的历史壮举。

三、稳定解决就业

芒果扶贫云超市让湖南农民成为全国最能直播带货的农民，芒果扶贫云超市执行团队每到一地，都要组织当地新农人、青年扶贫能手等开展直播带货培训，将线下授课与线上答疑相结合，制定专业培训教材，扎扎实实做好开店直播培训。通过培训和实践，涌现出一批有潜质的自孵化农民网红，如湘西凤凰“腊肉哥”第一次开播就能卖出2300单腊肉；永州宁远的欧阳瑶力每周直播销售实现了1000单的稳定业绩。

同时，通过平台158万个订单的吸引，芒果扶贫云超市利用市场的方式完成了湖南农村电商的新基建。把齐备的电商选品定价、仓储配送、品质把控、支付结算服务引入湖南的乡镇村，使湖南农业、农村、农民开创了“种

芒果振兴云超市

的好、卖的好、送的好”的新局面。如炎陵黄桃，大量的订单促使物流公司直接进驻高山果园，采取现采现发的方式升级原产地物流服务，3 天内就可以送到全国 31 个省区市共 275 个城市，2020 年炎陵黄桃的发货速度、配送速度、品控标准化、订单妥收率均取得历年来的最好成绩。

四、消费扶贫有成绩

2020 年 10 月 18 日，2020 年全国脱贫攻坚奖表彰大会暨脱贫攻坚先进事迹报告会在北京召开。湖南广播电视台卫视频道因创新打造“节目 + 扶贫”模式，打造主流媒体参与消费扶贫的“湖南样本”，携手芒果超媒建立“芒果扶贫云超市”，并推出《出手吧，兄弟！芒果扶贫云超市大直播》等事迹，获得组织创新奖。在 2020 中国新媒体大会上，“芒果扶贫云超市”荣获“2020 中国新媒体扶贫十大优秀案例”。

供稿单位：湖南广电集团芒果传媒快乐购有限责任公司
主创人员：李　藜　申　思　莫伏星　刘方亮　黄铮铮

美丽乡村我代言　搭建全链条式服务平台

《美丽乡村我代言》大型扶贫公益活动是在农业农村部、工业和信息化部支持下，由央视网、中国农业电影电视中心、工业和信息化部信息中心联合发起主办，央视网三农频道、中国农影美丽乡村融媒体中心承办，借助融媒体优质资源，以现场活动加融媒体矩阵传播的方式，线上线下齐发力，旨在搭建一个挖掘、宣传、推介、包装、销售乡村优质扶贫农产品和优秀人才的全链条式服务平台。

自2020年4月26日起，《美丽乡村我代言》历经5个多月，陆续走进了安徽六安、江西修水、内蒙古科右中旗、山东曲阜尼山圣境、江苏无锡拈花湾、内蒙古乌兰察布、江苏睢宁县姚集镇、广东新会、山西广灵、山西泽州、河南柘城、河南光山、辽宁辽阳、甘肃庆阳、河北峰峰矿区等地，累计行程近四万多公里，真正做到了“行万里路、推美美乡村”，近百个美丽乡村、数百种农特产品得到宣传推介，各地优质的旅游资源、优秀的区域特色产品得以展现在全国观众面前。据初步统计，《美丽乡村我代言》线下活动覆盖地区总人口近3000万人，线上观看近1.6亿人次。

《美丽乡村我代言》的亮点是“我代言”，通过遴选出各个地方的“代言人”，包括文体名人、媒体人士、基层干部和农民朋友，以“我代言”的形式，呈现一种全民参与为扶贫特色产品代言、为美丽乡村代言的景象，促进更多的人以实际行动来参与和支持各地的脱贫攻坚。《美丽乡村我代言》大型扶贫公益活动可以说是亮点纷呈。

一、走基层，助力精准扶贫

2020年是脱贫攻坚的决战之年，是全面建成小康社会的收官之年。面对突如其来的新冠肺炎疫情的大考，复工复产后打赢脱贫攻坚战是实现乡村振兴的前提和基础。

由于春节期间中国人受疫情所困，足不出户，作为馈赠礼品的茶叶大量积压，虽说 4 月已到了春茶上市的时节，但订单寥寥。基于抗疫时期的特殊情况和决战决胜脱贫攻坚的关键节点，《美丽乡村我代言》创新形式，从线下转移至线上，以“多场景·大直播”“小现场·大联动”的方式，走进六安瓜片产地安徽六安和江西宁红茶产地江西修水。活动通过文艺会演、传统工艺展示等一系列活动，突出地方文化特色，展示两地茶叶绿色发展成果，推进一、二、三产业融合发展，拉动乡村旅游经济复苏。在江西修水进行的三个多小时直播中，发放优惠券、明星“大 V”助阵演唱、茶艺表演、甩饼演出、超级大奖等让直播间高潮不断。据不完全统计，直播观看累计突破 120 万人次，几大同步直播平台累计成交超过 6 万单次，成交额达 520 余万元。

《美丽乡村我代言》走进乌兰察布，让乌兰察布的农特色产品和城市品牌形象跃上“云端”，带领天南地北的观众“云”游乌兰察布、“云”享乌兰察布。“千人同屏、万人在线”，11 个旗县市区的农牧特产掀起抢购热潮。《美丽乡村我代言》走进乌兰察布，把直播带货与带旅游景点、带特色农产品、带招商引资、带人居环境推介、带商贸物流介绍等结合起来，打出一套组合拳。直播页点击量超 1200 万，总成交量 4.6 万单，总销售额 140 余万元。进一步推动了农旅产品产业化、规模化、品牌化、信息化，形成“网红经济 + 农旅经济”的新业态，让“云端经济”成为当地发展新燃点，提升“草原云谷”影响力，助力乌兰察布高质量发展。

茶叶热销、杨梅畅销、蜂蜜脱销、苹果热销、蘑菇秒光、大米大卖……《美丽乡村我代言》助力数百种农特产品销售额近 5000 万元。云模式让线上线下有机融合，这也是我们危中寻机、化危为机，助力精准扶贫的有益探索。

二、晒风景，助力乡村旅游

望山见水忆乡愁，休闲农业与乡村旅游产业作为旅游业的一个新领域显示出极强的生命力，在解决农村剩余劳动力的同时，旅游经济的附加也改变了农村单一经济的结构，起到“兴一处旅游、富一方百姓”的目的。2020年中国旅游日，《美丽乡村我代言》携手山东曲阜尼山圣境，在初夏时节，以精彩的户外综艺秀带领文艺名人、明星走进美丽乡村，与当地百姓一起庆丰年、乐旅游，为美丽家乡代言。演出活动结合丰富的行走、体验、发现等活动，将曲阜尼山的美景、美食和旅游文化展现在全国观众面前，展示了曲阜市文化旅游蓬勃发展的美丽乡村新风貌。

2020年6月14日，第十七届无锡太湖山水文化旅游节暨马山拈花湾花海杨梅节在江苏省无锡市拈花湾景区拉开帷幕。拈花湾小镇整体规划参考了日本奈良的风格，又融入了中国江南小镇特有的水系，打造出一个自然、人文、生活方式相融合的旅游度假目的地。2019年10月，拈花湾小镇入选首届“小镇美学榜样”名单。《美丽乡村我代言》此次携手拈花湾小镇，在杨梅丰收、鲜花盛开的季节，以精彩的户外综艺秀形式带领文艺名人、明星走进美丽乡村，开展“吃、住、游、购、娱”多位一体的节庆旅游活动，为美丽乡村代言，为当地文旅产业复苏助力。经过精心创编，歌舞、杂技与本土文化相得益彰，尽显禅意生活，在展现当地文旅融合、乡村振兴高质量发展新风采新局面的同时，也引发了到禅意小镇休闲度假的热潮。

据不完全统计，《美丽乡村我代言》推介了上百个美丽乡村、乡村旅游目的地和田园综合体。经过推介，睢宁房湾湿地公园、科右中旗枫林马镇、山西泽州司徒小镇、辽阳前杜草莓小镇、河北峰峰彭城等景区已经成了网红打卡地，有力地助推了乡村旅游。同时，带动了当地餐饮、民俗等的发展，助力多地农民就地就近就业创业。

三、我代言，为人民放歌

在《美丽乡村我代言》大型扶贫公益活动的号召下，众多明星参与站台，为美丽乡村代言。演员们和当地文艺爱好者同台竞技。乡村百姓可以在青山绿水间，通过歌曲、小品、戏曲、杂技、魔术等多种形式赏美景、品美食、赞美人、逛美村，观众喜闻乐见的同时，演出更加主题化。

2020年10月17日，第七个国家扶贫日当天，《美丽乡村我代言》走进了甘肃庆阳。来自西峰区的13个苹果专业合作社带来的50种苹果吸引了众多市民前来品尝、选购。明星和网络直播带货达人们一起化身庆阳苹果代言人，通过线上线下多种形式的直播带货，让庆阳苹果更“红火”。经过精心设计的《小苹果》《大苹果》《青苹果乐园》《庆阳苹果拍卖会》《庆阳苹果红了》等节目精彩亮相，王洁实、扎西顿珠、林萍用歌声推介苹果不亦乐乎，李静、孙海洋用脱口秀和绝活秀推介庆阳苹果，现场一片欢腾。甘肃省政协副主席、庆阳市委书记贠建民看完演出后激动地说，《美丽乡村我代言》走进甘肃庆阳是他近十年来看到的最好的一场演出，演出有主题、演员有激情，内容翔实、形式丰富。

《美丽乡村我代言》在丰收季也迎来了高光时刻，山西泽州等9个地区邀请其去代言，代言行动在各地都受到了当地群众的热烈欢迎。许多演艺明星和互联网达人积极参与，他们的明星效应、名人效应极大地提升了活动的影响力，助推特色农特产品走出乡村。

四、聚人气，让传播更广

智研咨询网发布的《2018—2024年中国文化传媒行业市场竞争格局及未来发展趋势报告》中指出：2017年移动互联网的份额占到整个市场的半壁江山，广播电视和平面媒体只有18%的市场份额。网络广告、网络游戏、网络视频成为拉动传媒产业发展的三大动力。移动互联网已经超过传统互联网的市场规模，移动广告占网络广告市场规模的比例达到69.2%，甚至超过了传统媒体广告市场总和。这充分说明，传媒业已经进入新媒体时代。为此，《美丽乡村我代言》在策划之初就提出了融媒体矩阵传播理念。

央视网《美丽乡村我代言》联合百度好看、今日头条、西瓜视频、农视网、中国三农号等多家媒体进行矩阵传播，各地的融媒体也同步直播。《美丽乡村我代言》活动还受到主要中央媒体、主流新媒体平台的重点关注，包括中央广播电视总台、人民日报、新华社、经济日报、农民日报、中国农村杂志社、中国农网、腾讯新闻、腾讯微视、抖音、快手、凤凰网等等，通过电视报

《美丽乡村我代言》
大型扶贫公益活动

道、报纸刊发、视频直播、短视频推广、图文传播等多元化的融媒体矩阵传播，累计曝光量超 1.3 亿人次。

《美丽乡村我代言》大型扶贫公益活动入围“2020 中国新媒体扶贫十大优秀案例”，我们既兴奋又荣幸。兴奋的是《美丽乡村我代言》受到业界的关注和肯定，荣幸的是我们在 2020 年这一不平凡的岁月里为中国乡村做了力所能及的事。同时也鞭策我们能够继续努力，让《美丽乡村我代言》走进更多的地区，推介我国的美丽乡村，助力乡村振兴！

主 创 人 员：张福伟　屈　哲　徐　原　宗　慧　李雪莲
　　　　　　肖　斐　王　岳　小　娟　李　垚
本文执笔人：张福伟　徐　原

助力扶智提升科学素养
点亮农村孩子的科学梦

“扶贫必扶智，治贫先治愚”，青少年科技创新教育是科技创新的“土壤”。科技日报社联合社会力量，通过自有的直播平台，集合科技专家资源，积极探索扶贫扶智新模式，将“输血”式扶贫转变为“造血”式扶贫，点亮农村青少年的科学梦想。2020 年推出系列情景大师直播课、发起科学知识互动问答活动，平台曝光量达到 2 亿，为科技教育扶贫走出一条创新之路。

从“源头”扶智提升科学素养

科学教育是提升青少年科学素养的关键路径，而大多数地区尤其是农村地区的中小学，因科学课程开设条件不够或课程质量较低等问题难以推进。针对科学教育“最后一公里”的问题，2018 年 5 月，科技日报社发起以互联网教育填补教育鸿沟、提升全国青少年科学素养的“AI 教育公益助学活动”。中国教育下一代基金会、平安集团积极响应，2019 年 6 月 18 日，由中国下一代教育基金会和平安公益基金会联合发起、科技日报社支持的 AI 公益助学行动升级版“AI 不孤读——青少年科技素养提升计划”，在全国 1000 所贫困学校继续建立科普实验室。

为让青少年能在更真实的情境中学习知识，科普实验室启动系列线上大师情景直播活动，围绕人工智能、农业科学、生命科学、航空航天、智能制造，结合火星探测器发射、大象保护日、植物进化等热点内容，邀请科技专家为农村学校进行科普教育，5 场直播课受众达到 3000 万。通过观看情景科普课与科学家直通，让青少年真正感到科学就在身边，科学家就在我们面前，让科学创造不再神秘莫测，有效推进农村小学、教师以及学生科技素养能力的全面提升，协助教育部门共同推进我国科技教育的发展。

拉直小问号点亮科学梦的星火

“好奇心是人的天性，对科学兴趣的引导和培养要从娃娃抓起，使他们更多了解科学知识，掌握科学方法，形成一大批具备科学家潜质的青少年群体。”习近平总书记在科学家座谈会上的重要讲话为青少年科普工作指明方向。科技互动问答的实践就是对学习贯彻习近平总书记讲话精神的有力脚注。

好问题是探索的起点，是通往知识大门的一把钥匙。流星为什么一闪而过？人为什么会变老？猫的眼睛为什么能在夜晚看到东西？……中国科技网、百度知道专题页上展示了来自重庆、甘肃、河南、贵州、湖南、吉林、内蒙古、云南8个省（区、市）34所乡村小学100多个乡村少年的科技“小问号”。

2020年全国科普日，科技日报社在直播课的基础上组织发起“我们都是科技侠”主题活动，号召社会公众通过知识分享的方式为乡村少年科技梦助力，争当“科技侠”，通过专业的指导，呵护青少年的好奇心和求知欲，引导孩子沿着科学的方法去理解问题，逐步掌握科学知识，树立科学思想。孩子们抛出各种各样千奇百怪脑洞大开的问题，得到来自欧阳自远院士、柴洪峰院士等科技大咖妙趣横生的解答，活动平台曝光量达到2.3亿，新浪微博话题“我们都是科技侠”阅读量为1.4亿。

让大自然成为最好的科普课堂

“我们为什么要吃味道难以接受的苦瓜？”直播课上中科院植物学博士、科学松鼠会成员史军抛出问题。荧屏前观看直播的学生们面面相觑。“凡是苦味的东西，多多少少都和毒有关，我们会把植物的微量毒性用在适当的地方。例如，利用它的苦味、维生素等成分来补充人体所需的营养，也有利于提升食欲。”科普专家史军解释道，“苦瓜就有类似的功能。可是，成熟后的苦瓜另当别论。”在直播课上史军老师还演示了一个有趣的实验：运用花青素这种广泛存在于植物中的水溶性天然色素，遇碱变蓝和遇酸变红的原理，判断蔬菜水果是否含有花青素。许多学生迫不及待地跟着直播课开始动手操作“花青素在哪里”的小实验。

“直播课 + 实践课”的形式，突破原有科普课 PPT 的授课模式，以实景授课，从身边的科普讲起，改变了枯燥乏味的课本式学习。参与计划的多个学校都开始打造动手型课堂，组建科学社团，开展课下科学小实验与制作，让乡村孩子们在参与中去感悟、体会科学的乐趣与魅力，在活动中去实践，从而提升科学素养，让孩子们在科技平台放飞自我。

在线教育提升乡村学生科学素养

2018 年，南京师范大学教育科学学院院长、教育科学研究院院长顾建军教授团队受教育部委托，针对《中国大中小学生科技素养的现状调查》课题开展了专项研究。研究发现：城乡的中小学生科技素养亟待提升，特别是乡村的留守儿童；从留守儿童与否在技术知识、技术能力、技术思维和技术态度的差异比较中可以发现，留守儿童科技素养四维度的表现明显低于非留守儿童。

青少年科技素养提升计划将在线教育作为乡村学校、教师、学生与时俱进的重要窗口，通过组织师生观看视频、与名家对话、与科学家直通等一系列的线上教育活动，让乡村学生能够与城市学生一起接受优质教育，与全国各地的师生交流，展示自我，互相学习，取长补短，掌握科学知识，进而激发兴趣、构筑科学梦，积极参与活动课程，潜移默化地改善乡村学生的科学素养。

特别是在疫情期间，在中国科协科普部的指导下，科技日报社、中国下一代教育基金会、平安集团在疫情期间推出“为你加油、未来有我”活动，面向农村青少年群体开展抗疫科普教育。抗疫科学视频征集共收到来自农村青少年的视频作品 2773 个，联合国开发计划署、联合国环保署与中国科技网微博积极互动，# 为你加油，未来有我 # 话题在微博上的阅读量达 1.1 亿，讨论 2.1 万，抖音平台的视频播放量达 762.5 万次。

针对科学教育“最后一公里”的问题，科技日报社一直在积极整合专家资源和社会力量，探索直播、网络问答的新媒体互动形式，以线上线下活动相结合的方式，让农村的青少年直观了解科学知识，通过科技力量的接力，直接激发农村孩子对科学的探索热情，有力地助推农村青少年科普工作。

供稿单位：科技日报社

小溜索带出金果果　为脱贫攻坚注入信心

一、联合公益行动简介

怒江傈僳族自治州福贡县马吉乡马吉米村是云南深度贫困地区的典型代表，这里是云南省脱贫攻坚战的第一线，属于艰中之艰。云南省是全国脱贫攻坚主战场之一；怒江州，则是云南省脱贫攻坚的“上甘岭”，属于国家层面的深度贫困地区——“三区三州”。

马吉米村，地处怒江大峡谷以北狭长地段，植被茂密、雨量充沛，平均海拔 1300 米以上，年均降水量 1400 毫米，全年平均气温 17℃，森林覆盖率 80%。得益于怒江河谷气候温润的优势，借着退耕还林的契机，马吉米村于 2017 年种植草果 8000 亩，草果鲜果销售总收入 730 多万元。2018 年，全村草果种植面积突破 11000 亩，草果种植在马吉米村如雨后春笋蓬勃发展。有了优质的草果，有了一定的种植规模，草果产业近年来成为马吉米村主要经济收入来源。然而，全村 1 万多亩草果大都种植在地高坡陡的山谷中，采收后全部需要人工搬运，以一袋平均重量 45 公斤的鲜草果为例，其人工运输成本为 70 元左右，约占销售收入的 1/4。

2020 年 6 月，在中国记协“2020 年中国新媒体扶贫联合公益行动”号召下，云南日报报业集团新媒体部联合云报集团驻村扶贫工作队组织策划了《你好，马吉米溜索！出山，扶贫金果果》专项扶贫公益行动，旨在解决马吉米村草果运输成本问题，提供更加便利的输送通道，切实为村民增收致富。

此次公益行动，计划修建生产运输索道 22 条，里程 20 公里。投入资金 20 万元，主要用于购买溜索钢绳，村民投工投劳，由扶贫工作队和村民进行溜索安装。一旦溜索建成，将惠及马吉米全村 10 个村小组将近万亩草果林地，受益群众 146 户 479 人。截至 2020 年 10 月 10 日，共完成 8 条溜索的建设，剩余 14 条正在建设当中。得益于一条条建成的产业“溜索”，村民们大大减少了劳作的辛苦，降低的草果成本揣入腰包，钱袋子进一步鼓起来了。

溜索曾是承载着怒江人民关于贫困记忆的活化石，建设桥梁取代溜索是党委政府改善当地交通条件的重要举措。联合公益行动修建的草果溜索，却成为马吉米群众书写产业发展新故事、脱贫致富奔小康的新希望。

二、联合公益行动报道情况和社会反响

《你好，马吉米溜索！出山，脱贫金果果！》新媒体专题是一次前后方整合优势资源进行的联动报道，重点聚焦马吉米村首条产业“溜索”建成始末。云南日报报业集团新媒体部成立专项报道组，深入马吉米村驻扎 10 余天蹲点采访，用全媒体的形态，全方位、多角度记录发生在脱贫攻坚战最前线的点点滴滴，镌刻中国脱贫攻坚大决战的时代画卷，并以媒体力量带动促进深度贫困地区的脱贫攻坚工作。

此次采访的福贡县马吉米村桥马嘎村民小组，正是见证怒江州千年跨越的生动缩影。2020 年 6 月，云南日报报业集团新媒体部派出全媒体采访组进村入户，蹲点采访了 10 余天，采访了村民、扶贫驻村工作队员、村民小组长、马吉乡乡长等 20 多位群众和扶贫一线的干部，制作推出一批内容鲜活、形态多样的全媒体产品，真实生动的讲述正在发生的中国脱贫攻坚故事，取得了很好的传播效果。

在融媒体报道中，我们始终紧扣一条主线：桥马嘎村民小组通过修建产业“溜索”，打通最主要的富民产业——草果出山入市的“最后一公里”，蹚出的这条为特色产业提质增效的脱贫路子，能不能给其他村民小组以借鉴和启发？我们在采访报道中没有仅仅囿于一个村民小组，而是把采访的视野扩展到周边村寨，乃至整个福贡县怒江两岸广泛种植草果地区的精准扶贫工作。

前方，记者通过蹲点式、体验式、跟踪式的采访，采集到大量的一手信息、视频和画面。结合新媒体特点，精选“马吉米首条产业溜索建成记”“算一算村民的溜索增收账”等呈现角度写成文字，同时精心选图、精心剪辑制作视频；后方，新媒体编辑根据策划指导及统筹安排，结合已有的背景资料及报道主线，对前方提供的文、图、视频等素材精心整合，整合

“两微一端”、抖音视频、微信视频号等平台资源，开设专题、话题进行精彩呈现。

专题《你好，马吉米溜索！出山，扶贫金果果》、文图视频直播《马吉米村桥马嘎村草果“溜索”修建记》、视频纪录片《大峡谷又见新溜索》、新闻特写《马吉米的微笑》、图片故事《等“溜索”修好了　草果想拉几趟都可以！》、文图视频报道《开了！怒江马吉米再现溜索，这次它有了新使命》、云报图解《一图看懂马吉米“溜索”增收账》、新闻侧记《大家好，这是马吉米的扶贫“金果果”！》《影像日志｜马吉米驻村工作队的24小时》等相继推出，将一根“溜索”背后，党和政府“不让一个困难群众掉队”的决心与马吉米村民增收的信心串联起来；同时也成为云南如何啃下脱贫攻坚“硬骨头”的一个特写。

2020年10月23日，云报客户端蹲点采写并独家首发的“马吉米村修建草果溜索”事迹，登上当晚的中央电视台新闻联播，央视以2分26秒的镜头讲述了草果溜索建成以及溜索背后的故事。通过交通和产业扶持、易地搬迁、农村危房改造等多项举措，马吉米村在2020年年底彻底脱贫。

此前，《你好，马吉米溜索！出山，扶贫金果果》系列报道就曾引起央视频团队的注意，他们拍摄了专题片《脱贫攻坚记｜大峡谷里的“新溜索”：傈僳族小伙开辟“金果果”的出山路》并在央视刊播，进一步将怒江大峡谷“新溜索”的脱贫攻坚故事讲给全国观众听。

这是一次云报集团媒体融合的生动实践，是一次云南媒体人增强“四力”的实际行动，更是一次党报新媒体热心公益，切实履行社会责任担当。专题推出后，来自全省和全国各界的评论不断涌入，全国各地网友纷纷转发点赞，向驻村工作队致敬，为全国脱贫攻坚事业持续注入强劲的正能量。

三、策划组织和新闻背后的故事

2020年是决胜全面小康、决战脱贫攻坚之年。脱贫攻坚是全社会的责任，作为党报集团的新媒体部门，理应做脱贫攻坚的参与者、见证者、记录者，全方位、多角度展现发生在脱贫攻坚战最前线的真实生动景象。

第一，找艰中之艰。选择此次“2020中国新媒体扶贫联合公益行动”的开展地点和采访对象，是本次活动成败的关键。最终，我们选择了云南深度贫困地区的一个傈僳族村寨——马吉米村。马吉米村是“直过民族”傈僳族聚居村寨，是云南深度贫困地区的典型代表，是云南省脱贫攻坚战的艰中之艰。

第二，挖掘新闻里的新闻。两年内，马吉米村桥马嘎村民小组迎来两次历史性发展，都与“溜索”有关，都与定点帮扶单位云南日报报业集团有关。一年半前，“溜索改桥”，26 户傈僳族群众告别出行靠溜索的历史；2020 年 6 月，迎来首条产业“溜索”。此次报道紧扣这“一减一加”新闻眼，讲述傈僳族同胞在脱贫攻坚中生产生活的可喜变化，幸福生活折射的是党心民心聚力之伟，和脱贫攻坚“一个都不能少”的坚定之誓。

在报道中，我们力求用充满“新媒体味道”的报道形式（如短视频、直播、图解等），讲述马吉米村村民在扶贫单位的帮扶下自力更生、自己动手修通全村第一条产业“溜索”的故事，用小切口传播正能量，阐述中国脱贫攻坚的大情怀。

四、经验和体会

一是带着真感情，讲好新时代脱贫故事。“转轴拨弦三两声，未成曲调先有情。”在报道中，以情动人尤为重要，讲好新时代脱贫故事更是如此。云报全媒体报道采访组始终带着对人民群众的深厚感情，在怒江大峡谷克服“虫蛇关”“语言关”“雨水关”，用镜头、笔触记录马吉米村桥马嘎村民小组建设全村首条产业“溜索”的前前后后与每一处细节，挖掘新闻背后的新闻，通过细节的张力反映脱贫攻坚“艰中之艰”一线扶贫的活力。

创作好的作品，需要真实讲述、艺术表达。只有真实，才能打动人、感染人。采访报道期间，云报全媒体报道组与牵头修建溜索的云南日报报业集团驻马吉米村扶贫工作队员在怒江畔同吃同住同劳动，与傈僳族同胞“认亲戚”交朋友，尽可能地运用纪实性的画面和讲述，真实记录傈僳族同胞的喜与盼，记录马吉米村桥马嘎村民小组 26 户傈僳族群众在党的民族政策和脱贫攻坚的光辉照耀下，历史性的千年跨越。

滴水照太阳，我们的报道不仅仅展现桥马嘎村民小组在基础设施、产业等物质方面翻天覆地的变化，最重要的是挖掘当地傈僳族群众不断提升的内生动力，记录他们精神层面的积极变化。采访中村民小组长普友博由衷感叹道：“村民发展产业的干劲和增收致富的决心，前所未有。”

你好，马吉米溜索！
出山，脱贫金果果！

二是行进式报道，融合式采编。桥马嘎小组首条产业“溜索”的修建，是本次报道的新闻主线，本身就颇具看点——在怒江大峡谷的深山密林中怎样修建一条溜索。对此，云报全媒体报道组采取“图文＋短视频”的方式进行行进式报道，生动记录这一难得一见的怒江大峡谷劳动场景。后方编辑实时跟进，通过云南日报微博、云报客户端、云南日报微信公众号、云报客户端抖音号等新媒体平台开展直播报道。

同时，将短平快的行进式报道与后方融合式采编相结合，深挖新闻背后的社会价值、扶贫价值。比如，采用“云报图解”的可视化呈现，通过一张图读懂桥马嘎村民修建产业溜索的“增收账”。怒江州福贡县常务副县长高松看到报道后，在微信圈转发相关稿件并留言：“帮扶单位出钱，老乡们出力，这件行业部门曾经天天论证来论证去的事情就这样办成了。通过算一算溜索带来的‘增收账’，看看实际效果，便于完善和推广。”

在首条溜索建成后，采访报道高潮没有停止。新闻特写《溜索再现大峡谷》、微纪录片等深度报道陆续推出，故事鲜活、政治站位高，从微观鲜活实践上升到国家脱贫攻坚的宏观层面，生动展现在国家、省及东西部扶贫协作支援下，怒江州坚持聚焦“两不愁三保障”，脱贫攻坚取得决定性进展的历史性变化。

我们希望，通过这条草果溜索的故事，为怒江大峡谷的少数民族村寨带来更多的发展机遇。我们同时希望，用文字、图像、视频留住的这些故事，能作为未来的一面镜子、时代的一个横截面，让这些火花四溢的瞬间被我们的新媒体精彩刻录。

主创人员：谢　炜　张海燕　张文峰　邢路扬　张俊辉　郑海燕

本文执笔人：谢　炜　张海燕

探索"健康＋科技"的特色扶贫之路

打赢脱贫攻坚战是党中央、国务院作出的重大战略部署，是党向全国人民作出的庄严承诺。健康扶贫作为国家脱贫攻坚战略的重要组成部分，已进入精准施策、深入攻坚的关键时期。按照党的十九大关于动员全党全国全社会力量参与脱贫攻坚的要求，深入贯彻落实习近平总书记关于脱贫攻坚工作的重要指示和党中央、国务院关于脱贫攻坚的重大决策部署，根据《国家药品监督管理局定点扶贫工作规划（2019—2020年）》精神，中国药学会、中国食品药品检定研究院等单位联合开展"科学用药　科普扶贫"活动，面向安徽省临泉县和砀山县开展健康扶贫、科技扶贫，扶贫同扶智相结合，助力脱贫攻坚，坚决打好新时代健康脱贫攻坚战。

一、组织策划

"科学用药　科普扶贫"活动是中国药学会近年来打造的科普扶贫新品牌，汇聚政府机构、科技社团、医疗机构、医药企业等各界力量，通过现场座谈、实物捐赠、培训讲座、咨询指导等形式，组织药学专家深入基层，与基层医务工作者进行深入交流，组织药学专家进入科室进行帮扶指导。"科学用药　科普扶贫"活动在国家药品监督管理局、中国科协、全国政协教科卫体委员会的指导下，2018—2019年已累计开展9场，惠及安徽、江西、山西、广西等地的贫困地区。

2020年，中国药学会联合光明网，采取线上连线的形式，开展"科学用药　科普扶贫"直播活动，走进安徽省的临泉县和砀山县，结合两县本地产业结构特点与实际情况，因地制宜开展专题培训，授人以渔，从帮助贫困人口最直接、最现实、最紧迫的健康问题入手，有针对性地推广普及医药知识，强化防病治病的意识和能力。提升当地药学服务团队的能力和水平，为当地培养一支安全合理用药的团队，把科学的知识、先进的技术送到基层，有效防止因病致贫、返贫。扶贫同扶智相结合，针对当地中药产业发展情况和需求，开展中医中药产业论坛，对中药材种植和饮片加工等各方面开展产业扶贫的技术指导。搭建扶贫县中药产业与高端行业专家沟通交流的平台，充分交流中药材种植和饮片加工技术经验，共同探讨产业相关困难和问题，为下一步做好当地中药产业发展提供了思路和积极的技术指导。

活动积极建立贫困地区的药学服务发展和人才帮扶机制，坚持厚植内生动力，努力提高基层药学服务能力，加快补齐贫困地区卫生健康与药学服务短板，并探索医疗健康及药学科普扶贫方式，促进药学服务向贫困地区覆盖，引导药学科普资源向基层集聚，提高贫困地区公众的科学用药素质和水平。同时引领广大群众树立健康理念、养成健康行为、提高健康水平，为如期完成脱贫攻坚任务提供更加有力、有效的健康扶贫医疗用药保障，以更加务实的举措，让贫困地区公众共享全面建成小康社会的成果。

二、活动效果

2020年，“科学用药　科普扶贫”活动充分发挥光明网的媒体影响力，探索新媒体携手扶贫新模式，在产业扶贫的同时贯彻健康脱贫，循序渐进地输送科学用药知识，助力精准扶贫。

1. 开展专题培训，提升基层医疗机构药学服务能力。2020年7月21日，“科学用药　科普扶贫”活动启动仪式及基层医疗机构培训，向临泉县和砀山县捐赠科普图书，向参与活动的扶贫专家授予聘书，邀请首都医科大学附属北京地坛医院感染科主任医师卢联合、中国医学科学院北京协和医院主任医师赵维纲、首都医科大学附属北京朝阳医院主任药师刘丽宏、中国医学科学院肿瘤医院主任药师李国辉等医药专家分别就新冠肺炎疫情下的院内感染控制、糖尿病临床诊疗与合理用药、现代化药学服务概况、抗肿瘤中成药的合理使用等内容开展基层医疗机构专题培训。76.7万人次通过直播参与活动。

“科学用药　科普扶贫”活动

2. 开展技术指导，科技助力当地中药产业发展。“科学用药　科普扶贫”中药产业发展论坛邀请中药材种植和饮片加工等领域专家，与临泉县农业农村局相关负责人开展主题交流，围绕大健康时代中药材种植及加工产业相关政策解读、中药饮片炮制技术发展、全草类中药产地加工与炮制一体化生产模式研究、中药材及饮片的质量和控制方法、现代信息数字化技术在中药种植和加工溯源体系中的建设与应用、中药饮片临床合理应用等方面交流经验做法，聚焦中药产业发展，助力科普科技扶贫。90.2 万人次通过直播参与论坛。

3. 充分利用融媒体报道方式带领广大网友走进临泉县和砀山县。利用光明网的传播力，通过本次活动扩大对临泉和砀山两地的宣传，让当地特色农产品走进更多人的视野，助力产业扶贫。

4. 搭建活动专题页面，广泛开展安全用药科普传播。充分利用光明网及旗下新媒体的传播优势，扩大活动的影响力和覆盖面。发布“科学用药　科普扶贫”专题安全用药科普知识，通过图文、视频及多种方式在线上面向公众进行健康知识普及，积极引导公众提升安全用药意识，引领广大群众树立健康理念、养成健康行为、提高健康水平。

三、社会反响

国家药品监督管理局药品监督管理司司长袁林表示，“科学用药　科普扶贫”要结合两县当地产业结构特点与实际情况做到因地制宜，在产业扶贫的同时贯彻健康脱贫，循序渐进地输送科学用药知识，做到扶贫同扶智相结合。加大政策支持力度，各方要经过联动，灵活运用行业信息资源优势，加上对两县医药产业发展的指导，解决贫困户就业、中药材种植技术等多方面问题。

中国药学会副理事长兼秘书长丁丽霞表示，活动会从基层抓起，注重结果的同时更注重细节，在科学用药方面做到人人能听懂、人人能接受，逐步提升当地药学服务与团队的能力和水平，携手共进，实时跟进。

“科学用药　科普扶贫”活动，充分发挥新媒体的影响力，探索新媒体携手扶贫新模式，在产业扶贫的同时贯彻健康脱贫，循序渐进地输送科学用药知识，做到扶贫同扶智相结合，为实现精准扶贫、精准脱贫提供更多信息服务、智力支撑、舆论支持。

光 明 网 团 队：宋乐永　战　钊　宋雅娟　赵清建　肖春芳
武玥彤　张梦凡　张　蕃
中国药学会团队：丁丽霞　周颖玉　施　阳　张　蕾　刘云涛
白　毅　彭亚楠　韩青青　刘　鑫　李祎鹏
本 文 执 笔 人：赵清建　施　阳　张　蕾　彭亚楠

"搭把手·拉一把"湖北扶贫助农在行动

受新冠肺炎疫情影响，2020 年上半年湖北省多地农副产品出现滞销，给农民朋友带来了比较大的损失。为决战决胜脱贫攻坚，助力疫后重振，湖北长江云充分发挥新媒体平台化传播优势，担当起主流媒体责任，在湖北省农业农村厅、湖北省商务厅、湖北省扶贫办指导下，联动"学习强国"学习平台、央视频、湖北广播电视台以及各县级融媒体中心，联合淘宝、京东、澎湃、趣头条等电商销售平台，推出"搭把手·拉一把——长江云爱心助农公益大直播"行动。以"主题宣传＋湖北特产＋互动直播＋在线销售"的新模式，助力湖北省农副产品销售，架起一座产销对接的"爱心桥"，让农民增收入，让市民不出门"扶贫助农"的同时享受"湖北味道"，展现疫后烟火湖北的风貌。

一、架起产销对接桥梁，搭建助农销售专区

长江云充分发挥平台优势，依托湖北广电频道资源，联合淘宝、京东、澎湃、趣头条等各大电商平台，推出系列主题销售活动和销售专区，最大限度覆盖消费人群，全面提升湖北省农产品销售量。

开展"买鄂"活动助力湖北农产品推广月。2020 年 3 月底，长江云与电商、资讯平台联手，为湖北农副产品搭建从宣传到购买的无缝对接平台。联合川报观察，结合奔康助农大型公益活动，发起"鄂醒了，四川好吃嘴来搭把手"活动。大力宣传推广热干面、小龙虾、洪湖莲藕等驰名全国的湖北农副产品，带领四川好吃嘴们购买湖北优质农副产品，为解封后的湖北经济恢复搭把手！

推出"京心助农寻味湖北"销售专区。2020 年 4 月 2 日，为帮助湖北省

小龙虾、茶叶等行业加速复工复产，长江云联合京东商城设立“京心助农寻味湖北”销售专区，为推广销售湖北农副产品鼓呼。全国的吃货们都可以在湖北产品专区尽享小龙虾、周黑鸭、热干面、孝感米酒等湖北特产，同时也为辛辛苦苦劳作的农户们摆脱困境奉献一份爱心。

二、开启助农公益直播，打造立体化传播

2020年4月起，长江云联合“学习强国”学习平台、湖北省县级融媒体中心，推出“搭把手·拉一把”湖北农副产品公益大直播行动，充分融合“学习强国”学习平台、湖北广播电视台、长江云及全省120个云上系列客户端的传播力量，采用“直播+电商”的营销模式来解决农产品销售难的问题，用“流量”带动“销量”，以购带帮，去除中间环节，有效实现产销对接，实现消费者和农户双赢，真正让扶贫行动落到实处。

为让直播更具影响力，专门设计了领导干部带货环节，以政府的公信力为家乡产品赋能。通过“主播互动+县（市、区）长带货”的创新形式，真实直接地为广大网友展示、推介、销售当地优质农产品。截至2020年11月，推出专场直播20余场，累计点击量超5000万。

三、跨平台联动，四级媒体同步发力

长江云“搭把手·拉一把”助农公益行动，打破区域和媒体自身局限，先后联合央视频、湖北垄上频道、湖北电视综合频道及多家当地电视台共同宣推，实现中央、省、市、县四级媒体同步发力、大小屏联动、新媒体和传统媒体联动，充分实现了传播效果的倍增效应。

2020年4月15日长江云联合央视频，跨越北京与武汉，湖北30个县县长联手中央主持人天团，共同开启了一场持续14小时的不间断直播，为湖北农产品带货，联动全省120云上系列客户端共同发力，当天直播全网累计点击量超过3000万。

“搭把手　拉一把”湖北爱心助农公益行动联合央媒、广电频道、云上市州、商业媒体等多平台共计直播100余场，会集湖北各地主持人参与公益

搭把手·拉一把——湖北农副产品公益大直播

直播带货，累计点击量过亿，助农销售成交额过亿元。此公益行动获得中国记协高度肯定，点赞长江云“在抗击疫情行动中从报道者变成参与者”，充分彰显了新时代主流新媒体的责任担当。

习近平总书记在陕西考察时强调：“电商，在农副产品的推销方面是非常重要的，是大有可为的。”长江云作为省级主流媒体，坚定不移地把习近平总书记的要求，落实在每一次的扶贫助农直播实践中，为决战脱贫攻坚注入了主流媒体的正能量、新模式。“长风破浪会有时，直挂云帆济沧海”，长江云将再接再厉，砥砺奋进，进一步完善融媒宣传和产业模式，“替老百姓选好货，为老百姓把好关”，通过探索融媒运营新模式、提升融媒传播影响力，在新时代中开创消费扶贫新局面。

供稿单位：湖北长江云新媒体集团有限公司
主创人员：邓秀松　曹曦晴　赵　轶　陈晓帆　管佳莹
胡汉敏

“互联网 +”架起公益与教育的桥梁

2004 年，东方网发挥主流媒体价值和社会责任，出资 38 万元援建甘肃省定西市岷县清水镇一心小学，并更名为东方网希望小学。从建设全新校舍到领捐物资、从资助贫困学生到每年进行支教援助、从孩子们赴沪交流到大山里走出一批批大学生。17 年来社会各界，从机构、企业、团体到个人、东方网职工和志愿者超过 300 人次走访支教过的希望小学，社会各界捐助物资和援建公益总额超过 1000 万元，当地受益贫困学生超过 500 人，超过 30 名学子从希望小学考进大学。该公益项目还先后获得“上海首届青年志愿者服务项目大赛金奖”“上海志愿者协会优秀公益项目”等荣誉。

一、发挥主流媒体社会责任　驱动社会扶贫联动能力

岷县位于甘肃省南部，地处青藏高原东麓与西秦岭陇南山地接壤区，境内海拔为 2040—3754 米。在距离岷县清水镇政府 5 公里的偏远山区里，曾经的一心小学是当地唯一一所小学。由于交通不便、设备落后、师资匮乏等客观原因，孩子们求学往往要起早贪黑、跋山涉水一个多小时才能到校上课。因此，提升基础教育设施，改善孩子读书环境迫在眉睫。2004 年，在甘肃省政府和当地有关部门的关心和推动下，东方网决定出资 38 万元，对原一心小学进行资助。17 年过去，希望小学从原来仅有两间教室，发展到今天占地面积 5661 平方米，新建校舍、操场、实验室、图书馆、微机室等教育场地和设施。曾经落后的山区学校“摇身一变”，成为备受关注的“东方网希望小学”。

17 年来，东方网始终坚持做好对希望小学的援建和支教工作，充分发挥主流媒体影响力，通过一次次的支教志愿活动，让更多人了解西部偏远山区

的发展情况和教育现状，从而动员更多社会力量关注和参与西部脱贫支教事业。东方网组织协同多个政府机构、国内企业、社会团体、知名人士及志愿者前往希望小学进行走访支教，并多次修缮提升学校基础设施和教学设备，同时为当地的长期支教教师，贫困学生进行一对一关怀和帮助，确保希望小学教育和扶贫工作可持续性发展。

作为主流媒体，东方网切实贯彻国家脱贫攻坚战的方针，落实党媒的社会责任和媒体影响力，定期开展支教援建工作。充分运用媒体融合新时代工具，通过新闻报道、活动专题、创意 H5、短视频 Vlog、VR 采风、图文纪实等手段，让社会各界充分关注西部开发和脱贫攻坚的重要性，以点带面有效推进脱贫工程。

二、坚定打造“爱在东方”扶贫品牌　形成可持续价值

东方网希望小学建成后，东方网致力于长期开展定向教育扶贫计划，设立“爱在东方”公益扶贫品牌项目，以确保长期稳定地进行公益力输出和扶贫价值导向。17 年来东方网以“爱在东方”为主题，持续开展各项定向扶贫公益项目。一是设立教育资源扶持计划，以主流媒体引入优质师资进行支教，确保希望小学的蜕变和可持续发展。二是进行一对一教育定点支助，协同各界力量，帮助一大批贫困家庭孩子完成学业。从东方网希望小学走出的学生不乏考入全国各地名牌大学的学生，也有一大批学生以专业技能为发展方向已投入家乡改革建设发展的事业中。定向扶贫项目帮助一批批学生成长，实现反哺家乡的脱贫目标。三是开展系列教育互助人才计划，17 年来东方网多次开展希望小学学生赴沪培训培养计划，从社会实践、教育项目体验、学习能力、知识疏导、暑期实践等，提前培养学生的社会适应和综合素养能力。四是铺设“爱在东方”援建通道，数年来架起社会各界、企业、知名人士与希望小学的定向援建，以“人、才、物”与“互联网 +”等多维方式实现零距离公益扶贫。

三、以公益之初心提升媒体价值和公益品牌影响力

2020 年东方网跨入第 20 个发展年，东方网希望小学亦是脱胎换骨为岷

县教育设施先进、设备齐全、当地最为重要的基础教育学校。如何更好地发挥东方网主流媒体的价值，践行“上海文化”品牌建设的理念，提升“爱在东方”和东方网希望小学的公益品牌形象，寻求社会公众对于扶贫事业的共鸣是东方网持续坚持的永恒课题。

作品二维码

未来东方网将持续推进对希望小学的建设与发展，协同社会各界力量支持，不断完善公益品牌的建设和价值驱动，一是持续开展公益支教各类活动开展，总结17年来的公益支教和扶贫经验，通过丰富创新的形式和社会传播载体，吸引更多的人参与希望小学扶贫建设；二是不断研究拓展人才定向培养机制，培养出更多具有社会竞争力，专业技能、学习能力的学生人才，以人才带建设实现公益扶贫的真正价值；三是扩大“爱在东方”公益品牌的价值影响力，在东方网希望小学建设的基础上，开展覆盖更广范围更大的公益项目，让社会各界通过东方网的媒体影响力，对公益和扶贫事业的了解有更多的广度和维度。

东方网作为一家以科技创新为引领，新闻＋政务和服务的主流媒体，将秉承党媒社会责任，热衷公益扶贫，引领社会正向价值观。“爱在东方”，我们一直在路上。

本文执笔人：寇志红　郑　翔　许吴彬　李　涛　任　渊

2020 中国新媒体扶贫优秀案例提名

2020 中国新媒体扶贫优秀案例提名颁奖仪式

院士科普 + 直播带货
破解扶贫产品销售难题

2020 年是决胜全面建成小康社会、决战脱贫攻坚之年，脱贫攻坚工作进入关键阶段，然而受到新冠肺炎疫情的影响，全国各地的扶贫产品销售和产业扶贫陷入困境。如何将农产品卖出去？如何足不出户买特产？如何保证新鲜农产品不滞销？在这一系列问题困扰广大农户时，“网络直播带货”走进大众视野。

“网络直播带货”可以说已经成为 2020 年度热词之一。“官员带货”“主持人带货”“明星带货”“网红带货”一度刷爆受众眼球，新华社客户端另辟蹊径，邀请院士走进直播间，为农产品代言，在向网友推荐优质农产品的同时，还带来一堂高质量的科普课。这种在网友眼里有点“不一样”的直播，不仅刺激了消费市场，拓宽了农产品销售渠道，在助力脱贫攻坚的同时，也彰显出新媒体平台的社会责任，为推动疫后复工复产贡献了自己的力量。

另辟蹊径推销农货，邀请院士前来直播

在新华社客户端“院士直播带货”报道之前，许多政府官员化身“网红”走进直播间，为农副产品代言，还有很多媒体邀请著名的主持人进行直播带货。当“直播带货”一夜之间风靡网络时，新华社客户端另辟蹊径，邀请院士来做一场“不一样”的直播。

“院士直播带货”报道之前，新华社客户端报道团队对互联网平台类似直播带货报道进行了研究。与明星、官员直播带货相比，院士直播带货可以

说更具公益性和专业性。“院士”的身份具有特殊性，他们参与直播带货这种行为并不是为了谋私利，而是真正的扶贫助农，显然，网友对这种公益性直播带货的接受程度应该更高。与此同时，自带“专业性”标签的院士与以权威报道著称的新华社相得益彰。确定了所带货品是广东的荔枝后，新华社客户端选择的带货嘉宾是中国工程院院士赵春江，作为农业信息化领域的权威专家、国家农业信息工程研究中心首席科学家，赵春江院士直播带货，正所谓“专业的人做专业的事”，这场跟其他媒体平台“不一样”的直播报道，也给网友带来意想不到的体验。

所有环节反复推敲，确保直播万无一失

新媒体直播报道是一个综合系统工程，需要的工种多、设备多、流程细，无论哪一个环节出错都会导致直播事故。为了保证直播报道的安全，新华社客户端报道团队明确责任，从编写直播脚本到设备测试，从技术保障到页面展示，全程都安排专人负责把控。

1. 脚本做细，全程掌控。按照策划方案，直播初步设定为 1 个小时，在这期间除了新华社记者与院士在广州直播现场的问答，还设计了院士与雷州市市长的连线环节，这对直播是个不小的考验，相关交流的脚本多次修改核对，报道团队做到全程掌控。

2. 设计海报，营造声势。直播开始之前，报道团队依据直播内容设计了海报，“岭南荔枝红　院士来助农”——抢眼的标语配合水灵灵的荔枝画面先后出现在新华社客户端开机页、新华社客户端首页，在直播开始之前做足预热工作。

3. 技术保障，安全到位。新华社客户端安排技术团队保障本次直播，具体延迟、备播等环节都测试完成。广东直播现场的技术人员与新华社客户端报道团队在直播过程中一直保持通信畅通，确保随时发现问题随时解决。

4. 编辑展示，推广到位。新华社客户端派出精兵强将保障本次直播，从直播页面的设计，到直播稿件的签发，从页面展示到弹窗文字的拟定，从直播进程的监控到直播回放的生成，每一个环节都有专人盯守，所有环节都按照既定流程进行，确保不走样、不出错。

半小时卖4万斤荔枝，院士带货成绩优秀

“这个荔枝口感很好，饱满多汁，酸甜度适中。”2020年5月10日下午，农业信息化领域的权威专家、国家农业信息工程研究中心首席科学家、中国工程院院士赵春江完成了他职业生涯首场“直播带货”。他与新华社记者吴涛一起向网友推荐广东的荔枝，一起解锁荔枝的多重吃法，助力电商扶贫。据统计，此次直播累计有168万名观众在线“围观”，短短半小时内卖出4万斤荔枝。新华社客户端的直播浏览量超过140万，拼多多平台在线观众累计高达168万人。直播后播发的新媒体稿件《完成生涯首场“直播带货”后，赵春江院士这样说……》在客户端的点击量也超过100万。新华社微信公众号《荔枝表示很自豪：院士都“迷”上我了》阅读量10万+。

在直播结束后，赵春江说：“这是我有生以来第一次参加直播带货，通过直播把农产品变成商品，让农民能够赚到钱，增收致富，这是好事。这有助于脱贫攻坚，也有助于乡村振兴。”

从网友的角度来看，“院士”的头衔就是金字招牌，他们不仅是农产品方面的专家，更是权威人士，他们所带之货品质更有保障。很多时候，农民在销售农产品时缺少品牌效应，而“院士带货”直接给农产品赋能，在产品质量方面形成“背书”。此外，在直播过程中，记者针对农产品的热点问题与院士交流，网友在观看直播的同时可获得权威有效信息，能够更加了解自己购物车中的物品，避免盲目购物或冲动消费。

直播带货注重“时”“效” 互动环节打动人心

相比很多传统形式扶贫，电商扶贫为贫困地区农产品“走出去”提供了新通道，网络带货直播被越来越多的人接受。“院士直播带货”如何在众多带货直播中突出重围？新华社客户端的实践证明，提升互联网思维、发挥本土优势是关键。贫困地区不仅要快速搭上互联网发展的顺风车，趁机打开线上销货渠道，更要注重发挥本地特色和优势，将农产品打上地方特色的标签。院士直播卖荔枝就是这样一场兼具互联网思维和本土优势的电商扶贫

行动。

巧选时机卖荔枝，实现农户和消费者的双赢。荔枝“一日色变，二日香变，三日味变，四日色香味尽去”。新华社客户端在岭南荔枝大量上市之前进行荔枝销售直播，充分考虑了货品的发货期和新鲜水果的保质期，在保证网友能够在第一时间品尝新鲜荔枝的同时，避免了因荔枝积压、滞销而造成农户的损失。

直播互动不走寻常路，幸运儿获赠荔枝树。很多带货直播中，主播会进行发红包送礼物等互动游戏来刺激网友消费，而在新华社客户端这场带货直播中，院士送出了一棵荔枝树。直播当日时值“母亲节”，赵春江院士将雷州当地一棵荔枝树未来10年生产的荔枝都送给了直播现场抽取的幸运网友的母亲，这一细节不仅受到直播间里网友的热烈好评，在客户端上留言的网友也直呼“暖心”。

“院士直播带货”促进电商扶贫健康发展

众所周知，目前我国农产品的市场价格相对偏低，农民收益相对较低。造成这种情况的原因很多，信息不对称是其中之一。有时生产出来的农产品质量很好，但是卖不出去，因为不知道卖给谁，消费者也不知道哪里有好产品。而“直播带货”这一新兴的农产品线上销售模式，首先是能把供需双方连接在一起；其次也可以塑造农产品品牌，鼓励经营者种出好的农产品，提高品质，获得广大消费者认可，不仅通了销路、活了产业，更富了农民、乐了市民，也为脱贫攻坚和乡村振兴注入了新活力。城市消费者想买却买不到，贫困群众想卖却卖不出的窘境因直播带货而发生改变。因此在很多网友看来，直播带货、扶贫加电商的模式是农民和消费者的双赢，既解决了农民朋友的销路问题，也让消费者看得见源头，自己吃起来也更加放心。

院士来直播　农民卖货多

新华社客户端“院士直播带货”报道的尝试，将网络直播带货的种种优势发挥到了极致。院士在直播中查看弹幕，与网友对话，更清楚更直接地了解到网友的所需所想，了解到网友对于农产品的喜好偏好，从市场端找诉求，然后再从科研端发力，在一定程度上对院士们的科研工作起到促进作用。

在疫情防控常态化机制下，以网络直播带货为显著标志的电商扶贫进入了顺势发展的快车道。院士大咖以资深的专业背景、公益带货的性质强势加入"网络主播"的队伍，充分展现了"鲶鱼效应"，促使网络直播带货能够在更加健康、优质、专业的车道上稳步行驶。新华社客户端这次直播的成功，在给媒体同行们开辟新的报道途径的同时，也是对如何促进电商扶贫健康发展的一次有效尝试。

主创人员：陈凯星　周　亮　齐慧杰　胡国香　吴　涛
陈　倩　王浩程
本文执笔人：胡国香　陈　倩

全景记录脱贫历程　视觉扶贫助推增收

2.5万公里、116个村、历时半年……700多名摄影师用他们的脚力和镜头访遍重庆脱贫攻坚之路，用20万多张图片（视频）见证了重庆脱贫攻坚的历程及成果。支撑他们从春天走到秋天的是奋战在脱贫攻坚一线的那些感人画面和昔日贫困乡村如今的变迁和绽放的幸福笑脸。

2020年4月，重庆日报报业集团在重庆市委宣传部及市扶贫办的统一部署下，由重庆日报牵头整合报业集团旗下各媒体及重庆优秀摄影师，在社会各界的支持下，开始了主题为“扶贫印记”的2020重庆视觉扶贫行动。以此全景式记录党的十八大以来脱贫攻坚伟大历程和生动实践；同时，通过组织重庆优秀摄影师参与视觉扶贫行动，形成“视觉帮扶”机制，用视觉影像的力量带动贫困地区旅游及农产品销售，帮助贫困人口脱贫增收。

收到通知后，重报集团立即成立工作组，开展策划组织实施工作，以重庆日报为牵头单位，视觉图库（重庆）传媒科技有限公司（视觉重庆）为执行单位，起草了15万字详细的执行细案，组建了由重庆日报、华龙网、上游新闻和各地方融媒体中心记者组成的新闻摄影报道组，同时统筹全市摄影力量和优秀摄影师开展视觉扶贫行动，700名摄影师参与该项工作，在市扶贫办指导下，分16批次走进全市33个区县的116个村镇社区，每批次时间4天到10天，主线行程1.2万公里以上，加上分组执行拍摄的总行程超25000公里，这不仅在重庆，在全国范围内都是一次规模空前的媒体宣传战和摄影大会战。

重报集团各媒体记者和摄影家们用新闻和图片、视频、航拍、直播等多种形式聚焦扶贫战线的丰硕成果、扶贫干部的工作成绩、脱贫群众的新生活和美好愿景。采集影像素材建立重庆市脱贫攻坚历史影像档案大数据图库，为贫困村镇的乡村旅游、脱贫产业和农特产品免费拍摄形象推广大片，向深度贫困村捐赠35套千元级的产品摄影棚，350位区县摄影家与350位贫困群众结成视觉帮扶对子，达到了摄制优质影像、宣传成绩典型、采集扶贫素材、交流培训人才、引发社会参与、助推消费扶贫等综合目的。

前期采集工作从4月8日在奉节安坪镇启动到9月11日在万州龙驹镇收官，历时5个多月，从春天走到秋天，工作组克服了疫情影响、山洪暴发、泥石流断道塌方、重庆夏季高温酷暑户外作业等不利因素，在33个区县扶贫办、宣传部门、区县乡镇两级政府和村两委的大力支持和配合下，精心组织，确保执行效果。众多摄影家怀着发挥摄影人社会担当、用影像助推重庆脱贫攻坚事业的高尚情怀，在拍摄过程中不畏路途艰险和高温酷暑，发挥特别能吃苦、特别能战斗的职业精神，转战区县连续作战，深入田间地头、山野绝壁，起早贪黑抓拍摄机会，在不具备食宿接待能力的乡村，为捕捉时机不惜吃干粮睡地铺以节省村镇往返时间。

视觉扶贫参与人员的忘我付出，既对脱贫攻坚事业进行了全方位聚焦，又对扶贫干部、基层干群起到了工作被社会认可的极大的鼓舞作用。正如市发改委扶贫集团、彭水县三义乡驻乡工作队队长王祖勋所言：“视觉扶贫行动不光是影像拍摄采集，也是在众多扶贫干部和广大基层干群为脱贫攻坚事业苦战三年的关键时期，代表党和政府给予的巨大激励和一剂强心针。”

视觉扶贫的效果也已超越对具体村镇脱贫攻坚领域的宣传报道和拍摄，拓宽到涉及区县层面的人文风采、旅游资源、农业产业的多领域全景式记录呈现，作用延展到国家后续“乡村振兴”的战略任务，按照区县乡镇干部的话说，就是“太感谢市里组织的视觉扶贫行动了，给我们留下了三五年内都能用得上的一批镇村优质影像资产，让我们贫困村的干群感受到自己的乡村如此美丽，拥有美好的发展前景！”

媒体报道方面，宣传报道组通过文字、图片、视频、Vlog、直播等多种形式进行刊发传播，平均每个拍摄点合计刊发10余条，重庆日报报版、重庆日报新媒体、上游新闻、华龙网等市级媒体已发表稿件超过400多条（版），所有稿件均在显眼位置打出了“扶贫印记”logo，强化了报道主题性。据不完全统计，本次行动带动各地融媒体报道百余条以上，摄影师自媒体传播分享数千条。前期报道工作得到了社会各界好评，中央媒体关注不断，刊发转载相关报道15条以上，在《人民日报》要闻版刊发4条，《经济

日报》头版大图1条，对奉节安坪镇、丰都三建乡进行报道，央视频转发上游新闻对巫溪茶园村的报道。

除媒体报道，负责项目具体执行的视觉重庆工作组，将图片直播运用到视觉扶贫行动，开辟的目标乡镇展示区的图片可在直播系统中保存10年，将采集的高质量影像按各目标乡镇景观民俗、美景美食、农特产品、扶贫产业、脱贫故事、群众愿景等分板块逐一呈现，并附上各贫困地区的交通导航、村镇联系方式、电商二维码等服务信息，为社会各界关注贫困村、带人带货参与消费扶贫提供了直观丰富的信息和电商购买渠道，已超830万次的浏览量取得了现象级的传播效应和助推消费扶贫的实际成效。

在活动执行中，重庆日报视觉重庆同步组织的渝北北碚站消费扶贫自驾行摄影活动数百摄影爱好者报名，近期奔驰车友会联系视觉扶贫工作组，即将开展对涪陵大顺乡的消费扶贫及对口捐赠活动。传播过程中，已有多家企事业单位提出希望参与加入“视觉扶贫”，推介贫困地区的旅游及农特产品，帮助贫困人口增收。

目前，脱贫攻坚历史影像专题图库已发挥作用，在脱贫攻坚普查工作中，各地运用图库中的图片大数据制作相关材料，有效解决了无图可用的局面。在党和国家领导人来渝调研重庆脱贫攻坚工作中，拍摄成果也发挥了很大的作用，全景展示了重庆脱贫攻坚工作的历程和成果。

据不完全统计，通过产品摄影及图片直播为各地带货 60 万元以上，带动各地摄影家协会和众多摄影师二次组团开展覆盖面更广的扶贫主题拍摄上百次，涉及数千人。丰都、渝北、綦江等多个区县在举办和筹办脱贫攻坚主题摄影和展览活动，渝北摄协和大美渝北融媒体平台接过视觉扶贫接力棒，除对全区乡镇进行覆盖式拍摄外，还组织本区摄影家特邀外区摄影家，集中火力对渝北大盛镇千盏村进行“云上千盏”的主题宣传式网红旅游景点视觉推广打造。

“扶贫印记”2020 重庆视觉扶贫行动

重庆日报通过集团媒体融合发展重点项目——视觉重庆的重庆图片大数据库平台，在不到一个月的时间里，已搭建好 96 个独立图库矩阵，形成重庆扶贫图片大数据库，与市扶贫办一同构建了“1+26+34+35”模式，即以 1 个市级总库和 26 个市级部门、34 个区县（含万盛经开区）分库、35 个村级支库为架构的扶贫图片共享平台。同时，建立了图片分发机制，供中央媒体及重庆各级本地媒体使用。目前已为各地各级扶贫办和脱贫乡村分发图库系统 56 个，分发摄影师账号 700 多个，为各区县搭建了摄影师资源平台。已整合 20 余万张的主题图片素材，入库归档 15 万张。素材按地区分类，涵盖脱贫攻坚成果、脱贫攻坚举措、脱贫攻坚干部、脱贫攻坚群众、脱贫攻坚产业及产品、脱贫地区人文自然风貌、脱贫群众梦想 7 个板块的内容。实现了快速搜索功能，以及分区域独立管理功能。各库之间独立运行，数据联通了全市图片系统总库。全市脱贫攻坚图片大数据中心已经形成。

视觉扶贫只是开始。在 2021 年中国共产党成立 100 周年之际，由重庆日报与重报集团各媒体共同打造的重报集团媒体融合发展重点项目“视觉重庆”将继续高举责任担当的旗帜，抓住媒体深度融合契机开展更多系列视觉行动，以期建成叫响全国的视觉品牌项目。

主创人员：张永才　雷太勇　史宗伟　陆　纲　刘　嵩
本文执笔人：史宗伟

北国助农在行动　让消费扶贫插上云翅膀

“北国助农”是由辽宁日报·北国客户端策划并执行的大型融媒体直播活动。首季“北国助农‘益’起奔小康”由辽宁日报传媒集团（辽宁日报社）和辽宁省商务厅共同主办，于2020年7月18日在北国客户端正式上线，引发强烈反响。第二季“北国助农‘益’起庆丰收”由辽宁日报传媒集团（辽宁日报社）和辽宁省扶贫办共同主办，于2020年10月25日在阜新彰武县拉开帷幕，以实景直播带货，充分展示辽宁各地近年来在发展特色产业、助力脱贫攻坚中取得的工作成果等特色，再次获得网友青睐。“双11”购物节中，“北国助农‘益’起庆丰收”又以特别节目的形式闪亮登场，助农订单、网友点赞数再创新高。来自辽宁各地的副市长、第一书记纷纷做客直播间，广大网友对辽宁农产品的信任度和好感度飙升，直播当天多种产品数次补货。

一、精准助农，严选目标，真正帮困扶贫

两季“北国助农”活动，辽宁日报社分别与辽宁省商务厅、省扶贫办合作，严选目标，真正帮困扶贫，让农民得实惠、有收益。2020年以来，直播带货创新了消费者和商品的链接模式，降低了购物的交易成本，成为拉动内需的重要驱动力。辽宁日报社作为主流媒体，对直播带货的深度参与，不仅带来了短期的流量效应，更形成了长期的消费动力，凝聚起全社会共同参与消费扶贫的合力。看似简单的一场直播，背后是工作人员的汗水和努力。每场活动前，记者多次实地调研，对直播流程及产品反复核对。既要保证效果，也要顾及网络安全；既要让网友买到性价比高的商品，也要让经历疫情期间产品滞销的农民有销路，得收益；既要对当地历史文化深入了解，又要

对产品背后的故事提前熟知。精准助农，携手攻坚。辽宁日报·北国客户端与全省各市合作，开启消费扶贫新模式。

直播带货，秒杀价、直播价、返场价……“北国助农”双11直播特别节目，运用当下最“时髦”的销售模式，实现精准助农。帮助农民实现了从“出去卖货”到“在家发货”的销售模式的质变。

二、融合创新，党报气质与网红文化有机融合

从2020年7月18日起，辽宁日报·北国客户端开启“北国助农‘益’起奔小康”大型融媒活动。在决胜全面建成小康社会、决战脱贫攻坚之年，在“十三五”规划收官之年，辽宁日报社始终忠实履行党媒职责，履行主流媒体社会责任，利用媒体的平台优势，选择用直播带货这种精准扶贫工作中具有创新性的扶贫方式，拓宽农产品销售渠道，助力精准扶贫，决胜脱贫攻坚奔小康。

副县（市）长化身“带货达人”。朝阳喀喇沁左翼蒙古族自治县、本溪桓仁满族自治县、丹东宽甸满族自治县、抚顺市抚顺县、辽阳灯塔市、锦州北镇市、铁岭开原市等地的副县（市）长纷纷走进辽宁日报抖音直播间，化身“带货达人”，推广“辽宁品牌”，助力贫困地区农民脱贫增收。平日里言辞严肃的副县（市）长们化身“主播”，推荐当地特色农产品、讲述历史文化故事；屏幕中，网友们不停点赞、“弹幕”刷屏，下单热情持续高涨。

一线记者担纲“网红”主播。与副县（市）长配合的，是本报一线记者。采访经验丰富的记者与对当地人文历史、农产品情况了如指掌的副县（市）长配合默契，将直播间气氛一次次推向高潮。

直播氛围轻松、“接地气儿”。在直播过程中，带货的领导干部被网友大呼“接地气儿”，他们没有架子，多才多艺。来自丹东宽甸满族自治县的副县长刘奇，讲到鸭绿江抗美援朝，现场演唱了一曲《在那桃花盛开的地方》，蒋大为的这首歌描写的就是宽甸河口，这次应时应景的即兴发挥，足足赚了一把“粉丝量”。

在锦州北镇市的直播过程中，领导干部没有局限于卖农产品，还安排了

多次抽奖环节，赠送当地景区门票，让网友们对北镇这座历史悠久的城市多一层了解。

三、坚持公益，发挥主流媒体使命担当

党的十九大以来，辽宁报刊传媒集团将推动媒体融合向纵深发展作为提升主流媒体传播力、影响力、引导力、公信力的重大工程。集团媒体融合发展，以“打造东北地区最权威最强大新闻信息源”为主要目标，以“移动化、可视化、互动化”为基本要求，以“深化改革、优化平台、创新机制”为重要抓手，充分发挥集团资源优势、平台优势、人才优势，激发内生动力，形成发展合力，扎实推进集团报刊业供给侧结构性改革，全面提升全媒体形势下新闻宣传工作的水平、质量和效果。

以新闻传播的规律和时序为依据，努力建成为全省传播党的声音、讲好辽宁故事的“第一媒体”。以内容建设为根本，打造东北地区最强大最权威新闻信息源。用更多有高度、有深度、有温度的精品力作，实现宣传效果的最大化和最优化。把党的声音传得更开、传得更广、传得更深入，巩固集团全省舆论引导主阵地地位。

丹东宽甸满族自治县副县长和灯塔市副市长表示，“北国助农”直播活动直接打通了供需链，开拓了发展新思路。直播带货，产品质量过硬、价格实惠是基础，以后可以多尝试直播，用这种方式让全国人民品尝到当地好物，进而对当地的人文历史、旅游资源心生向往，从而带动旅游业发展。朝阳喀喇沁左翼蒙古族自治县副县长和本溪桓仁满族自治县副县长表示，这一系列活动为县域特色农产品搭建一次很好的展示推介平台，希望未来还有更多机会用自己的号召力为家乡产品代言，助力本土特产走出辽宁、走向全国。

在每次直播前，直播产品的价格都需要进行反复推敲，找到平衡点，辽宁日报社记者也始终坚持公益属性。

四、锻造精品，以做新闻精品的思维来做活动产品

在“北国助农‘益’起庆丰收”双 11 特别节目中，直播时间连续 12 小

时不间断，被网友称为“马拉松式”直播带货。辽宁日报明星栏目《政经词典》，也在直播过程中登场。为网友权威解读“第一书记”“‘十四五’建言”“脱贫攻坚”等政经名词。把省扶贫办相关负责人请进直播间，用数字说话。

同时，来自辽宁各地的7位第一书记也来到直播间，参与直播助力，为当地特色农产品“代言”。用他们的话说，网友的每一次点赞，每一次关注，每一次下单，都是为全省脱贫攻坚贡献力量。

为了本次特别直播活动，辽宁日报社记者准备认真、充分。脚本就有几万字，对每个地域的历史文化介绍、农产品背后的故事等，都做了详细的调研，整理了大量数据，准备了多个预案，并反复进行彩排演练。除主创人员外，主持人、平面设计、视频拍摄、文字宣传等不同工作都分工明确、有序进行。实践证明，“北国助农‘益’起奔小康”双11直播活动在前期预热、直播效果、经验总结等方面，都取得了值得肯定的成绩。

五、流量可观，观众覆盖全国

直播活动，观众覆盖全国，直播间观看人次100万+，成交量逾5万单，展示辽宁各地特色产品170余种，网友互动留言超过10万条。

来自吉林省松原市的网友“松子妈”留言说：“价格太优惠了，即使网购也没买过这么给力的东西，想去辽宁了……”

来自北京市的网友candy666留言说：“我的家乡朝阳特产被推荐带货了，激动……”

来自辽宁大连市的网友卡迪猫留言说“铁岭大榛子、喀左陈醋、沟帮子熏鸡、抚顺麻辣拌全安排上了，美……”

一系列活动为消费扶贫插上了“云翅膀”，也让全面推广地域品牌踏上了“高速路”。辽宁产品将以此次直播活动为契机，依托优势资源，通过线上推广、媒体传播等方式，在特色农产品推介上持续发力，拓宽销售渠道，多角度、立体化宣传推广，更好地助农创富增收。

“北国助农”大型融媒体直播活动，以“直播带货”这种热门传播形式作为切入点，与时俱进，提升内容品质，激发创新创造，以各种互动式、服务式、体验式的传播方式，实现优质内容传播的全方位覆盖、全天候延伸、多领域拓展。

2020年以来，依托北国客户端全新上线，辽宁日报新媒体产品数量激增、质量提升、亮点鲜明。2020年的“北国助农”大型融媒直播活动的成功实践，也是新媒体形式下多种传播方式的成功探索。辽宁日报官方抖音号粉丝数直线上升，收获无数点赞，影响力迅速扩大。

精准帮扶留守儿童　传递温暖和关爱

2015年，由甘肃省广播电视总台家政频道发起的“外面的世界”关爱留守儿童公益活动开展至今，分别以走进去、请出来的方式，结合不同地区的地域差异及不同地域的学生实际需求，进行量身定制，组织形式多样的精准帮扶活动。

自活动开展以来，我们在甘肃省会宁、靖远、通渭、庄浪、夏河、临洮、天祝、华池、榆中等几十个县辖乡镇都留下了足迹，帮助上千名大山里的留守儿童走出来看看外面的世界。参观甘肃省博物馆，使其了解甘肃历史发展脉络；走进城市大中小学，让其感受学习氛围；看城市园林、桥梁交通，从中引导儿童制定自己的人生职业规划；倾听成功人士的励志演讲，鼓舞他们奋斗的意志；观看电子科技成果展，激发儿童对未来世界的探索，打开他们的眼界。这些活动不仅能够引导孩子们树立正确的世界观、人生观、价值观，而且使他们增长了见识，体会到温暖的陪伴，培养了他们的家国情怀。

每次活动前期，调研工作必做扎实，尽可能将有限的资金发挥最大的作用。“走进去”依据不同地域的学生实际需求，将心理疏导、医疗、法律、健康、科技、国学、音体美等内容带进校园，使得近百所学校的学生从中受益。同时发挥媒体优势，号召社会爱心企业和人士加入进来，解决大山里幼儿园的被褥短缺、学校当季的采暖等问题；为学校孩子捐赠衣物、文体用品，发放粮食；为留守儿童联系失联父母；帮助乡村儿童、教师来兰州就医；建立一对一家庭手拉手；成立留守儿童之家等，最大限度让更多孩子感受来自社会的温暖。这种物质与精神并举、人力与技术并进的活动，在社会上引起了强烈反响。

随着脱贫攻坚的有力推进，学校硬件设施及美丽乡村建设为留守儿童提供了良好的学习和生活环境。有些父母因此返乡，让留守孩子有了陪伴。

然而在不断奔走于甘肃大山、近距离接触留守儿童的几年间得知，孩子监护人文化水平普遍较低，对孩子健康生活、心灵疏导及科学教育的了解还处于盲区；大多数学校专业教师短缺，学校的乐器长期闲置无人问津，造成孩子业余生活匮乏、国家资源极大浪费。于是我们决定对原来走过的乡镇，进行再度回访与帮扶。

经努力于2019年争取到甘肃省福利彩票发行管理中心的大力支持，又一次对我省和政县、天祝县、庄浪县、夏河县、通渭县、临洮县开展了系列帮扶活动。其间为学校购置直饮水设备，解决了当地校园水质问题，让孩子告别了直饮自来水的习惯；在村委会建立心理咨询室，为留守老人及孩子提供心理问题排解场所，受到了村民的一致好评；组织眼科专业团队为孩子们进行视力筛查，及时送来百余台护眼灯，提高了儿童保护视力的意识；从未穿过冬季校服的孩子们，2020年冬季可以温暖地抵御高原上的寒冷了；还有那些接受了眼耳鼻喉、内外科身体检查的儿童，被唤醒了保护身体健康的责任心，领悟到身体健康的重要性；通过学习电子琴、葫芦丝等乐器，孩子们萌发了对音乐学习的憧憬；诵读经典，建立书法、舞蹈等兴趣班，带领儿童走进国学、艺术的殿堂，使他们的业余生活丰富起来，不良情绪得到极大释放，心智获得启迪。很大一部分孩子在活动之后，能更多理解家人的不易，建立起与家人、教师、同学之间相互温暖、相互信任的良好氛围，树立为自己心中梦想而努力奋斗的决心和信心！

记得在一次送教下乡活动中，兰州市一位有着15年执教经验的音乐学科带头人，为6年来从未上过一节专业音乐课的学生们上课，同时有全县百名村级音乐代课老师观摩。40分钟之后，全班羞涩的男女生都随着美妙的旋律舞动起来，看得出来孩子们对音乐是多么热爱而表现出由衷的快乐。是兰州的教师用她认真的教案、生动的PPT和现场敏锐的洞察力，生生把腼腆怕表现的孩子们调动起来，让我们看到了音乐的感染力和她对教育事业认真负责的态度。然而当她与现场观摩教师互动时，他们竟然低头不语，满不在乎，没有半点尊重。如此疲沓的教师表现，令我们极度担忧。事后，我们就此事做了跟踪，县上对失德的教师已劝其离岗，极大地改善了乡村教师队伍的正能量环境。

初中阶段是青少年心理成长的关键时期，也是自我认知、自我表现独立时期，但同时又是需要得到成人认可和帮助的阶段。我们接到教师求助，他们学校有一名女生早恋，原本学习很好的她陷入迷茫无助和抑郁，成绩一再下滑，教师着急又没办法。经过我们一段时间的疏导，最后该女生顺利进入县重点高中，家长和教师无不感激。至今那个女孩还与我们保持着联系。学校也由此安排了专业的心理健康教师，建立了心理咨询室，定期对全校开放。

留守儿童若要身心健康成长，需要家庭、学校和社会的共同努力，其中留守儿童监护人的作用尤为重要。我们发现孩子们的营养摄入量远远不能满足自身生长需求，孩子们的心理问题也没能得到重视，更没有掌握自我保护的方法……自从开展了相关内容讲座，监护人表示今后知道自己肩负的责任及如何去做。节目的播出引起了社会的关注和地方的思考，现在学校也陆陆续续开设了家长课堂。

活动在帮助孩子们的同时，还影响着参与者。每期随行的年轻记者、爱心人士回来后感言颇多，表示会认真对待婚姻问题，不让自己的孩子成为留守儿童。参与帮扶的爱心人士亲身了解乡村留守儿童的所需所想，亲身感受着公益奉献带来的幸福感。现在爱之星火在陇原大地上不断燎原。

“外面的世界”关爱留守儿童公益活动每一期都被记录下来，节目围绕儿童进行，讲述儿童的故事，倾听儿童的心声，看到他们的真情流露，以及我们活动策划组织的效果。我们将所看到的现象和问题通过镜头一一真实展现给电视观众，引起社会各界的共同关注与思考，并为精准帮扶提供信息，让爱心行为不只是一厢情愿和锦上添花，而是雪中送炭、彼此感恩，为精准帮扶与实现民族伟大复兴作出应有的贡献！

时光如梭，转瞬公益之路已走过 5 个春秋。虽然每一次经费都很拮据，困难重重，但每每看到一张张可爱的笑脸和渴望的眼神，我们就充满了前进的动力。前面还有许多留守儿童需要我们的帮助，因为我们是媒体人，心中就得装着国与家，爱与责任。所以不管前路如何艰辛，我们将继续走在公益之路上。

本文执笔人：陈茹芯

发挥“蓝媒联盟”优势
唱响决胜全面小康主旋律

为全面助力浙江省高水平全面建成小康社会，浙江广电集团融媒体新闻中心于 2020 年 6 月底推出融媒特别策划《小康村 24 小时》，联动全省百家融媒体中心旗下的移动端、网络端，通过大小屏同步互动，进一步展现乡村振兴新面貌，以融媒传播服务基层、公益助农。

融媒特别策划《小康村 24 小时》以小屏慢直播、大屏融通连线、联播深度报道、多端带货直播等多种报道方式，在讲述浙江“忠实践行‘八八战略’全力打造‘重要窗口’”的实践中，关注浙村、浙人、浙事。其中，“24 小时慢直播”吸引全国网友自主选择窗口，直观地带大家“云”游、畅游“浙”村；全媒体直播“为‘浙’村拼单”，将小康故事、乡愁乡情寄托在各类乡村农产品和文旅产品中，用媒体的品牌力和影响力“硬核”助农；全媒体直播“主播带你游”，主持人深入田间地头，以“走村”探访形式，带领游客进行深度游，不仅欣赏小康村的外在美，更揭秘其丰富的内在美。

截至 2020 年 10 月，我们已前往杭州青山村、宁波峡山村、温州下桥村等 20 余个小康味浓郁的村落进行拍摄采访，足迹覆盖全省 11 市，系统展现浙江小康村风貌。该策划已持续 3 月有余，大小屏联动、特色鲜明，产品销售量达 20 万件（单），全网播放点击量过亿。

第一，全媒发力，全息服务。《小康村 24 小时》在中国蓝新闻客户端上以“村”为单位开设专题页，下设 5 个子栏目：“24 小时慢直播”选取小康村内 3—4 个有代表性的地点，进行全天候直播，通过镜头展现小康村的美丽景色和生机勃勃的生活场景，还有当地的民俗技艺，描绘了一幅幅有滋有味的小康村生活图景；“主播带你游”推送体验类报道，浙江卫视主持人深入田间地头，展现乡村美景、探究小康村发展脉络的同时，也践行媒体职责，全力推动当地的乡村旅游；《浙江新闻联播》开辟系列主题报道同步播发，主推深度报道，深入挖掘典型，勾勒历史纵深感，讲述浙江人民蕴藏的磅礴动能，凝心聚力、迎难而上、奋力突围，展现浙江奋进在高水平全面建成小康社会路上的全新面貌。《余杭青山村：守住一汪碧水　打造“未来乡村”》《温岭东海村：七彩小镇打造渔家新生活》等报道深入挖掘典型，讲述小康村群众的奋斗故事，以小见大，揭示发展秘籍；“融媒产品”以主播Vlog、海报图集、VR全景、小视频等形式，多角度、多样态全景呈现“浙”村特色，用兼具互动性和感染力的融媒体产品，快速、碎片化地同步进行移动端小屏传播，最大限度扩大传播效果。

第二，精心策划，宣推造势。《小康村24小时》足迹遍布全省，在报道过程中，依托“蓝媒联盟”协作机制，联动省内百家融媒体中心，从采访制作到宣传推广，省市县媒体相互赋能，提升了融合传播的生命力和影响力。在选品“村里好物”时，策划团队紧紧围绕小康故事，挑选最能代表小康村发展的“金名片”，邀请当地网红达人一起，推荐质量优、价格佳、接地气、蕴文化的产品，为小康村的特色农副产品、文化旅游项目、非遗民俗产品进行全方位带货打Call。同时注重互动性，VR短视频、抽奖等宣推产品贯穿始终，创意玩法，增强用户黏性，促进农产品供需两端信息对接，帮助更多农产品找到销售途径，助农扶农，推动乡村振兴。

第三，全网宣推，全情助农。《小康村24小时》大屏小屏联动，多种形式的报道集中发声，有深度、有温度、有力度，塑造了立体可感的小康村形象。同时，注重全平台覆盖，每期内容都同步分发至央视新闻、人民网、新华社等权威平台，扩大活动的传播力和影响力。同时，也注重将点击量变成实实在在的数字，带动当地农民创收。如“为‘浙’村拼单”，打好党员干部代言+“云超市”直播销售+全媒体宣传的助农“组合拳”，形式新、内容足，卖货为辅、推荐为主，通过推介村里特色产品，讲述小康村的致富经。仅温州下桥村场带货直播，总观看量就达768万，2000多件商品快速抢空。将带货直播用于主题宣传，符合网友期待，在保证“有意思”的同时，也做到了“有意义”。

第四，多方联动，集体练兵。《小康村24小时》足迹遍布全省，在策划推进过程中，依托蓝媒联盟机制，联动省内百家电视台，从采访制作到宣传推广，省市县媒体相互赋能，提升了策划的生命力和影响力。浙江广电集团融媒体新闻中心团队负责整体创意和落地指导，市县媒体负责执行工作。如大屏报道“主播带你游”，采用当地媒体找报道点，浙江广电集团融媒体新闻中心定拍摄方案，当地媒体承担拍摄任务、浙江卫视主播出镜录制的方式；“为‘浙’村拼单”带货直播，主持人由中国蓝新闻客户端和当地融媒体中心组合而成，浙江广电集团融媒体新闻中心负责现场指导；宣传推广阶段，省市县媒体集中推送融媒产品，形成宣传声势。众人拾柴火焰高，在分工明确、互通有无的合作机制下，做出了《桐乡东田村：一双鞋里的致富经》《宁海峡山村：休闲渔业迎客来　小村蝶变网红地》等多条鲜活生动的报道，呈现了一场场接地气、有人气的带货直播，一来为市县媒体提供了练兵场，二来也丰富了报道的内容、提高了效率。

第五，90后团队，风帆正扬。团队成员多数为90后，他们用认真踏实的作风，在夜以继日的征程里，书写了属于自己的乘风破浪。作为团队唯一的“30+”小姐姐，许婷担负起了Leader总统筹，从村的遴选到团队的选派，从内容策划到审核把关，从直播出镜到产品制作，她可甜可飒可A，认准目标，一路向前，组成了“史上最有团魂的战队”，足迹遍布全省11个地市。天大热、人大干，有作为、显地位。更迭的时节，一切喜悦和遗憾，都将迎来一个重新开始的机会。那些奋斗的记忆，都会以最美好的样子，温暖前进的路。

从白到黑的肤色渐变，由“小鲜肉”变为“老腊肉”的造型转变，这是在谢家军身上留下最明显的痕迹。内在随着外形共同转变，统筹、编导、导播、记者、设计等十八般武艺，在和县市融媒体中心小伙伴们的每次活动过程中不断学习，相互成长。

30天，23场慢直播，11个直播连线，5场带货直播。上园周长城揽月，下东海远洋捕鱼……十八般武艺轮番上阵，山东人刘彦辰变身“浙江通”，过关斩将成了最大的乐趣。跋山涉水，她坚持了；大小屏融合，她赶上了；重重困难，她解决了；小康村里翻天覆地的变化，她看到了；老乡们的小康故事，她感动了；浙江人民蕴藏的磅礴动能，她感受了。沉浸其中，不虚此行，奥利给！

一座小康村落，一场人间烟火。从6月24日《小康村24小时》首站去泰顺踩点，在3个月的连续出差中，史佳成了"杭城的夜归人，小康村的点'火'者"。"火"是去发现每座村落的小康烟火，从前期踩点到每站活动落地全程参与，和当地融媒体中心的同行一起挖掘"浙"村里的致富密码，讲好小康故事。"火"也是这近百天的激情不灭，不管是凌晨3点起床出海拍摄，还是高温酷暑登顶长城布机位……这夜以继日的征程里，人可困，腿可痛，衣服可被汗水湿透，但心里的澎湃与激情依旧。因为热爱，愿意不远千里去点燃每座小康村落的人间烟火。

小康村24小时

活动充分释放"蓝媒联盟"下沉优势，为各地农旅产品搭建"永不落幕"的网上公益销售平台，助农增收，促进消费，探索融媒助农的新路子，打造公益助农的新样本，持续拓展服务成效。通过"蓝媒联盟"百家电视台的大小屏联动宣推，全网点击量破亿，显示省市县三级联动、传播矩阵全覆盖的强大传播力。在充分宣传浙江全面建成小康的同时，也更进一步为乡村振兴助力，为农民的美好生活助力。

主创人员：余　云　张　炯　许　婷　谢家军　刘彦辰　史　佳　金舒尔　秦忆湄　张宏业　林　晨　陈　洁

本文执笔人：许　婷

“北京时间”开启幸福时间

2020 年是决胜全面建成小康社会、决战脱贫攻坚的收官之年。按照党中央的战略部署，全党全国把脱贫攻坚作为最大的政治责任、最大的民生工程、最大的发展机遇。尤其是面对新冠肺炎疫情带来的影响，各行各业携手同心、共同奋斗，为实现贫困群众对美好生活的向往、为实现脱贫攻坚的目标不懈努力。作为北京广播电视台所属新媒体单位，北京新媒体集团充分发挥主流媒体的公信力和影响力，围绕自身新媒体优势，整合北京广播电视台所属广播、电视、网络等多种渠道，充分运用全网其他商业新媒体平台，对扶贫工作进行了全面新媒体宣传推广，并开展直播带货售卖，进一步提升了扶贫工作影响力、提升了网络和社会关注度，给相关农户带来了实实在在的收益，充分彰显了融媒体时代主流媒体应有的责任担当。

一、整合资源　立体宣推

为全面做好新媒体扶贫工作，北京新媒体集团充分依托自身优势，并且整合统筹北京广播电视台栏目、主持人等相关资源，通过资讯发布、直播售卖、专题宣传、矩阵宣推等行动，做好扶贫工作。

一是开设新媒体专题，进行宣传报道。北京新媒体集团所属北京时间网站及客户端是北京市首个市级融媒体平台，在全市有良好的传播度和影响力，北京时间策划推出了以“打赢脱贫攻坚战”为主题的“助农扶贫　幸福时间”专题，围绕扶贫开发决策部署、助农惠农重点工程，对助农惠农政策、相关新闻等进行全面报道和宣传呈现；通过政策解读、代表访谈、新闻特写、深度报道、特色农产品推荐等多种形式，对各项扶贫相关工作展开新闻动态追踪；同时，专题还对多场直播带货活动进行了综合展示，“助农脱

贫　幸福时间”播发各类扶贫消息百余条。

二是组织直播带货，进行消费扶贫。得益于新媒体的快速发展，也由于受到疫情的影响，直播带货在2020年风生水起，通过新媒体连接了产地、农户和消费者，也为新媒体扶贫工作带来了新渠道、新机遇。北京新媒体集团联合北京广播电视台相关频道、频率、栏目，并与新媒体打通，共同推出了“北京尖货·平谷鲜桃季”“农民丰收节”“助力湖北·京鄂人民一家亲”“暖心1039·消费扶贫三部曲”等多场直播带货活动。

2020年7月，北京市平谷区22万亩大桃进入成熟采摘季，疫情对大桃的现场采摘、销售等都带来了不小影响。因此，促进销售、让桃农一年的辛苦有所收获成为首要任务。在与平谷区进行充分沟通联络后，北京广播电视台新闻节目中心、BTV新闻新媒体、北京时间联合开展了多场大型主题直播活动，对平谷区大华山镇、刘家店镇、王辛庄镇3个平谷大桃主产地的优质大桃进行直播销售。北京广播电视台主持人、平谷区领导以及平台网红化身销售员，在网上直播间对平谷大桃进行宣推售卖。

“农民丰收节”直播带货活动于9月在北京人民广播电台、北广生活时间、时间视频、北京故事广播、网红达人等快手账号直播，直播在北京市农林科学院极具农家院风格的演播间里进行。3天的直播活动中，每晚由主持人搭配快手达人为粉丝介绍30余种好物，并邀请到全网粉丝总计5000万的梨涡少女mini、中央电视台主持人王筱磊、农科院种子哥、延庆里炮村的党支部书记张良以及交通广播顾峰、嘉佳和故事广播宏玖等作为嘉宾，一起助力带货。

“助力湖北·京鄂人民一家亲”“暖心1039·消费扶贫三部曲”等扶贫援助带货直播，是为2020年受疫情影响较大以及脱贫攻坚任务艰巨的湖北、内蒙古、新疆等地定制推出的公益直播专场，通过直播精选地方标志好货，促进疫后消费复苏，助力当地产业复工复产，通过直播售卖等方式促进了当地农产品销售，给地方品牌和相关产业带来了实实在在的收益。

三是拓宽宣传渠道，进行全网矩阵宣推。北京新媒体集团与北京广播电视台所属其他频道频率深入配合、优势互补，传统媒体和新媒体同频共振，建立了多屏多渠道的立体传播。新媒体扶贫的内容除了在北京时间网站和客户端进行重点宣推之外，北京时间还申请了“新时代网上正能量直播矩阵”，进行全网多平台宣推。“新时代网上正能量直播矩阵”由北京市委网信办、首都互联网协会指导，北京时间带头提供主流文化直播内容，各直播平台积极参与、共同直播。新媒体扶贫带货直播等相关内容在抖音、快手、央视频、百度、爱奇艺、一直播等全网多家平台进行同步新媒体宣推，大大提升了带货直播的覆盖度、关注度。此外，在2020年中国国际服务贸易交易会上，北京广播电视台也组织了部分农产品的现场直播带货，并通过新媒体端进行宣推，借助国家级大型活动的平台开展相关宣推。

二、精心策划 效果显著

在助农扶贫工作开展过程中，北京新媒体集团与相关部门共同配合，从多个方面深入思考、精心组织策划，借助融媒体优势和互联网的力量，提供了信息服务、宣传推广以及售卖支持，进一步促进了助农扶贫工作，取得了十分显著的效果。

“北京尖货·平谷鲜桃季”结合产品特点打造了具备地方特色的定制专场直播，策划了特色宣推传播思路。直播间搭建在平谷区主要优质大桃基地，真正把直播间开到了田间地头，同时也为全网网友和用户进行了实地实时展示；在带货人员上，北京广播电视台新闻主持人、桃农、平谷区相关领导、网红等共同进行，既保证了真实性、权威性，又强化了传播效果；在新媒体宣传上，北京时间网站和客户端进行了重点宣推，提前发布直播预告、引导用户互动，在北京时间客户端首页轮播图等位置进行了重点宣推、在时间商城组织了低价秒杀活动，同时通过直播矩阵进行了全网宣推，“人民日报”“央视新闻+”等30多家网络平台同步直播，互联网总观看量累计900多万次；在营销服务上，以顾客为导向，在直播当日开通了平谷区商务局果品服务热线，提供贴心的服务，增强售后服务，提高用户的体验感。3场6个多小时的大桃带货直播，销售平谷大桃8600多箱、7万余斤，销售额50余万元，整个直播活动营造了良好的舆论氛围，发挥了宣传的生产力作用。在融媒体带货直播的宣推影响和带动下，平谷大桃销售获得了大规模提升，让合作属地政府、乡村百姓切身体会到媒体宣传带来的获得感。

在为期3天的“农民丰收节”直播带货活动中，直播从乡村民宿、农产品等多视角切入，开展全方位、立体式、持续性报道，加大节日宣传力度，推动“三农”工作提质增效。在直播中展现了里炮村红苹果、怀柔渤海镇的栗子、房山高山久久大桃、陕西软糯香甜的板栗南瓜，还有与农科院对接的扶贫农产品西瓜红红薯、红心猕猴桃和具有专利包装的葡萄、冬枣等产品，将田间地头的“乡村好物”成批次地带到网友面前。故事广播“北京乡村振兴故事”节目记者还着重为大家介绍郊区精品民宿。通过全媒体发力，助力消费扶贫。

助农脱贫　幸福时间

在决战脱贫攻坚工作中，北京新媒体集团与台属部门相互配合，充分发挥组织策划、宣传推广能力，充分运用好各类新媒体和融媒体渠道和手段工具，通过专题宣传、直播带货、矩阵宣推等多种方式，产生了良好的宣推和售卖效果，充分提升了整体传播维度，进一步提升了扶贫工作传播力、影响力和引导能力，极大地提升了网络和社会关注度，让更多人看到扶贫、关注扶贫、参与扶贫。

脱贫，是贫困人群幸福生活的新开始；新媒体扶贫，是新媒体发挥新作用、体现媒体责任和使命担当的新开始。北京新媒体集团将继续做好新媒体宣传工作，充分运用好新技术、新渠道的优势，为党的宣传事业和人民的幸福生活作出更多贡献。

主创人员：白宝林　田　悦　路　璐　林　蕾
本文执笔人：白宝林

创新短视频形式 推介脱贫典型和家乡好货

一、短视频“刷”出脱贫新路“好货代言”助力乡村振兴

长城新媒体集团紧紧围绕党中央和河北省委、省政府关于“决战决胜脱贫攻坚”的战略部署，2019年10月，面向河北省农村特别是贫困地区，策划推出“家乡好货　我来代言——助力脱贫攻坚”公益助农活动，发挥新媒体优势，通过线上短视频征集、线下效果回访等方式，挖掘脱贫攻坚先进典型，展现河北省驻村工作队、驻村第一书记、农业合作社负责人等群体在脱贫攻坚中的作用，运用短视频代言的创新报道形式，提高贫困地区特色农产品的知名度，拓宽销售渠道，推动河北一大批优质农产品通过“触网”走出乡村，走进千家万户。

二、直面农民困扰，探索新媒体助农“新模式”

2019年9月底，张家口尚义县4000余亩西芹出现滞销，大量成熟的西芹面临烂在地里的困境，当地农民焦急万分，该地农业农村局局长也在为西芹的销售奔走呼吁并向媒体求助。与此同时，在距北京240公里的张家口崇礼区彩椒迎来大丰收，但丰收的背后，是彩椒在历史上首次出现大面积滞销的情况，4万吨成本2元一斤的彩椒收购价一度低至8毛钱一斤，而往年销售价格曾达28元一斤，彩椒的滞销将使农民一年的辛勤劳作付之东流，崇礼彩椒协会会长向媒体求助，希望呼吁社会力量加入公益助农中来。

长城新媒体集团接到求助信息后，第一时间关注此事，经实地走访核实

情况并了解滞销详情后，成立了专项工作小组，策划组织了“最是河北助农季”爱心助农活动，启动线上全媒体宣传、线下联系爱心企业集中采购等方式，助力滞销蔬菜销售。长城新媒体发挥新媒体平台优势，菜农求助的消息在“学习强国”、冀云融媒体平台、长城网、长城24小时、最河北平台等媒体平台进行发布。不久，来自全国各地的爱心订单纷纷送到尚义农户和崇礼椒农手中，10月1日至10月12日完成西芹销售51吨，尚义县4000亩西芹滞销难题基本解决。张家口崇礼彩椒也接到了来自全国各地的订单，在短时间内销售一空，农民一年的辛苦劳动得以收获。

虽然张家口两地蔬菜滞销难题得以解决，但是由于农村地址位置、交通运输等实际困难，农民辛苦耕作出的优质农产品面临的“卖难”难题仍然大量存在，如何发挥主流媒体力量为农民拓宽销售渠道，如何让当地党员干部的作用充分发挥，如何利用跨空间的网络优势及时传播，帮助困境中的农户“好收成”带来“好收获”，引起了我们的思考，在此背景下，长城新媒体“家乡好货　我来代言”短视频征集公益助农活动正式启动。活动邀请存在农产品销售困难的当地村“两委”干部、驻村第一书记、农业合作社负责人等群体对特色农产品进行视频代言，代言内容与视频拍摄方式根据活动既定要求进行，农产品种植户与采购电话同步实名发布，一条条代言视频经过严格审核后在长城新媒体各大媒体平台矩阵发布，并引起全国多家媒体关注并转发，开启了网络扶贫新模式。

三、精心精准策划，实现农产品推介“零时差”

在此系列活动中，长城新媒体集团将镜头聚焦到贫困村自身价值的挖掘，从代言人选择、农产品甄别推介、后期回访跟进等方面，注重深入基层、深入一线、深入群众。

在代言人选择上，将驻村扶贫工作队第一书记、村党支部书记等对基层有感情、有热情、懂行情的人员作为农产品代言人，用真挚的情感和朴实的乡音为家乡好货代言。在代言产品选择上，精准定位当地资源禀赋和比较优势，品质优良、特色鲜明，拥有较好产业基础的产品，为其代言推介，广开销售渠道。在宣传形式上，借助网络媒体力量，长城新媒体集团充分发挥

“学习强国”河北学习平台、冀云融媒体平台、长城24小时客户端、长城网等媒体平台终端优势，制作活动专题，逐期系列发布，形成了农产品推介的规模效应。

优质农产品利用“好货代言”的新媒体营销优势最大范围扩散到各地，突破了时空限制实现了“零时差”快速传播，获得了全省各地贫困地区和扶贫一线干部群众的关注和参与，同时专题稿件在“学习强国”学习平台得到采用发布，单期代言作品的浏览量突破百万，点赞量40多万。

四、矩阵融媒传播，实现品牌与效益“双丰收”

作为长城新媒体集团的品牌策划，截至2020年10月，“家乡好货 我来代言”活动专题专栏共发布相关视频图文稿件220余篇，一年来，200余名村两委干部、驻村第一书记纷纷出镜，为家乡点赞、为好货代言。瓜果蔬菜、五谷杂粮、畜禽肉蛋、植物花卉等具有河北特色的农产品从“田间”走上“云端”，带动80余种农产品销售，助力全省各地农民增收2000多万元，活动取得了很好的宣传效果，受到各方一致好评。

《驻村第一书记为河北围场沙里把村农特产品代言》发布后，在河北省迅速传播，逐渐将影响力扩展到全国，村中野生榛子销往杭州、深圳、长沙等地，南京、济南、青岛、西安等地人们争相购买土鸡蛋，金莲花茶也销售火热，名不见经传的沙里把村农产品走出大山走进大城市。此稿对河北省其他市县有积极带动作用，几天内，衡水、秦皇岛、唐山等拍摄制作出了一批优秀代言视频作品，实现以点带面、拓展纵深，均收获可喜回报，大量优质农产品销往外省城市。

视频作品《驻村第一书记为河北青龙椁椤滩村代言》在“学习强国”河北学习平台发布后，当日即被“学习强国”学习平台转载，24小时内收到来自北京、天津、河北、新疆、河南、江苏、陕西、山西、四川、福建、安徽、吉林等10多个省区市的购货订单，酵素苹果和酵素小米当天销售量2305斤，总价值26053元。视频发布一周后，酵素苹果已经销售2万多斤，酵素小米销售过半，销售收入5万余元。看到这些农产品广受欢迎，驻村第一书记还给“椁椤滩”申请商标注册，酵素苹果和酵素小米也申请了“绿色食品”认证。

驻桲椤滩村第一书记不仅为村子带动农产品销售，也收获了“扶贫朋友圈”，其他省份的驻村第一书记纷纷咨询交流扶贫经验、点子共享，吸纳更好智慧与心得扎实投入扶贫工作，使帮扶工作走向更深处。在此基础上，活动中陆续推出的跟踪报道同样反响热烈，各篇报道均围绕主题，强化特色，信息量大，为拓宽市场找到销路奠定基础。

“家乡好货　我来代言”助力脱贫攻坚

五、勇担媒体责任，做承担社会责任的“领跑者”

该项目在2019年开启，是国内网络媒体中较早开展的助农带货活动，依托互联网平台，创新通过短视频代言的形式，使地方特色农产品突破时空限制，实现了快速传播。既推介了农产品本身，又解决了销路难题，还吸引了社会各界关注，可谓一举多得，是媒体履行社会责任的充分体现。2020年9月，该项目荣获2019年度河北新闻奖一等奖，此模式也获得中宣部及河北省委宣传系统的高度评价。

2020年是我国全面建成小康社会的收官之年，脱贫攻坚也到了最后冲刺阶段，特别是2020年以来，受新冠肺炎疫情影响，河北多地出现农产品滞销难题，长城新媒体集团系列公益助农活动不仅帮助了受困农户，更传递了社会温暖，也引导全社会关心支持脱贫攻坚工作。2021年，将继续进一步加大活动组织力度，发挥新媒体优势，创新报道形式，汇聚打好脱贫攻坚战的力量，掀起全社会助农增收的热潮。

主 创 人 员：马来顺　刘唯一　陈云凌　房淑婧　贾明伟
孙向向　李　默
本文执笔人：房淑婧

“发现·宣传·帮扶·褒奖”好人引领“学好人·做好人”新风尚

“‘善行无疆·善者无忧’好人传播帮扶奖励公益活动”是由江西省文明办指导，大江网（中国江西网）的江西文明网编辑部官方微信公众号——“文明江西”联合中国移动通信总公司、江西省体育彩票管理中心及省内重点新闻媒体发起，共同开展的一项征集、发掘、推荐、宣传、礼遇、关爱、帮扶“身边好人”的大型公益活动。

媒体、网友和企事业单位聚集在一起形成合力，共同帮扶奖励好人，分担“好人成本”，让“好人有好报”成为一种社会共识，让“学好人、做好人”成为一种风尚。迄今为止，活动共帮扶奖励了742位身边好人，奖励金额达207万余元。其中“文明江西”联合江西省体育彩票管理中心给予当选好人每人3000元现金的帮扶奖励，累计帮扶奖励了665位身边好人，共计199.5万元；“文明江西”联合中国移动总公司给予当选好人每人充值手机话费500至2000元不等，累计为78位身边好人提供手机话费充值，共计7.57万元。此外，活动帮助12位身边好人进行助产促销，消费帮扶金额累计超过50万元。

一、发现好人，让赣鄱大地更有温度

“文明江西”微信公众号坚持“传播好人正能量，做有道德内涵的微信号”，自开通以来，以每天发布一则好人故事的方式，传播向善向上力量。

2014年，为进一步发挥先进典型的示范引领作用，大力推进社会主义核心价值观在江西落实落地，“文明江西”以开展“我推荐我评议身边好人”

活动为契机，建设“江西好人网”，并面向社会征集平凡感人的身边故事。征集后，“文明江西”一方面对故事进行核实，核准后则进行刊发；另一方面则通盘考虑事迹感人程度和网友评议情况，择优向省文明办推荐参评“中国好人”及“江西好人”。

2015 年，“文明江西”设立《好人微故事》栏目，主打“好人文化”方向，迄今已刊发好人好事报道 2000 余篇，总浏览量超 1.5 亿人次。同时通过“文明江西”微博和手机客户端，长期开设“身边好人　感人故事”“我推荐我评议”等网友互动评议话题，网络与“两微一端”逐步形成了好人征集、宣传、评议、推荐等一系列好人选树模式。

六年来，“文明江西”挖掘出一大批全国知名的“身边好人”，如坚守深山小学三十六载只为孩子读好书的乡村教师支月英、坚守一元“抗癌厨房”17 年的老夫妇万佐成和熊根香、背着爸爸建高铁的 90 后硬汉祁建光等。2020 年新冠肺炎疫情发生以来，“文明江西”还挖掘报道了 31 位抗疫先进典型，包括倒在抗疫第一线基层医务工作者蒋金波、捡拾垃圾为抗疫匿名捐款 4 万元的农妇李活英、把生命定格在抗疫一线的志愿者罗付光、奋战抗疫一线 42 天的援鄂医务人员刘仲阳等。

2019 年，“文明江西”收到网友推荐的好人线索数超过 100 万条，网友投票点赞超 2000 万人次，留言评议达 30 万余条，共推荐 738 人参评，有 119 位上榜“中国好人榜”，223 位上榜“江西好人榜”。其中“中国好人榜”上榜人数占全国上榜人数的 9.5%，远超江西总人口在全国总人口中 3.3% 的占比。

2018 年 1 月、2019 年 12 月，江西文明网站、《好人微故事》栏目分别荣获中央网信办指导、中国互联网发展基金会主办的网络公益年度总结发布活动颁发的“2017 网络公益年度传播力奖”“2019 网络公益年度优秀传播项目”。

二、宣传好人，让好人精神代代传承

近年来，大江网（中国江西网）以社会主义核心价值观为引领，深入挖掘、大力弘扬身边好人事迹，通过形式多样的宣传手段让这些好人事迹走进群众心中，让做好事者能露脸、得表扬，做“有名英雄”，社会反响热烈，宣传效果良好，形成“做好事、学好人、当好人”的良好社会氛围。

联合新闻媒体开设专栏。“文明江西”官微每天刊发一个好人故事，江西好人网头条位置开设《正能量故事汇》栏目，每天刊登一个身边的正能量故事。2015 年，通过省文明办协调，联合了江西日报、江南都市报、信息日报、江西晨报、江西卫视、江西手机报等纸媒体、电视媒体、网络媒体和新媒体，开设了《江西好人风采》栏目。栏目从每期“文明江西”官微报道的当选江西好人中，挑选事迹典型、生动、有感染力的好人故事进行深挖加工，并在“江西好人发布仪式”结束后全面刊载。活动启动以来，《正能量故事汇》栏目已连续刊登 3276 个正能量故事；《江西好人风采》已刊登 150 期，好人事迹通过报台网联动的方式，在省内掀起传播、学习好人事迹的热潮。

组建“好人演讲库”巡回讲。2018 年，大江网（中国江西网）以省文明办常态化举办“好人故事会”活动为契机，陆续邀请了 40 余位“身边好人”加入“好人演讲库”，走进学校、企业、社区、新时代文明实践站分享自己的故事，传递社会正能量。“好人演讲库”根据“好人故事会”活动举办的地点，就近就便选择主讲好人，并在活动之前联合江西省广播电视台综合新闻频道主播对主讲好人进行培训，培训内容包括演讲稿的撰写、语言的组织，以及一些基本的舞台演讲技巧和肢体语言表达等，以保证故事的感染力和演讲的流畅。目前，“好人故事会”已开展 8 场，共 21 位好人现场讲述了自己的故事，受众达 6000 人次。为配合宣讲效果，“文明江西”还开设了《好人演讲台》栏目，专题刊发好人演讲稿，供网友回看及点赞。

举办好人故事图片巡展。自 2013 年开始，大江网（中国江西网）连续多年开展了全省道德模范与“身边好人”先进事迹大型图片巡展，每期挑选 30 个地市影响力较大的好人事迹，制作成户外展板，在 11 个地市巡回展出，并通过手机端同步在线上进行，每年吸引超过 60 万人次的浏览量，2018 年线下现场观展人数达到近 100 万人次，线上达 519 万人次，线上线下留言共 5.9 万多条，官微增粉一万余人。同时每年还结合文明健康艺术周、社区联欢晚会、百姓舞台等群众性文艺活动现场同步开展，在同一块场地上演“白天看好人展览，晚上看文明演出”的热闹场面。此外，还不定期联合多个县区、乡镇开展先进事迹图片"微"展，活动通过线上"微信"宣传与线下"短小微"图片展相结合，线上带动线下，线下呼应线上，形成了独特的好人传播效应。

三、帮扶好人，让好人生活得更美好

2016年，通过官方微信公众号发起了好人传播帮扶奖励公益行动，先后联合了中国移动通信总公司、江西省体育彩票管理中心及省内11家新闻媒体，以"帮扶+"的形式，帮助了21名突遇生产生活困难的身边好人，发放帮扶资金6.3万元，消费帮扶金额累计超过50余万元。

"帮扶+礼遇"。大江网（中国江西网）联合省体彩中心给予每人3000元帮扶金，并通过旗下的江西志愿服务平台（注册志愿者580万人，注册组织4.7万个，发起志愿项目29.6万个，记录志愿时长1.8亿个小时）不定期发起礼遇好人的志愿服务活动，组织志愿者采取多形式地关爱慰问好人。与江西广播电视台综合新闻频道联合开展"好人帮好人"活动，对身处困境的道德模范、身边好人进行帮扶。此外，定期对好人进行跟踪回访，并将好人的生产生活情况反馈给省文明办，以作为省文明办重大节假日看望慰问好人的参考依据。

"帮扶+消费"。大江网（中国江西网）不定期通过当地文明办调查统计贫困好人农产品种植情况，并充分发挥新媒体优势，召集社会爱心力量，通过"帮扶+消费"模式，为贫困好人发起线上线下爱心消费帮扶活动，解决身边好人农产品、农副产品、手工产品销售难的问题。如帮助患有残疾的江西好人刘传禄宣传滞销的野生蜂蜜，而刘传禄之后也多次主动在村里捐资助学、修路。截至目前，已帮助87位好人解决就学、就业、就医和生产技术等问题，帮助了12位好人助产促销50余万元。

"帮扶+宣讲"。挑选一批事迹典型、生动、有感染力，并且有一定的表达能力的身边好人，对他们进行故事讲演技巧培训，邀请他们参加大江网（中国江西网）发起或参与的"好人宣讲""道德讲堂""好人故事会""好人帮好人"等宣讲活动，以及"江西好人"发布仪式现场交流活动、新闻访谈节目，并给予每人每次3000元"宣讲"报酬，通过好人故事分享既弘扬正能量，又不着痕迹地帮扶好人。据不完全统计，自 2016 年以来，线上线下好人故事宣讲活动开展了 160 余场，观看人数超过 300 万人次。

四、褒奖好人，让争当好人成为风尚

褒奖好人不仅利于传播正能量、弘扬凡人善举，更在于分担“好人成本”，更加体现出社会公平公正，在人们心里树起向善公平法则。2017 年，大江网（中国江西网）将好人传播奖励帮扶公益行动正式命名为“‘善行无疆·善者无忧’好人传播帮扶公益活动”，明确了依托新媒体发掘、推荐、传播的流程机制，联合中国移动通信总公司、江西省体育彩票管理中心等爱心企业，常态化“两全三扶”（即对每期当选好人全部发放帮扶奖励金、对贫困好人全部进行登记造册；对家庭成员中有丧失劳动能力的贫困好人优先帮扶、对自身残疾的好人视劳动能力进行区别帮扶、对家中有未成年子女的贫困好人进行慰问帮扶）。其中联合江西省体育彩票管理中心对每期当选的“江西好人”每人发放 3000 元帮扶奖励金；联合中国移动通信总公司给予贫困好人 500 至 2000 元不等的手机话费充值。活动启动以来，共向 665 位“江西好人”发放帮扶奖励金 199.5 万元，给予 78 位贫困好人手机话费充值共计 7.57 万元。

向身边好人发放物质奖励，让“有德者有得”，让好人无后顾之忧，体现的正是分担“好人成本”的意愿。另外，褒奖好人重在制造引力，吸引更多的人做好人，让做好人不用再考虑风险，让做好人成为一种社会共识。此外，通过本活动让企业承担社会责任、回报社会，让企业获得良好展示机会和公益形象，实现社会企业和谐发展。当然，企业的参与，还能让褒奖好人有能力、有实力、可持续。

2017 年第四期孝老爱亲身边好人江西赣州的毛秋红在拿到体彩帮扶的 3000 元奖励金后激动地说：“因为长期忙于家中的事情，关心孩子的时间不多，忽视了孩子的教育，我希望用这 3000 元中的一部分给孩子买一辆自行车，补偿这些年对孩子的亏欠。同时，我还希望能用这部分钱买些抗病毒的脐橙树苗，扩大果园种植，用自己的劳动回馈社会对我的关心。”还有的身边好人一直以来乐善好施、捐款捐物，在收到帮扶奖励后，又将帮扶奖励金捐献出去，用于帮助更多的人，一笔好人帮扶奖励金达到了爱心传递、接力的效果。

可见，身边好人不仅需要精神鼓励还需要物质帮扶。尽管江西各级党委和政府已经给予了身边好人各种关怀、礼遇和帮扶，但打造一个全社会都能参与的平台，既是媒体履行社会责任，也是党委和政府的关怀的有益补充，既是一种锦上添花，也是一种舆论认可，凝聚社会爱心，让好人生活无忧，让“好人有好报、有难众人帮”成为社会最动听的声音。

主 创 人 员：大江网（中国江西网）文明网编辑部
本文执笔人：黄国良　邓　望

百城百县直播大赛　人民消费扶贫大比武

为深入贯彻落实习近平总书记系列重要讲话精神，助力精准扶贫、乡村振兴，促进消费升级、居民就业，服务健康中国、美好生活，2018 年 12 月 25 日，在人民日报社、中央和国家机关工委、农业农村部和国务院扶贫办共同指导下，由人民网·人民健康发起建立的人民优选平台正式上线。作为人民日报社旗下综合消费服务平台，充分发挥中央媒体“品牌传播＋资源聚合”优势，做实做强人民网政治、传播、品牌、平台和资本等五大价值，致力于服务人民日益增长的美好生活需求。

人民优选平台产品品类先期以扶贫产品、地方特色产品、食品快消类优质产品为主，并逐步涵盖包括文创产品、酒水饮料、休闲食品、保健产品、粮油调味品、家居家电、服装鞋帽、手机电脑、地方特产、健身美妆、进口食品、中老年和母婴儿童用品等生活消费类、文化消费类产品。

人民优选平台还联合相关部委、地方党委政府、公益组织、品牌企业和物流平台，通过深度挖掘优质扶贫产品、推广优秀品牌、搭建分销渠道，聚合各类优质资源，破除由于地域和信息不对称问题带来的供需障碍，从而实现产品供需双方的有效对接，推动地方与行业产业健康有序发展。

平台积极响应国家消费扶贫号召，开设“人民优选·消费扶贫平台”专区，与各级机关、企事业单位和广大社会力量进行合作，推动各级机关和企事业单位等带头参与消费扶贫，动员民营企业等社会力量参与消费扶贫，力争成为具有较强公信力和影响力的消费扶贫平台和单位福利集中采购平台。

2020 年，人民日报社旗下综合消费服务平台“人民优选”以柞水木耳、大同黄花菜、湖北地区相关产品为抓手，陆续推出了多种形式的传播推广和销售拓展，有效提升了产品销量和农民收入。为进一步深入贯彻落实习近平总书记系列重要讲话精神，有效助力消费扶贫、乡村振兴、消费升级工作，“人民优选”联合人民网新电商研究院、人民网地方频道、人民网社交媒体集群以及抖音、快手、京东等各大流量平台，中国广告协会等相关机构，共同开展“人民优选”直播大赛活动，“百城百县”直播助农活动是人民优选直播大赛的一部分。

2020 年 4 月以来，以湖北产品专场为肇始，人民优选陆续举办了多场直播带货活动，从销售、市场到传播推广，为贫困地区和广大农村地区的经济发展提供了持续的推动力。

2020 年 6 月 12 日，人民优选联合山东商河县和安徽潜山市，举办了第二场助农直播活动。活动当中，人民优选邀请了山东商河县副县长王帅、安徽潜山市副市长王军参与直播带货，同时国内著名主持人杨迪也通过连线的方式加入其中。在两个小时的直播中，几位推荐官主要介绍了 9 款产品，包括来自山东省商河县的爱古方炖梨、商河老粗布凉席三件套、飞天宇牌皇家扒鸡、玉皇庙二妮豆腐皮、少得利糖酥火烧、韩发记纯石磨黑芝麻香油，以及来自安徽省潜山市的天柱山瓜篓籽、桑葚果干、金丝皇菊等。

2020 年 6 月 18 日，人民优选“百城百县直播助农”开展了第三场——河北青龙和湖北五峰专场。青龙满族自治县副县长，五峰土家族自治县委、副县长携手著名喜剧演员，共同向观众进行了产地介绍、特色产品推介，帮助打开产品销路、打响品牌。其中，青龙满族自治县推出了满族人传统美食黏豆包，号称“燕山板栗看青龙”的青龙板栗，“天然涌泉，低钠弱碱”的桃林山泉水和“自产原材料，常食保健康”的青龙源食用油。湖北五峰土家族自治县则拿出了极具当地特色的土家风味农家烟熏自制的老腊肉，“高山原生态”香水村野茶，“中蜂一年只取一次”的五峰蜂蜜，还有“湖北老字号”头衔的采花毛尖和采花五峰宜红茶。

2020 年 7 月 10 日，人民优选“百城百县直播助农”活动开展新疆生产建设兵团专场。直播中，新疆生产建设兵团农业农村局领导不但推介了兵团特色产品，还介绍了兵团历史，分享了兵团故事，很多网民纷纷留言为兵团和兵团的特色农产品点赞。网民加油小熊留言说：“兵团是个值得去的地方，兵团的产品非常棒，值得购买。”此次直播中重点推介的产品有兵团果业的和田骏枣和新疆灰枣、无花果干、吊树干杏、小白杏干等多种特色水果干，以及“手捏即开”的薄皮核桃和巴旦木干果，还有玫瑰花茶、枸杞等15种产品，在近90分钟的直播带货中多个产品被网民买空，多次补货。当晚的直播活动中，兵团果业总成交额40余万元，总成交件数达7000余件。

2020年10月24日，人民优选携手腾讯微视，再次开展了“脱贫攻坚一战到底”——广西扶贫助农公益专场活动。本次活动主要推介了广西壮族自治区三江侗族自治县的特色产品，如禾花鱼、竹笋、山茶油等产品。此次直播带货总成交金额达到63万多元，取得了较好的成果，为三江侗族自治县的产业发展、产品销售扩展了思路与舞台。

除直接的“百城百县直播助农”活动之外，人民优选还在所举办的直播大赛中，对广大贫困地区的扶贫产品开展了带货直播。自2020年6月人民优选直播大赛启动以来，人民优选就选取了包括绿岭核桃、芝庆堂香菇、阿尔山榛蘑等扶贫产品进入大赛产品池，并成为选手的必带产品。自7月起，人民优选直播大赛陆续开展了江西赛区、天津赛区、山西赛区、吉林赛区和上海奉贤赛区等分赛区的比赛，每一个直播大赛分赛区也都把对扶贫产品的支持作为工作的重点。

江西是国内著名革命老区、红色根据地，也是国内贫困地区比较集中的地区。江西作为最早开设分赛区的省份，首选当地的富硒茶香海鲜菇、赤土米冻、远甜花生等来自贫困地区或革命老区的产品进入分赛区的产品池中，供选手直播带货。

天津分赛区同样把对口帮扶贫困地区的产品纳入比赛中，如丝路红新疆和田大红枣、坝上猎苑羊肉卷、味上天山椒麻鸡、王朝九香玫瑰露酒等。山西赛区同样如此，都把对本地区扶贫工作的支持作为举办大赛的重要初衷。

吉林赛区更是把致力于脱贫攻坚、乡村振兴的全省第一书记组织了起来，通过第一书记的视角，来讲述扶贫故事、推广扶贫产品，通过网络直播这一方式，把吉林省的扶贫工作成果和优质农产品向全国人民做了一次集中的推广与传播。

在开设分赛区之余，人民优选继续拓展思路、创新工作方法，在助力扶贫的工作上开拓出新的路径。2020年7—9月，人民优选分别与全国妇联、中央和国家机关工委合作开展了人民优选直播大赛妇联专场和第一书记专场。

与全国妇联合作的人民优选直播大赛妇联专场，把参赛选手聚焦到了妇女群体。在方兴未艾的直播热潮中，妇女群体占据绝对优势地位，而在脱贫攻坚、创业就业方面，妇女也占据着重要地位。仅全国妇联就在全国范围内设立了800多家巾帼脱贫示范基地，其中有很大一部分采取了直播这一方式。人民优选直播大赛妇联专场就是广泛吸纳了各地的妇女直播人才，让她们在人民优选的平台进行自我展示和产品推广。

与中央和国家机关工委合作的人民优选直播大赛第一书记专场，聚集了全国各部委机关、地方政府派驻到一线的100多名第一书记代表，如最高检、教育部、国家广电总局、中国电信、中国联通、全国工商联、中国航空工业集团、中华全国供销总社、中国太平保险集团、中国宝武钢铁集团等派驻各地扶贫一线的第一书记。第一书记专场会聚了国内的优秀第一书记代表，他们利用直播这一形式，介绍、交流扶贫工作成果，推广、推介当地的特色、特产以及核心产业优势，在对外交流的同时，也着力吸纳社会优质资源进入当地，实现直播带动下的社会资源向贫困地区的倾斜与流动。

通过人民优选直播大赛和"百城百县"公益性直播助农活动，人民优选有效助力了消费扶贫工作，有序引导了消费新模式。经由直播，实现了农货的高效流通，促进了乡村发展，特别是帮助疫情下滞销的农产品找到了适销渠道，帮助农村经济尽快恢复增长。

人民优选作为人民日报社旗下的综合消费服务平台，有效发挥了党媒的权威属性和公信力、组织力，通过有效连接农村与城市两个市场，沟通产业上游与下游，构建广泛的市场渠道，切实帮助贫困地区实现经济增长，帮助广大农民增加了收入，提升了生活水平。

百城百县直播助农直播大赛

主创人员：李彦增　温兆轩　聂丛笑　韩雅菘　张　鑫
唐京铎　程婉婉　李　阳　董　政　林成汉
本文执笔人：温兆轩　聂丛笑

构建湘农荟直播营销平台
争当乡村振兴新样本

在决胜全面小康、决战脱贫攻坚、开启全面建设社会主义现代化国家新征程的关键时期，由湖南省农业农村厅主办，湖南红网新媒体集团开发运营的湖南农产品权威营销新平台“湘农荟”2020年3月正式上线。

红网组织精干力量进行开发建设，组建专业团队开展平台运营，配备直播队伍开展助农带货，整体按照“以大宣传带动大产业、以大活动孵化大平台、以大流量实现大销量”的运营思路推进工作，打造了互联网助农新模式。上线以来，“湘农荟”在全省17个县区和各大型活动中共计开展33场专场直播，累计实现观看总点击量超13.46亿人次，提供农业供需信息22700余条，线上线下综合销量超5660.3万元，间接带动全省关联销售超20.2亿元，为推动脱贫攻坚、助力乡村振兴，绘制全省农村经济发展新蓝图打造了生动样本。

一、“湘农荟”整体规划，赋予四种能力、链接海量用户

“湘农荟”平台的整体设计开发目的，是链接供需双方，一面面向广大农村农户，一面链接海量消费用户，最终通过融媒体传播的力量，产生有价值的农产品信息交互。从使用体验上，力求界面简洁、操作简单、扩展迅速、立体展示；从整体赋能上，具备以下“四种能力”：官方权威认证，提升产品供销的管控能力；微信流量导入，满足供需信息的交互能力；供需信息共享，匹配产销双方的智慧能力；5G云平台系统，实现用户跨地域的操作能力。

1. 官方权威认证，提升产品供销的管控能力。“湘农荟”平台支持多管理账户审核、审批机制，向下可以开设子管理账户，农户入驻后，由职能部门进行审核，确认发布消息，向上设有总管理员，能进行操作审核溯源，打造一个政府认证、信息溯源、真实可靠的信息发布平台。

2. 微信流量导入，满足供需信息的交互能力。“湘农荟”平台，是介于农户和消费者之间的产销信息互通平台，不宜开发操作繁杂的APP，本平台用户端依托微信小程序，无须下载，操作简单、使用便捷。目前微信具有十一亿活跃用户，使用小程序作为入口，可共享海量流量，让产销信息跨地域直达供需双方。

3. 供需信息共享，匹配产销双方的智慧能力。“湘农荟”平台不仅支持农户入驻，进行供给侧信息发布，还将支持大客户需求发布。供需信息可在后台通过标签、精准关键词、价格区间、地域位置等多个匹配条件，实现供需关系智能、自动匹配，进一步增强平台实用性。

4. 5G云平台系统，实现用户跨地域的操作能力。为长效提供助农服务，系统构建产销信息发布、农产品质量审批、信息检索查阅等功能，“湘农荟”平台系统采用全移动式架构部署，让货品供需的全流程和产销双方的用户群，实现移动化操作、满足5G时代用户体验需求。

二、“湘农荟”功能阐述，信息集中展示、供需一键匹配

按照各地产品信息集中收集、平台审核信息集中展示、商家进驻分批采购的整体实现路径，目前，各地产品信息收集环节，湘农荟平台已经对接省农业农村厅“一县一特”产品目录，对接省商务厅“一县一品”产品目录；平台信息集中展示环节，运营团队正对各地信息进行分批次、分类别录入，实现信息及时更新、供需精准匹配；商家进驻采购环节，精选优质采购商家，按照统一标准、结合采购需求，分批引导入驻平台，形成集中展示、一键通联、精准采购。

通过运营实践，结合用户反馈，“湘农荟”平台的功能板块经多次优化，目前，已形成涵盖“供货大厅”“采购大厅”“资讯大厅”等具体功能板块。

1.供货大厅。供货方发布的信息和产品，是经过政府认证、可实现信息溯源的权威信息。后台通过多管理账户审核、审批机制，结合文字简介、图片呈现，可进一步完善货品信息描述、保证供货信息的真实性；通过搜索引擎，用户可精准找到需要采购的信息，提升供需对接的有效性。采购企业用户点击货品后，可一键识别供货主、一键导航货源地、一键拨号联系人，快速对接供货方。

2.采购大厅。采购企业可及时发布采购需求信息，并提交企业简介、联系方式，供货方可按照采购需求，一键拨号采购企业，供需双方都可实现主动联系、主动对接。采购企业需求和供货方需求可在后台实现精准检索、匹配，实用性强。

3.资讯大厅。可及时发布全省宣传系统各大媒体的相关报道，进一步提升平台公信力、加强信息权威性、扩大宣传影响力，吸引更多行业企业、商户农户、民众网友关注和使用。

4.电商店铺。“湘农荟”平台依托自身品牌影响力，陆续在快手网店、腾讯微店、淘宝网店等头部电商平台开设专属的“湘农荟”电商店铺，将全省优质农产品分批次上架，汇聚各大主流电商平台流量，形成了“一次直播，多平台引流”的助农模式。

5.其他功能。“湘农荟”平台依托微信小程序，操作便捷、易于分享，供需双方均可移动化操作，各类用户可共享海量流量，产销信息可跨地域直达供需双方，满足5G时代用户体验需求。

三、“湘农荟”运营模式，整合宣传资源、汇聚亿万流量

“湘农荟”公益助农平台整合各界资源在全省各地成功开展实践，为打通农产品产销供应链创造了新模式，为全省经济复苏按下了“快进键”，为建设现代化农业体系搭建了新平台。

1.“媒体湘军”全面聚力，形成矩阵传播。“湘农荟”平台进行的每场助农直播和公益活动，都充分联动宣传系统资源，广泛组织省内媒体踊跃报道、带动全国平台积极转发，一场系统的扶贫助农宣发推广，由湖南延伸至全国各地。红网网站、时刻新闻、“观潮的螃蟹”微信公众号、红网千屏

联播对“湘农荟”平台进行系列推荐、对平台功能进行细化解读；湖南日报、湖南卫视、新湖南、华声在线、湖南经视、湖南公共、潇湘晨报、三湘都市报、长沙晚报等省内数十家主流媒体及各市州融媒体中心，都用生动的宣传形式、多元的传播内容，对湘农荟助农直播助农进行多场次、全流程的报道；“学习强国”学习平台、人民网、百度、今日头条、新浪微博、搜狐新闻、腾讯新闻、网易新闻、和讯网、南方网等上百家全国各类媒体平台，对“湘农荟”活动内容、助农成果等内容进行大量转载，吸引了社会各界关注。截至目前，“湘农荟”各媒体宣传和各平台直播累计实现观看总点击量超 13.46 亿人次，媒体湘军的全线联动，引领了全国媒体助农风气之先。

2. 联动企业集中采购，实现复合增长。动员社会各界力量参与助农采购，让农民在家门口就实现创收致富。“湘农荟”直播带货＋企业集采模式，形成线上线下“双驱动”助力销售，帮助各地农民、合作社实现了销量的复合增长。从上线至今，“湘农荟”共计邀约了数十家企业、单位深入县区乡村，线上以平台之力推动农产品上网出村，线下以整合之力带动企业赴产地直采。华润万家、绿叶水果等各大商超连锁，先后在3000余家门店设置“湘农荟”直采专区、专柜，引发各地民众争相购买直采农产品。阳光城地产、步步高超市、无限极公司先后委派专业采购团队，跟随“湘农荟”直播前往各地乡村，考察挑选优质农产品，现场进行批量采购。创新的联动模式，为集中力量促进各县区农产品快速销往全国各地，打造了新样本。截至目前，已入驻“湘农荟”的各大类型采购企业达 820 余家，涵盖各类大型商超、专业市场、电商平台、机关学校食堂、餐饮机构等，共计有上百家企事业单位表示，要与“湘农荟”平台全面对接、优先选购。

3. 头部电商同步直播，汇聚亿万流量。直播模式多样、带货效果显著。“湘农荟”发挥整合优势，打造多平台“一站式直播”，汇聚各大头部电商用户流量形成购买合力，让县区乡村，通过一次直播，就能实现关注度和销售量的几何式增长。每一站专场大直播，“湘农荟”都通过各大平台，共同引入流量、多形式进行互动。红网深入乡村讲述产品故事、微信端口全面链接海量用户、抖音网红在原产地进行现场互动、快手主播邀约“老铁”用户下单购买、百度推广进行全网搜索优化，目前，“湘农荟”各场次直播累计实现综合观看量超 3.6 亿人次，线上直播直接销售农产品超 5660.3 万元。

四、“湘农荟”助农效果，提升农业品牌、提振干群信心

“湘农荟”平台用立体助农模式，为乡村产业建设带来了新契机：通过宣传为品牌注入强心剂，运用直播为产销打通新渠道，策划活动为各地营造好氛围，有效地提振了干群信心，满足了人民需要，成为全省助农的新引擎。

1. 用宣传重塑产品价值，擦亮农业品牌名片。用平台打通供应渠道，用宣传重塑产品价值，“湘农荟”在乡村的落地，将各地的品牌名片擦得更亮。借助“亿万级”的关注度和集中式的购买力，“湘农荟大直播”团队先后为湘西保靖、怀化会同、怀化靖州、邵阳花瑶、张家界永定、株洲炎陵、邵阳城步、湘西凤凰、湘西龙山等 17 个县区定制直播方案，开展了涵盖“讲述历史”“分享故事”“提升品牌”“推介产品”“助力销售”的全流程宣传带货直播，助力各地卖火了保靖黄金茶、炎陵黄桃、靖州杨梅、城步牛奶、湘西腊肉、龙山百合等一批有特色的农产品。“湘农荟农博会”专场，4 天共计进行 16 场次直播，涵盖中部六省的 58 家企业精选的 100 余款优质农产品。4 天时间，湘农荟联合红网、腾讯、百度、快手、拼多多、农博优品各大平台，共计吸引 3620 余万人次观看，线上线下带动综合销量超过 278 万余元。通过平台力量、直播方式助力乡村振兴，提升了全省各地农产品的品牌美誉度，让更多农产品实现了价值重塑、形成了品牌影响、做到了持续热卖。

2. 用网络畅通供需渠道，简化消费购买流程。在推进消费结构转型的过程中，网络直播带货，成为扩大消费需求的关键一招。传统产业链中，农产品从田间地头走向百姓餐桌，要经历“农民—原产地收购商—产地批发市场—销售地商贩—销售地批发市场—超市—消费者”等冗长环节；而通过“湘农荟”助农平台，农产品从农户到消费者手中，只需要经历“农户—各大电商平台—物流企业配送—客户收货”。“湘农荟大直播”将整合头部电商平台同步直播作为关键环节，用互联网之力，帮助农产品迅速实现“跨地域”销售，间接带动全省农业关联销售超 20.2 亿元。累计 33 场次的专场直播，推广卖火了涵盖“一县一特”“一县一品”等在内的数百款农产品，“一键即可到家”，成为“湘农荟”平台消费者购买农产品时最明显的感受。

3. 用活动带动全民参与，提振干群助农信心。农村经济发展正逐渐成为我国经济“内循环”的新动力，并在吸纳剩余劳动力、优化经济结构、承接产业转移、推进现代化治理等方面发挥着重要作用。全民积极参与助农，人人都是农业发展受益者，正成为新常态。“湘农荟”由直播延伸到助农活动，以立体式、故事化的直播模式，采访各地乡贤、农户、产业带头人，带动各地干部群众亲身参与直播、体验网络助农、实现共同致富。炎陵县委书记尹朝晖说：“黄桃产品是全县人民的希望，我为炎陵黄桃代言和推荐，是一种导向。全县的干部群众，都应该通过助农直播，成为黄桃的宣传员、推销员。”武陵源区委常委、宣传部部长谢贵湘说：“‘湘农荟大直播’带货助农，是武陵源区深化旅游扶贫、旅游反哺农业工作中浓墨重彩的一笔，如此喜闻乐见的形式也给当地助农、富农提供创新思路。”会同县宝田茶叶有限公司副总经理文涛表示：“在特殊时期，‘湘农荟大直播’给县里中小企业加油鼓劲，振奋人心，为凝心聚力抓好生产注入强大动力，直播还没到一个小时，我们已经收到了超过1600笔订单。”

五、“湘农荟”后续规划，孵化专业平台，助力产业发展

要实现脱贫攻坚与乡村振兴的有效衔接，产业发展是关键。“湘农荟”紧跟5G、大数据发展需要，顺应各地农村提升农业品牌、促进返乡就业的实际需求，按照从品牌活动出发，打造可持续活动的长远思路，不断完善以活动推动项目、由项目带动产业的整体规划。

目前，“湘农荟”平台整体运营，已形成了以营造助农氛围为目标的“湘农荟大直播”，以提升地方品牌为使命的“湘农荟大擂台”，以发现乡土优品为核心的“湘农荟原乡味”，以培育产业人才为方向的“湘农荟大课堂”，以孵化助农网红为任务的“湘农荟网红团”，以便利百姓生活为愿景的“湘农荟年货节”等系列子品牌和子平台。各平台全面赋能农村产业发展实际需要，如“湘农荟原乡味”发现和推广了“雪峰贡米”；“湘农荟大课堂”先后在各地培训了3200余名乡村干部、乡镇企业家和农民。各大细分的专业平台通过“组合拳”，进一步培育了乡村人才队伍、孵化了优质农业品牌、拓展了乡村就业创业空间。

1.“湘农荟大直播”实现联动促销。以立体式、全流程、故事化的直播模式，采访各地乡贤、农户、产业带头人，以讲好助农故事为主线，培育地方品牌；通过各大平台的引流，实现各地农产品销量的提升，为推动全省各地普及直播模式，打通新销售渠道，打造活动范本。

2.“湘农荟大擂台”提升品牌影响。目前，运营团队正在按照已参与执行的全省“米粉大擂台”活动，依托全省各地优质农产品，策划“湘农荟大擂台”活动。通过征集同类农产品，精选优质农产品的方式，助力全省各地打造地方品牌、做大产业规模、形成长效口碑。

3.“湘农荟大课堂”构建电商培训。发挥党媒党网优势，通过互动式教学、实操型培训等形式，集中为各县区提供系统的分享课。通过“湘农荟大讲堂”电商培训相关课程，形成注册开店、产品上架、产品推介、拍摄制作、互动引流、线上营销、直播带货、客服维护、品牌孵化、舆情监测、媒资整合、仓储物流、产品售后、产业规划等完整的农村现代化培训服务，在各地培训和实操中，为各县区农业产业的可持续发展，提供人力资源保障，实现助推农业产业规模增长，助力全省农业事业向高质量发展。

4.“湘农荟原乡味”，发现原味食材。“湘农荟原乡味”，致力于在乡间田野，寻觅原汁原味的优质食材。通过考察作物种养原生态圈，甄选正宗绿色原乡产品。用地道好食材，找回童年好味道，以线上线下联动模式，打通田间直采购买渠道，构建消费扶贫长效平台，实现系统助力乡村振兴。

5.“湘农荟网红团”，孵化助农网红。网络直播风起云涌，带货网红良莠不齐。为规范网红管理、优化直播内容、壮大网红队伍，湘农荟平台联合权威职能部门，通过组建“湘农荟网红团”，挑选和培育一批符合新时代要求、传递主旋律声音的优质网红，以整合的宣传资源，为网红团成员量身定制推广方案，为全省乡村振兴培育网红人才、壮大助农队伍。

6.“湘农荟年货节”，便利百姓生活。汇聚全省优质产品，邀约各大品质厂商，精心筹备“湘农荟年货节”，为全省人民打造一场“品类丰富、产地直选、价格优惠”的年货节，让扶贫成果惠民利民，让各地农产集中展销，让百姓实现“一站式”消费。

供稿单位：湖南红网新媒体集团

2020 中国新媒体扶贫特别推荐案例

■ 中央广播电视总台

“小朱配琦”来了！一起为湖北拼单

“小朱配琦”来了！
央视新闻打造“精准扶贫”新样本

一、央视新闻“谢谢你为湖北拼单”活动及系列“带货直播”节目，积极打造实实在在的扶贫成果

2020 年，是决战脱贫攻坚、决胜全面小康的收官之年。中央广播电视总台新闻新媒体中心，紧紧围绕“打赢脱贫攻坚战”的使命任务，发挥媒体的独特作用，积极打造实实在在的扶贫成果。

据调研，我国部分贫困地区并不缺乏特色产品，但苦于“酒香也怕巷子深”，无法有效打开市场，不能打破贫困桎梏。特别是受 2020 年新冠肺炎疫情的影响，许多地区的农业生产、农民生活遭遇困难，全国多地复工复产也面临阻碍。

扶贫助农不能“喊口号”，在国家精准扶贫的收官之年，央视新闻新媒体特别策划推出了“谢谢你为湖北拼单”活动及“带货直播”系列节目，广

泛动员社会企业参与，帮助扶贫农产品扩大知名度，助力扶贫产品销售，推动实现小农户与大市场的有效对接。

3月27日，央视新闻各新媒体平台发布微倡议海报“谢谢你为湖北拼单”，得到企业、网友的热烈响应；4月1日起，央视新闻联合淘宝、京东、拼多多、苏宁易购、国美、物美、多点等数十家电商平台、生活服务平台和社交平台，启动“谢谢你为湖北拼单”大型公益活动，在电商平台和线下超市上架湖北商品促销专区，湖北商品促销效果显著提高。

同时，自4月6日起，央视新闻尝试新闻主播“带货直播”节目形态，号召人们为全国拼单，帮扶贫困地区，刺激消费，扩大内需。截至2020年11月10日，央视新闻新媒体共发起22场“带货直播”系列节目，销售额累计已超50亿元。不仅减缓了贫困地区产品滞销困局，而且打开了创新产品的新市场，成功变输血式扶贫为造血式扶贫，以扎实行动和成果提升百姓收益，激发百姓信心。

4月6日，央视新闻新媒体推出“小朱配琦”组合首场公益直播——“谢谢你为湖北拼单”，售出香菇、恩施绿茶、武昌鱼干等4000余万元湖北商品，迅速成为全社会热议的话题，使当地农副产品“出圈”，成功开展线上线下产销对接，为拓展农特产品销售渠道注入新动力，为当地脱贫攻坚贡献力量。4月19日，农业农村部相关负责人陈萍在国务院联防联控机制发布会上表示：“近期，央视主播为湖北带货受到广泛关注，‘小朱配琦’带货效果非常明显。”

自推出“小朱配琦”带货直播获得多方高度好评与认可后，央视新闻陆续发起“助力脱贫攻坚，陕西湖北”专场带货直播，售出梁家河红枣、小米、擀面皮、宣恩贡茶等近3000万元陕西、湖北特色商品；“秦晋之好，陕西山西”专场带货直播，推荐了非遗产品虎翅麟角口金包、秦岭天下柞水木耳、大同火山黄花菜等当地特色产品，销售额超1200万元。

此外，央视新闻新媒体主动策划、挖掘、融合节目的公益性主题，结合自身实际，充分发挥新媒体优势，立足国家“脱贫攻坚战”战略，创新“产业扶贫”新模式，推出《买遍中国》系列带货直播，深入扶贫一线工作，推荐各地扶贫助农产品，以“直播＋电商＋扶贫”的形式，助力农产品销售，拓宽农产品走出去的销售路径。截至2020年11月10日，《买遍中国》系列带货直播，已走过贵州、四川、山东、新疆、河南、辽宁等10个省份，累计销售额近40亿元。

其中，四川省是我国脱贫攻坚的重要战场，中央广播电视总台定点帮扶了其中的未摘帽贫困县——喜德县，并派出了两名扶贫干部，其中一名是目前正在喜德县中坝村担任第一书记的刘超。《买遍中国》系列带货直播之四川站，在直播现场播放了刘超介绍喜德县扶贫成果的视频短片，同时售卖了大凉山喜德县袁野特色农产品大礼包，直接为脱贫攻坚助力，精准扶贫。直播现场不仅详细介绍了扶贫产品的知识背景，更通过采访扶贫干部，讲述背后感人的扶贫故事，为带货直播带来了情感的温度，两者有机融合、相得益彰。此外，《买遍中国》系列带货直播之贵州站，邀请贵州当地的扶贫网红“侗族七仙女”等嘉宾来到直播现场，主持人与嘉宾共同助销凯里酸汤鱼调料、羊肉粉、红茶、苦荞饭、香禾糯米等贵州扶贫美食及助农产品，缓解了疫情影响下农产品滞销的燃眉之急。

央视新闻新媒体推出的系列带货直播，解决了农民农产品滞销困扰，并在精准扶贫上下功夫，实现了贫困群众在家门口脱贫。

二、央视新闻“带货直播”系列节目创新传播方式，探索形成了公益扶贫新模式

在脱贫攻坚的战场上，央视新闻新媒体创新传播方式，对接各方资源，以新型互联网思维，将扶贫工作做得有声有色，形成了公益扶贫新模式，探索了一条“电商平台帮农致富增收，主播带货助力脱贫攻坚”的创新之路。

区别于以往公益节目直接捐钱、捐物的支援帮扶模式，央视新闻新媒体从策划选题伊始，便将节目视为一项综合、长期、实效的扶贫工程。通过聚合各方的能量，结合当地特色产业，找准适合贫困地区可持续发展的好产品，实现精准扶贫，真正把“公益”沉淀下去，把持续的产业扶贫落实下去，为贫困县创造稳定的、持续的供销保障。

央视新闻新媒体系列“带货直播”节目，结合时下最受网民关注的直播带货形式，通过策划灵活多样的带货直播节目形态，利用央视新闻的巨大号召力、影响力，邀请央视主播和明星、正能量网红等艺人一起参与直播。央

视新闻主播身体力行，在直播中向网友推荐各地特色农副产品，向全社会传递了帮助全国脱贫攻坚的主题，激活了公众的公益理念与责任意识，网友不仅关注直播节目本身，更积极地下单购买，让贫困地区的农特产品走出去。几乎每场直播都受到网民、媒体的关注与热议，产生了巨大的社会影响力，正如直播中网友评论所说“闻到了满屏的香味，扶贫产品都是情怀”。

此外，相比目前主流电商平台主播的直播形式，央视新闻新媒体更注重突出自身平台、央视主播的优势，“带货直播”呈现更加综艺化。与电商平台主播固定坐在镜头前不同，央视新闻新媒体的“带货直播”介绍产品时，直播镜头多角度切换，全方位立体式展示，看起来更像是一场综艺节目。让“带货直播”不仅是介绍商品和引导下单，而且是实现新闻、娱乐与消费的结合。此外，央视新闻新媒体的“带货直播”，帮助用户挑选质优价廉的商品、带给消费者优惠价格的同时，还发挥了央视主播自身擅长的文化力量，以清新脱俗的方式进入电商领域。在保持总台特质的同时拥抱新业态、拥抱新经济，打造了“媒体 + 精准扶贫”新模式。

三、央视新闻系列“带货直播”，实现了社会效益和经济效益的双丰收

央视新闻新媒体推出的系列“带货直播”，从内容形式上带来了耳目一新的消费体验，更是连接发动了社会多方力量共同参与，链接了传统媒体、社交平台、电商平台三方，一起为主流舆论宣传工作服务，共襄助农扶贫盛举。

央视新闻新媒体推出的系列“带货直播”，开创了产业扶贫的新媒体实践，当好了国家政策的“翻译官”，把国家宏观政策、伟大实践“翻译”得很接地气，搭建了一个有序的公益生态。从一定程度上，打开了电视与新媒体的相互融合，打开了扶贫助农思路的边界，拓宽了精准扶贫模式类型，从而提升了精准扶贫成果的上限，彰显了主流媒体在当下的时代价值。

同时，央视新闻新媒体切实响应党中央脱贫攻坚重大部署，恪守“小成本、大情怀、正能量”的节目制作理念，把社会效益、价值引领放在首位，不断丰富“扶贫 +”内涵，动员一切可能力量服务于贫困地区经济，有力推

动了精准扶贫，产生了向上向善的强大精神力量。

此外，真正实现了媒体融合向纵深推进。不仅以切实行动落实了习近平总书记重要指示精神，也充分发挥国家媒体的权威性和影响力，率先开启了公益性媒体带货直播的先河，其示范效应引发了人民日报、新华社以及众多地方媒体加入其中，让助力脱贫攻坚、经济复苏成为所有媒体的自觉行动，是深化主流媒体改革、实现媒体融合传播的创新之举。

谢谢你为湖北拼单

主创人员：李　浙　李　伟　关　欣　夏　文　王　茜
张　景

本文执笔人：关　欣

沙龙对话

不忘初心，公益先行

- 主持人：金兼斌　清华大学新闻与传播学院学术委员会主任
- 嘉　宾：孙　巍　新华网首席运营官、总裁助理

谭鲁民　齐鲁网闪电新闻总编辑

章理中　安徽新媒体集团总经理

申志民　阿里巴巴社会公益部高级品牌专家

【金兼斌】媒体是整个社会非常重要的基础设施。随着新媒体、“互联网 +”的发展，无论是媒体概念本身还是媒体的社会责任，都具有新的内涵。今天我们共同探讨如何理解新平台的社会责任，这个概念的内涵和外延有哪些，履责时的创新做法和经验教训。

【孙　巍】在履行社会责任方面，新媒体平台与传统媒体具有共性，应该一个尺子、一个标准，即对内要能正确引导舆论、传递传播主流价值观，对外要讲好中国故事、树立良好国际形象。传统媒体借助自身影响力和资源优势，再融合新媒体交互性、跨时空跨地域优势，打造出不少优秀公益扶贫案例。由此可见，新平台的特性若被传统媒体融合借用，则能为履行社会责任，创造出新场景新模式。

【谭鲁民】主流媒体新平台首要社会责任是政治责任，首先要引导导向。媒体人、媒体平台要保持铁肩担道义的初心、体现责任担当，要把公益属性、社会责任担当放到第一位。以公益为例，传统媒体做民生新闻，经常会有要救助的对象，把故事讲得非常好、非常动人，就会接到热心电话直接会捐助给需要帮助的群体。而新媒体平台公益感召力远大于传统媒体。齐鲁网

做过一个公益行动，帮助一名来自山区患白血病的大二女学生，我们用“一个山区小女孩患白血病，刚刚考上大学，没钱救治，小女孩放弃救治回到学校，她觉得她刚上大二，大学的生活太美好，剩下的时间不多，我就回大学，活一天赚一天”这样一个标题打造了当时的互联网爆款，得到各大平台转载，获得了很多来自国内外热心人的捐助。主流媒体新平台通过打造网上爆款，为公益报道，发挥自身影响力，将责任担当转移到新阵地具有强大动力，在新平台上继续担当责任。

【章理中】新媒体社会责任，广义上是坚定正确政治方向，坚守正确导向。充分利用新媒体特点，发挥新媒体优势，宣传好路线方针政策，宣传好人民群众的好经验，是媒体职责所在。

【金兼斌】申志民先生对于媒体的社会责任，对于媒体与公益之间的关系有什么想法？

【申志民】我在新京报做过卧底调查，后来在媒体领域进行过联合创业，再后来到阿里巴巴做社会责任。因为曾具有媒体、社会责任的多重身份，我对社会责任内涵和外延的理解有所改变。

公益是公共利益。其中，公共就是我们，公益就是我们的利益。实际上我们履行的社会责任，最后参与、执行、受益的对象，并非社会而是我们自

沙龙对话

沙龙对话

己，因此我认为企业社会责任是企业发展的核心竞争力。作为平台方，在推动社会责任落地方面，我们期望结合平台的力量去撬动 B 端和 C 端的流量，让他们去感知我们的温度，一起同频共振，让社会有更多的爱心事件发生。履行社会责任是为了我们自身，让我们过得更美好。

【金兼斌】新华网具有独特定位、优势以及使命，关于平台社会责任，特别是关于公益方面，有哪些创新做法和经验呢？

【孙　巍】新华社在公益活动方面有很多积累。在 11 年前，新华社启动大型网络公益活动，即中国往事年度感动人物，在业界非常有影响力，今年已经是第十一届了。进入新媒体时代，新华网客户端做了更深层次、更互联网化的探索。

从传播角度来说，2019 年我们发起正能量传播计划活动。这个活动设计的主要思路趋向于互联网化，邀请 55 位知名文化名人担任正能量信息的传播官，通过新浪微博做社交化的分享，提升正能量信息的传播广度和深度。这个计划一直持续到现在，总的阅读量已经突破了 44 亿，在新浪微博相关的话题，大概总阅读量是 4.3 亿，平均数额达到了 630 多万。

整个活动中涉及最多的关键词就是互联网的电商直播，2020 年也是新华网客户端做了一个项目——百事牵线赋能电商计划，是以一个单点的形式存在，结合某一个特定的时间，或者叫作重要节点，我们做这种电商赋能。通过从体系化解决，用电商手段来链接产业，解决从脱贫到巩固脱贫成果的社会效果，整合了一个行业的上下游资源，充分利用好自身的传播能力，同时又整合了数据公司的数据能力、培训能力，包括明星、流量的资源，把它做成一个个性化的开发，下沉到各个地级区市县当中，形成一种偏向于可持续的消费扶贫的新的模式。目前这个计划已经开始在全国的部分地方落地，并且得到了地方相关政府和领导的肯定。这些公益活动可持续开展起来，这是媒体在一个新的时代，面对一些新的需求，面对一些新的社会责任的时候，通过自己的理解和方式，包括权威性、公信力，更好地整合行业资源，嫁接社会需求，把我们的能力下沉，向更多的需求人群分享。

【谭鲁民】过去，我们的新闻网站联合电视频道、山东商报一块做了齐鲁公益联盟，这项工作当时在山东影响很大。现在，进入移动时代，面对短视频风口，作为主流媒体，我们依然把社会担当放在第一位，重视打造正能量爆款。如“闪亮新闻”这个号重视传播主流价值观的、公益导向的内容，引导受众关注公益事业、奉献爱心、引导正能量。

【章理中】公益事业是新媒体宣传的题中应有之义，是媒体深度融合的重点任务，也是媒体企业发展的一种内在要求，从经济效益、社会效益的、宣传工作职能，引导群众、服务群众等方面都有这个要求。安徽新媒体集团在公益事业方面的工作，把握了3条。一是高起点谋划。2020年是决战决胜脱贫攻坚的关键之年，习近平总书记4月在陕西考察时谈及“电商，在农副产品的推销方面是非常重要的，是大有可为的”，充分肯定了电商的作用。我们从5月开始谋划了网络直播带货助农活动。在省扶贫办、农业农村厅、省商务局、省网信办的指导之下，全省的第一书记加上我们的主持人共同举行一系列的网络直播带货活动“第一书记夸家里”。二是高标准推进。在实施过程中间，首先是配备了一支很强的队伍，从集团各个方面抽调力量。第一书记的选拔上，由省扶贫办、省委组织部推荐；在农产品把关上，省农业农村厅认定，确保网上销售的质量；充分发挥“学习强国”学习平台、抖音等第三方平台的作用。三是高质量发展。随着乡村振兴战略的实施，农博会把网络直播带货活动，做成安徽省优质农产品的网络展示平台，并且长期办下去。办好两个品牌，一是公益品牌，二是安徽省的农副产品的品牌，确保整个工作、社会责任各方面进一步的履行好。

【金兼斌】申志民先生，公益1.0靠情怀，公益2.0靠什么？你如何理解，阿里巴巴参与公益，或者把公益作为整个企业发展和形象建设？

【申志民】阿里巴巴公益的使命就是让天下没有难做的公益，这是每个阿里人要恪守的。十万阿里人，大家共同打造了一句阿里土话，我是阿里人更是公益人。基于这个社会诉求，阿里人考虑怎么解决社会痛点。因为阿里特别注重技术开发、重视科技，阿里人开发出蚂蚁森林，带动5.5亿人共同种植2亿棵树；疫情期间，阿里工程师和政府部门一块联动，推出健康码助推复工复产。阿里通过主动挖掘社会需求、解决社会问题来履行社会责任，这种行为方式也于己有益，成为自身成长、发展的基石和基因。如淘宝帮助农民脱贫方面，我们以新媒体、新技术力量推动，推行产品村播计划，调动贫困县村民在自己的田间地头，通过直播的形式给自己带货给自己“打Call”。这种扶贫方式，改变了他们的精神面貌、解决了贫困问题。同时，我们也发现了新的生产模式，即基于新媒体，通过阿里系统平台，拉动万物之间、人和物之间有效关联，激活了内生力量，鼓励他们通过努力创造更多美好，阿里人恪守一句话，即相信小的伟大。

【金兼斌】媒体现在强调社会责任和公益的参与，公益的可持续性可能还是有它的短板，从这样的角度，下一步新平台社会责任的履行还有公益的履行，最需要强调的或者是需要重视的是什么？

【孙　巍】可能是一种持续的能力，这种能力是一个综合的，来自方方面面，包括中央各种主流媒体也要通过各种有效的市场机制，储备这种能力，为公益作出更大的贡献。

【谭鲁民】主流媒体和像阿里、腾讯、快手这些商业的公益平台联手，多做一些合作，共同为互联网打造有温度的流量，打造有领导力的爆款。

【章理中】媒体融合已经明确指出要在新闻服务上下功夫。今后新媒体要在新闻、技术、服务上下功夫，做好我们的社会职责。

【申志民】新媒体时代，尤其是5G时代，不只是人和物、人和人的交流，还是物和物交流的时代，基于这样的大背景下，我们的社会责任应该不只是义务，还是机遇。

“中国新媒体联合公益行动”品牌发布

推动新媒体联合公益长效化制度化品牌化

■ 冯海青

中国记协新媒体专业委员会一直注重团结引领新媒体担当社会责任，推进社会公益。在2019中国新媒体大会上就发布推荐2019中国新媒体公益十大优秀案例，并启动2020中国新媒体扶贫联合公益行动。专委会成员单位积极参与行动，形成2020中国新媒体扶贫案例库，体现了新媒体公益实践形式手段新、受众人群广、社会反响好、成果效益实等特点。在此基础上，

“2021 中国新媒体联合公益行动”品牌发布仪式

推荐了2020中国新媒体扶贫十大优秀案例，发挥优秀标杆案例的引导作用，进一步推动新媒体开拓思路、找准切口，发挥优势、做实项目，积极投身社会公益项目实践、履行社会责任。2020年，中国记协新媒体专业委员会还牵头组织了县级融媒体中心东西协作交流公益项目，促进东部、中西部地区县级融媒体中心之间在内容生产、管理方法、运营经验、经营模式等方面深度交流协作。

新技术，激发新动力；新平台，带来新责任。在加快推进媒体深度融合的大趋势下，如何全面推进内容、技术、效益、责任等各方要素总体进步、协调发展，是摆在新媒体面前的一道时代课题。为强化新媒体在公益领域的信息服务、舆论支持力度，进一步推动新媒体联合公益行动长效化、制度化、品牌化，中国记协新媒体专业委员会在前期组织公益行动实践的基础上，正式推出“中国新媒体联合公益行动”品牌。

2021中国新媒体联合公益行动的主题是“志愿服务与新媒体力量”，推动志愿服务与“新媒体+”深度融合，助推新时代志愿服务事业发展，推动新媒体新平台更好履行社会责任。

2021，让我们携手公益。

（作者时任中国记协书记处书记）

CNMC

2020

中国新媒体大会

CHINA NEW MEDIA CONFERENCE

媒体报道

二〇二〇中国新媒体大会在长沙举行

申智林

2020 中国新媒体大会 19 日在长沙开幕，来自新闻宣传部门、新闻单位、新闻行业组织、互联网企业、高校新闻院系与新闻研究机构等方面的专家学者和从业人员齐聚一堂，就进一步推进媒体深度融合发展进行研讨交流。

作为中国新媒体行业的年度盛会，本届大会以“守正聚力　创新共融”为主题，旨在深入贯彻落实党的十九届五中全会精神，落实中央《关于加快推进媒体深度融合发展的意见》，为新媒体从业人员搭建分享实践经验、交流认识体会的平台，推动媒体深度融合高质量发展，不断做大做强主流舆论。

大会发布了《中国新媒体研究报告 2020》《中国新媒体年鉴 2019》《全国视频文创产业发展指标体系研究》等成果；举办“内容创新创优”“聚焦新生代　赋能新生态”“新平台的社会责任”等专题论坛；揭晓中国新媒体战“疫”十大精品案例、扶贫十大优秀案例，人民日报社相关部门出品的纪录片《生死金银潭》、“人民日报新媒体公益带货系列直播”等新媒体作品入选。推出“走进马栏山”主题展示，举办“增强‘四力’推动深度融合发展”专题培训，启动“中国新媒体联合公益行动”。

中宣部、中国记协、湖南省委宣传部负责人出席开幕式并致辞。人民日报社、新华社、中央广播电视总台等相关负责人作了主题演讲。大会还推出“走进马栏山”主题活动，展示马栏山产业技术底座及园区代表性产品，展示媒体深度融合和文化产业发展新路子、新成果。

本次大会由中央网络安全和信息化委员会办公室、国家广播电视总局、湖南省人民政府指导，中国记协、湖南省委宣传部联合主办。

《人民日报》（2020 年 11 月 20 日）

壮大主流声音　开创传媒新局

——2020 中国新媒体大会综述

申智林

以一天为维度，以小时为刻度，全景展示国家山河壮美、活力无限的系列微视频《中国 24 小时》，为何如此吸引观众？

从十八洞村出发，村民龙金彪的脱贫奋斗故事，又何以借助视频博客红遍网络？

守护 6397 公里的河流，是怎样的感受？用户点开新华报业传媒集团的“交汇点”新闻客户端 H5 作品，即可聆听长江的乐章。

2020 年 11 月 19 日至 20 日，2020 中国新媒体大会在湖南长沙举行。会上，一批刚刚获得新一届中国新闻奖的新媒体作品主创团队，分享了他们在媒体深度融合的时代，拓展新闻舆论阵地、提升主流媒体传播力影响力的心得体会。

本届大会由中央网络安全和信息化委员会办公室、国家广播电视总局、湖南省人民政府指导，中国记协、湖南省委宣传部联合主办，以“守正聚力，创新共融”为主题，旨在深入贯彻落实党的十九届五中全会精神，落实中央《关于加快推进媒体深度融合发展的意见》，为新媒体从业人员搭建分享实践经验、交流认识体会的平台，推动媒体深度融合高质量发展，不断做大做强主流舆论。

“当前，世界百年未有之大变局加速演进，舆论生态、媒体格局、传播方式等正发生深刻变革，突出表现为新媒体渗透力无处不在、影响力不断扩大。”湖南省委常委、宣传部部长张宏森在致辞中说，“用好新媒体、建设全媒体，越来越成为传媒领域在变局中开新局的必然选择。”

新局中孕育着新机。加快推进媒体深度融合，首先要构建全媒体传播体系。

与会嘉宾认为，构建全媒体传播体系要以内容建设为根本、先进技术为支撑、改革创新为抓手，努力形成资源集约、结构优化、差异发展、协同高效的局面。

内容建设要致力于做强主流，凝聚共识。

守好方向之正，聚好融合之力，走好创新之路，抓好共融之举，在中国记协党组书记刘正荣看来，这是推进媒体深度融合的应有之义。

“不管怎样发展，湖南广电将始终坚持‘内容为王’，坚持将长视频特别是主旋律长视频作为核心竞争力的发展战略。”湖南广播影视集团有限公司党委书记、董事长、总编辑张华立说。

“舆论生态、媒体格局、传播方式发生了深刻变化，但‘内容为王’的本质要求没有变。”人民日报社编委委员、秘书长乔永清表示，正因为对内容的精雕细琢，“中国 24 小时”系列微视频、《复兴大道 70 号》和《生死金银潭》等精品融媒体产品才得以在纷繁复杂的舆论场中赢得人心和良好口碑。

与此同时，媒体融合也是一次以技术创新为引领的技术变革。

2020 年两会期间，人民日报智慧媒体研究院研发的“智能云剪辑师”上岗，短短几分钟就能产出视频内容；成立一年来，人民日报社传播内容认知国家重点实验室牵头发起的“内容科技联盟”，已经有数十家科研单位、科技企业和主流媒体参与进来。

在“聚焦新生代　赋能新生态”分论坛上，华为消费者云服务总裁张平安表示，基于 5G 技术和 5G 终端等产品，华为持续赋能内容产业，携手合作伙伴开展媒体生态创新实践，共同为用户打造更好的视频体验。

大会期间，在马栏山视频文创产业园、岳麓山国家大学科技城、国家网络安全产业园协助下，借助 5G、大数据、人工智能等新技术，与会嘉宾就培育发展文化新型业态和产业集群展开了热烈讨论。

技术赋能还为市县融媒体发展提供了有力支撑。

在马栏山视频文创产业园的主题展示馆中，浏阳市融媒体中心展示了借助“掌上融媒”客户端制作的融媒体产品，传播效果显著，单场直播活动观看人次达到 1290 余万。“不但做到了本地全覆盖，还将浏阳故事传播到全国。”浏阳市融媒体中心大数据中心主任汤利华说。

如何进一步推进媒体深度融合，推动主流声音形成更强的舆论氛围，还存在一些关键环节的痛点和难点。

人民数据（国家大数据灾备中心）常务副总编辑、人民数据研究院院长陈丽在以《大数据把脉青少年话语生态》的主题演讲中表示，青年群体偏爱数字化阅读，由读报转变为读屏，宣传思想工作的对象是人，人在哪儿重点就应该在哪儿。

《人民日报》（2020 年 11 月 23 日）

如何守正聚力　何以创新共融？

——2020 中国新媒体大会“问道”

周　楠　谢　樱

19 日至 20 日，2020 中国新媒体大会在长沙召开。大会以“守正聚力　创新共融”为主题，来自传媒界及相关领域的多位嘉宾齐聚一堂，同台“论道”。全媒为本、导向为先、内容为王、技术为要、改革为重、人才为宝……推进媒体深度融合，新媒体未来发展的路径愈发清晰。

媒体融合进入“啃硬骨头”阶段

与会专家普遍表示，2019 年至今，中国新媒体在发展至一个阶段性高点后，正在进入深度调整和再探索阶段，技术的持续发展激发着内容生产和传播模式创新，内容生产力被持续释放，媒介新技术不断向前发展，新媒体对经济社会的影响越来越深。

“截至今年 9 月，我国网民数量达到了 9.4 亿人。”人民数据研究院院长陈丽表示，随着 5G 大规模商用，短视频、移动直播等将进一步推动信息的低成本、无障碍流通，每一位用户都可以成为传播主体，传播格局日益复杂。

在这一背景下，媒体深度融合、转型发展变得尤为迫切。中国记协新媒体专业委员会负责人介绍，媒体融合的前期改革成效显著，改革重心正逐步由产品形态、话语内容、表现手段等单点、离散的战术创新，向体制机制、资源整合、生态构建维度的一体化、全局性战略融合转移，这成为现阶段中国新媒体发展最重要的特征。

中国传媒大学电视学院教授曾祥敏认为，媒体融合改革已进入深水区，尤其是新型主流媒体打造进入攻坚期，标准化的技术和平台架构、生产流程已经搭建起来，但缺少人才、技术落后、资金短缺等困难带来较大挑战，真正“啃硬骨头”的阶段正在到来。

优质内容永远是“硬通货”

“内容为王”过时了吗？内容质量是否仍是传媒竞争的焦点？在本次大会“内容创新创优”分论坛上，多位传媒学界、业界人士分享了他们的体会。

他们普遍认为，受众一方面厌倦于海量信息泛滥，另一方面渴求优质内容却得不到满足。无论技术如何革新，优质内容永远是根本，是吸引受众、引领舆论的“硬通货”。

在分享《新中国密码：15665，611612！》的创作经验时，新华社全媒编辑中心编辑姚竣译认为：“我们挖掘出歌曲创作背后的故事，还将歌曲曲谱设计成全篇的核心视觉元素，旋律、歌词都服务于融媒体报道内容，才能让这首旋律在受众心中产生共鸣。”

中央广播电视总台融合发展中心主任汪文斌认为，主流媒体最大优势是内容，如何把内容资源优势转化为平台优势是关键问题。“面向年轻一代的移动端用户，第一是要转场，把向传统媒体配置资源为主转化为向新媒体平台配置资源为主；第二是要转化，将传统的话语表达方式转变为新兴话语表达方式。”

“对互联网平台来说，创新也是围绕优质内容的‘新’。”北京字节跳动科技有限公司副总编辑郎峰蔚分享了字节跳动在内容创新创优方面所做的“加法”：不断更新和改进技术、用更多形态展现内容、通过“媒体 +”增加媒体矩阵数量，以丰富平台的优质内容。

不能唯“流量”　必须坚守正确方向导向

一位是新闻主播朱广权，一位是“带货一哥”李佳琦，两个看似不在同一次元的人，却打破次元壁组成了“小朱配琦”组合，直播连线展开了一场湖北美食公益直播，销售金额达4014万元。在本次大会上，“小朱配琦”公益直播获评“2020中国新媒体扶贫特别推荐案例”。

今年以来，面对战贫、战“疫”双重大考，各新媒体平台积极行动。新华社“院士直播　为农产品带货”、人民日报社“人民优选直播大赛之百城百县直播助农”、中国青年报社“青耘计划”乡村振兴青年助农行动……伴随大数据、5G、人工智能、区块链等新技术新应用的深刻演变，众多新媒体平台通过多形式的新闻扶贫、消费引导扶贫、农产品营销推广扶贫等，充分展现出新的使命担当和时代责任。

“社交媒体活跃在越来越多的公益活动中，为公益发展提供了强劲助力。”湖南广播影视集团有限公司（湖南广播电视台）党委副书记、总经理、台长龚政文说。

在信息时代大数据爆发的情况下，一些新媒体只重流量，不重社会效应，导致出现错误导向，甚至肆意允许平台内直播节目打涉黄涉暴的擦边球，也让媒体社会责任面临考验。

“在媒体建设中担负社会责任、彰显主流价值，是一个时代的必然要求。新媒体人要画出最大公益‘同心圆’，焊牢网上‘民生服务链’，让网络环境更清朗。”大江网总编辑王宣海说。

新华社长沙2020年11月20日电

参与采写记者：柳王敏　张　格

媒体融合如何创新创优？看看这场媒体大咖的“头脑风暴”都说了啥？

——2020中国新媒体大会

傅 蕾

传统媒体在转型中如何“抓重点”？优质的内容生态如何培养？11月19日下午，2020中国新媒体大会“创新创优内容 做实做强传播”主题圆桌论坛在长沙举办。传媒界大咖共同探讨媒体深度融合背景下如何创新创优内容、做实做强传播。

本次圆桌论坛由中国记协新媒体专业委员会副主任委员、中国传媒大学电视学院党委书记曾祥敏主持，与中央广播电视总台融合发展中心主任汪文斌，新华日报社总编辑顾雷鸣，四川日报报业集团党委副书记、总编辑李鹏，北京字节跳动科技有限公司副总编辑、媒体合作总经理郎峰蔚等4位圆桌嘉宾展开精彩的讨论。

从内容建设角度，主流媒体应该把握的重点是什么？汪文斌分享了中央广播电视总台融合发展的经验。他认为，现在的关键问题，是如何把内容资源优势转化为平台优势。并提出了两个“转”：一是转场，优势资源要向新媒体进行集结，核心资源要向新媒体进行配置；二是转化，就是要创新话语体系、转变表达方式。总台在这方面的一些尝试非常成功，比如说主播说联播、火神山建设直播等。

顾雷鸣分享了在体制机制上、在具体生产运维中的具体经验。他表示，作为地方报业，媒体的创新创优和精品生产是媒体最硬核的竞争力。我们这些年的做法用3句话来说就是：一支队伍服务多个平台，对组织结构进行了重组和调整，适应全媒体内容生产；二级策划激发创新活力，通过采编联动会机制，打通两级策划，把各个部门的策划在采编联动会上由编委会进行确认、提升；三项机制提供坚实保障，2019年，我们起草了新的考核办法，体现了向移动优先倾斜、向优质稿件倾斜，建立了人才培养机制。

“一支人才队伍、两个媒体平台、一体化整合运营”，是封面新闻作为新创平台的转型模式。下一步媒体深度融合发展中，改革的重点和难点是什么？四川日报报业集团党委副书记、总编辑李鹏介绍，重点是技术和内容的融合。因为技术赋能内容，需要在技术和内容的融合上做好文章。而难点是体制机制的创新。互联网和传统媒体生产传播是完全不一样的，所以在整个体制、机制上一定要跟进。李鹏提示，若非如此，我们的媒体融合不可能真正走向纵深，产生质变。

字节跳动在内容整合和精准推送上都不断创新，他们是如何建设优质的内容生态？如何能与用户形成深度连接？北京字节跳动科技有限公司副总编辑郎峰蔚说，关键在于“优质的新”。第一个方面就是技术上做加法。平台辅助创作，辅助消费，力图在技术上不断改进，并在商业化上同步跑起来。第二是在内容上做极大加法，希望凭借信息的增量，让字节跳动的产品成为真正的百科全书。第三是不断做创作者的加法，我们做了“媒体+”。“媒体+”不仅仅增加了媒体家数，更重要的是增加了媒体矩阵的数量，用不同垂直类创作丰富内容。

央广网（2020年11月20日）

守正聚力壮大主流舆论
创新共融抢占传播技术

——2020中国新媒体大会观察

唐小晴

11月19日至20日，2020中国新媒体大会在“媒体艺术之都”湖南长沙召开，全国新闻行业围绕内容创新创优、做实做强传播和推进媒体深度融合的理念、路径和方法展开探讨。

记者观察发现，如何扩大优质内容产能、怎样抢占传播技术高地及推进媒体深度融合、做大做强主流舆论等成为焦点议题。

改革创新媒体融合驶入构建体系新阶段

在中国，媒体融合已发展成国家战略、舆论热词、业界显学，并取得重要进展，新闻舆论阵地不断拓展，现象级融媒体产品不断涌现，主流媒体传播力、影响力不断提升。比如，客户端建设成为重点，同步做大做强商业平台官方账号，着力打造移动传播矩阵。

中央宣传部副部长、国务院新闻办公室主任徐麟在大会上表示，媒体融合发展从零起步、从无到有，从最初的转观念、做产品、建平台，到由表及里、由点到面逐步铺开，现在要进入全面发力、构建体系的新阶段。“可以说，媒体融合前期架梁立柱、筑基企稳的改革成效显著，下一步深度融合、提质增效的改革任重道远。”

截至 2020 年 6 月，中国手机网民规模已达 9.32 亿，手机网络新闻用户规模达 7.2 亿，移动端已经成为人们日常获取信息和传播信息的最主要渠道。加快构建全媒传播体系，成为全媒体时代推进媒体深度融合的重要目标。

徐麟认为，现在媒体融合已进入深水区、攻坚期，必须以深化改革推动深度融合，以改革的胆识、改革的思维、改革的举措破解发展难题，向改革要办法、向改革要效益、向改革要出路。“把正能量和大流量结合起来，用心用情制作有品质、有格调的内容，打造更多群众喜爱、刷屏热传的作品，形成新的增长点和竞争力。”

融合发展可能带来媒体形态的变化，但无论什么样的媒体，无论是主流媒体还是商业平台，无论网上还是网下，无论大屏还是小屏，在导向上都是一个标准，没有法外之地、舆论飞地。

与会专家表示，导向是发展之魂，要以正确导向营造清朗舆论空间，加快推动媒体发展，形成网上网下同心圆，也需要主流媒体展现新担当、实现新作为，加快推进媒体融合向纵深发展。

聚焦新生代 5G 时代媒体行业变革新发展

当前正处于媒体生态解构和传播秩序重构的时代，互联网新媒体平台成为新生代学习、工作、生活的首选，“新生代”（指网络环境下的新生代青年）成为一个重要群体。

聚焦“新生代”，新媒体如何闯出潮流新赛道？湖南省委宣传部副部长、省委网信办主任周湘认为，新一轮科技革命和产业变革正在重构全球创新版图，也在重塑互联网行业生态和媒体发展格局，新型主流媒体要加快技术赋能，将 5G、大数据、云计算、人工智能、区块链等新一代信息技术，有机融入新闻采集、生产、分发、接收、反馈全流程，让产品搭上技术创新的快车，用个性化定制、精准化生产、智能化推送重塑与用户的连接，全面提高网络传播的到达率、阅读率、点赞率。“还要用贴近年轻用户的语境语态，构建年轻用户感兴趣的内容体系。”

在中国 9.4 亿网民规模中，20 岁至 49 岁的网民群体占比接近 60%，B 站、抖音等社交平台的崛起，重塑了舆论格局，以 90 后、00 后为代表的互联网原驻民的话语权不断扩张。

“青年群体由读报一代变成读屏一代，数字化阅读时代来临。”人民网・人民数据（国家大数据灾备中心）常务副总编辑、人民数据研究院院长陈丽表示，打造青年群体的精神食粮，需加大内容在垂直化、个性化、圈层化方向的发展，并围绕青年群体的情感消费场景和习惯进行传播。

大量政务号入驻抖音、快手等短视频平台，用活跃、有趣的风格成为最受年轻网民喜爱的政务新媒体之一，在其沟通体系中较好实现了信息传播。陈丽认为，这些或可作为主流媒体的借鉴。

新闻传播创新一日千里，技术创新在媒体变革中的作用愈加突显。多位专家表示，谁能在技术创新上保持先机，谁才能在激烈竞争中保持优势。5G、大数据、云计算、物联网等信息技术快速发展，引发新闻生产、传播和呈现方式深刻变革，为媒体发展带来重要契机。

不日新者必日退。只有正视互联网、正视青年网民的习惯及话语生态，唤起“阵地不能丢”的忧患意识，才能将最大变量变成最大增量，长久服务于社会治理体系和治理能力现代化。

跨界融合深融特色文化创意焕发活力

以新媒体为代表的文化产业是极具发展潜力的朝阳产业。近年来，长沙主动适应媒体发展新变化，积极顺应文化融合大趋势，推动文化产业在融合中拓展新空间、焕发新活力，先后获评东亚文化之都、国家文化消费试点城市、世界媒体艺术之都等殊荣。

目前，长沙市现有规模以上文化企业 1157 家，主板上市文化企业 8 家，3 家文化企业入选“全国文化企业 30 强”，文化产业总产出突破 3000 亿元，产业增加值占 GDP 比重达 9%，成为名副其实的支柱产业；马栏山视频文创产业园已聚集 3000 多家视频文创、新兴媒体企业，有中国领先的视频制造全产业链和最优秀的青年视频人才集群。

由此可见，文化和科技融合，既催生了新的文化业态、延伸了文化产业链，又集聚了大量创新人才，是朝阳产业，大有前途。徐麟表示，推动媒体融合发展，目的是不断巩固宣传思想文化阵地、壮大主流思想舆论，更好地承担起举旗帜、聚民心、育新人、兴文化、展形象的使命任务。

记者梳理《中国文化和科技融合发展战略研究报告（2020）》发现，“直播+”实现全面赋能，与电商、游戏、教育、助农等领域深度融合；“云展览”“云演出”“云娱乐”等逐渐成为居民娱乐的重要方式。随着5G、VR、AR等技术普及及移动端使用习惯的改变，竖屏剧、互动剧等新形式视频内容应运而生。

与会专家认为，文化科技融合正处于新一轮爆发性增长和产业变革前夜，为文化产业新业态的诞生和文化产业链的延伸提供了新空间。未来，文化科技融合将面对更广阔的全球市场。

中国新闻网（2020年11月20日）

《中国新媒体研究报告 2020》发布建设自有平台是媒体最主要的平台构建方式

王　嫣　吴公然　卢　欣

2020 年 11 月 19 日上午，在湖南长沙举办的 2020 中国新媒体大会上，中国记协新媒体专业委员会副主任委员、中国传媒大学电视学院党委书记曾祥敏发布了《中国新媒体研究报告 2020》。

《中国新媒体研究报告》是中国记协及其新媒体专业委员会落实中央关于加快推进媒体深度融合发展的决策部署，加强新媒体服务引导，促进和推动新媒体新闻信息传播事业健康发展的重点智库报告。《中国新媒体研究报告 2020》在年度报告、行业报告、专研报告、融合精品分析 4 个章节的架构基础上，结合 2019 年到 2020 年期间全国新媒体行业发展与主流媒体融合转型的热点、亮点与难点，在报告内容上作出更为翔实与丰富的拓展。

根据“全国主流媒体融合发展现状和重点问题调研”显示，目前建设融媒体中心已经成为各级媒体融合发展的共识，“一专多能”的融媒体记者基本都参与一线新闻采编，县级融媒体中心的政府服务功能、与上级媒体的联动网络搭建均按部就班地展开，且与央、省、市媒相比，县级融媒体中心的从业者对所在媒体融合发展的满意度最高。其中，94.26% 被调查的主流媒体都已设融媒体中心，央媒、省媒倾向于选择新建，县媒则倾向重组，市级媒体的融媒体中心建成度稍低。主流媒体平台的构建方式目前主要可以分为建设自有平台、接入区域专属云平台、接入央媒云平台等 3 种。调查结果显

示，建设自有平台是媒体最主要的平台构建方式，尤其省媒多选择自建，而县媒则多选择接入区域专属云平台。

当下各级媒体在融合发展中也正面临各有针对性的挑战。对于自身融合发展中面临的最大问题和困难：央媒认为需要完善考核与激励制度；省媒认为需要创新融合思维；市媒认为需要政策扶持；县媒认为缺少人才以及培训、提升的机制。而在对媒体融合整体发展的问题与困难调查中，缺少人才、技术落后、资金短缺也被认为是目前面临的 3 个最大困难。

红网时刻（2020 年 11 月 19 日）

摄影：李长宏

《中国新媒体年鉴 2019》发布：聚焦 5G 时代新兴媒体的再次变革与迭代

王 嫣 吴公然 卢 欣

2020 年 11 月 19 日上午，2020 中国新媒体大会在长沙举行。在主论坛活动上，中国记协新媒体专业委员会委员、中国传媒大学新闻学院院长隋岩发布了《中国新媒体年鉴 2019》。

截至目前，新媒体年鉴已连续出版两部。《中国新媒体年鉴》2019 卷在总结《中国新媒体年鉴 2018》所取得成绩的基础上，着力聚焦 5G 时代新兴媒体的再次变革与迭代，通过十大板块内容，向读者呈现了又一部全面客观记录新媒体行业发展态势和中国记协新媒体专业委员会工作的大型资料性年刊。

《中国新媒体年鉴 2019》分为 10 个部分。一、中央领导同志与新媒体相关重要活动；二、中国记协新媒体专业委员会重要活动；三、中国新媒体大会记事；四、中国新闻奖媒体融合奖作品解析；五、中国记协新媒体专业委员会委员单位工作综述；六、区域进展；七、人才教育；八、发展综述；九、年度盘点；十、制度文件、书籍简目。

新年鉴跟上一卷相比，呈现三大亮点。

一是重点更加突出，案例大幅增加。除了重点收录重大事件如 2019 中国新媒体大会、新媒体专业委员会委员单位工作综述、各地记协推进媒体融合发展工作等常规内容，今年特别添加了中央媒体、地方媒体庆祝新中国成立 70 周年融合报道十大创新案例、中国新媒体公益十大优秀案例。全书几百个典型实例不仅向读者生动、具体地展示了 2019 年我国新媒体战线取得的丰硕成果，同时增强了年鉴的感染力和影响力。

二是框架更加合理，内容新颖全面。既有中央领导同志有关新媒体的重要活动、新媒体专业委员会委员单位工作的翔实记录，也有 18 所知名高校关于新媒体人才培养的简要回顾与总结，更有四大国家重点实验室展示、全国新媒体行业大事年度盘点、近 5 年有关新媒体的制度文件、新媒体相关书籍要目等；既方便读者检索查询，又体现了年鉴作为新媒体行业大型工具书的多种功能。

三是呈现手段创新，融媒特色鲜明。不仅典型案例数量增加，而且大多附有二维码或作品链接，读者除了从文字了解作品概要，还可以直接通过手机扫描、点击听阅音视频，感受新闻现场魅力。这使得年鉴的阅读空间得以拓展，突破了以往纸媒的实际容量，立体性、延伸性、时代感都大大增强。

红网时刻（2020 年 11 月 19 日）

摄影：李长宏

“马栏山指数”发布 预测视频文创产业五大趋势

凌　晴　陈登辉

2020 年 11 月 19 日上午，在 2020 中国新媒体大会主论坛活动中，国家广播电视总局发展研究中心主任祝燕南发布了《2020 全国视频文创产业发展指标体系研究成果》。这项研究成果每年都在湖南长沙马栏山发布，被称为“马栏山指数”。

结合“马栏山指数”，祝燕南分析了全国视频文创产业发展的五大趋势。

一是视频文创产业对高质量发展的支点作用越来越突出。视频文创产业在结构调整优化的同时，未来五年产业收入总量将连续保持 30% 以上的增长，并助力其他产业的发展，不断提升对国民经济的贡献率。

二是视频文创将在公共服务升级和新兴产业融合发展方面实现多方面突破。

三是视频文创将在内容建设和创新上形成重要突破，网络内容和业态将加快取代传统内容和业态，成为内容建设和服务的主阵地主力军。

四是智慧化的新视听将成为未来发展新高地，智慧化的视频文创将读懂每一个用户的心。

五是视频文创产业将伴随新发展格局步入辉煌时刻，视频文创产业将在新发展格局中找准新方位新路径，找到新的切入点着力点，在守正创新中激发新动能，攀上新时代文化创作创新的高峰。

长沙晚报掌上长沙（2020 年 11 月 20 日）

中国新媒体大会“内容创新创优”分论坛举行

李婷婷

打造顶尖创作者分享盛典，共襄媒体融合创新盛举。2020 年 11 月 19 日下午，2020 中国新媒体大会“内容创新创优”分论坛在长沙马栏山拉开帷幕。

论坛聚焦中国新闻奖媒体融合奖项获奖作品创作经验，发布中国新媒体战“疫”十大精品案例，专家深刻剖析，主创深入分享，精品深度示范，揭示创新路径、探寻创优规律，助力内容生产供给侧结构性改革、扩大优质内容产能，助推新媒体保持内容定力、提升内容质量。

中国记协党组书记刘正荣，新华社原副社长、中国记协新媒体专业委员会顾问周锡生，中国记协党组成员、书记处书记吴兢，中宣部新闻局副局长叶文平出席论坛。本次分论坛由中国记协、湖南省委宣传部指导，中国记协新媒体专业委员会、湖南省记协、湖南省新媒体协会主办，湖南日报社承办。

新媒体时代，“国奖”爆款是如何打造的？

守正为本、融合为先、创新为魂、践行“四力”。从内容创新向着用户连接创新迈进，从报道创新转向定制产品创新，从爆款产品开发转向品牌集群开发，近年来，全国各地各新闻单位在媒体融合创新发展的实践征程中成长壮大，写下媒体融合发展的“中国答卷”。

分论坛上，第30届中国新闻奖媒体融合奖项特别奖、一等奖获奖作品主创，现场分享创作经验和体会，揭示创新路径、探寻创优规律。

作为“内容创新创优”分论坛的重磅环节，本次论坛邀请了《中国24小时》《新中国密码：15665，611612！》等10件中国新闻奖特别奖及一等奖作品主创人员进行现场分享，旨在展示媒体在理念、形式、方法、手段等方面创新的作品，特别是在内容方面体现新时代特征的优秀新闻作品。

给你一组数字，15665，611612你会联想到什么？它既是一串密码，也是一段旋律，《新中国密码：15665，611612！》一经推出，便在全网形成刷屏之效，海内外总播放量超过7亿次。经济日报的新媒体团队采取数据新闻可视化手段，用数据讲故事，从故事读数据，鲜活呈现新中国成立70年来的辉煌成就。

为庆祝新中国成立70周年，人民日报客户端推出系列微视频《中国24小时》，以1天为维度、1小时为刻度、以24小时里的时间演进为逻辑主线，以系列化的形态架构起新中国成立70年来的整体风貌。“中国24小时”系列微视频每一帧都是屏保、每一帧都有力量，带你领略中国的山河魅力。

作为习近平总书记“精准扶贫”重要论述首倡地，十八洞村如何做到脱贫之后确保不返贫？湖南日报社新湖南客户端拍摄制作的《十八洞龙金彪的Vlog丨脱贫之后》，以持续关注4年的十八洞村年轻村民龙金彪脱贫后的故事为切入点，融合Vlog、动画、手绘的多种新媒体手段，讲述十八洞村脱贫后确保不返贫且一起致富奔小康的故事，以小见大，既带着浓浓的泥土味又极具“网感”，展现媒体人的责任和担当。

圆桌论坛，一场媒体融合创新的巅峰头脑风暴

在“创新创优内容　做实做强传播”主题圆桌论坛环节，中央广播电视总台融合发展中心主任汪文斌，新华日报社总编辑顾雷鸣，四川日报报业集团党委副书记、总编辑李鹏，北京字节跳动科技有限公司副总编辑、媒体合作总经理郎峰蔚现场对谈，中国记协新媒体专业委员会副主任委员、中国传媒大学电视学院党委书记曾祥敏主持论坛。与会人与共同见证一场来自传媒

界大咖的有关媒体融合创新的巅峰头脑风暴。

中国记协新媒体专业委员会顾问、中央广播电视总台融合发展中心主任汪文斌表示，主流媒体最大优势是内容优势，现在的关键问题，是如何把内容资源优势转化为平台优势。“我认为首先要转场，把向传统媒体配置资源为主，转化为向新媒体的新平台配置资源为主。第二是转化，要将传统的话语表达方式，转变为新兴话语表达方式。把传统的优质 IP 进行融媒体改造，让年轻一代移动端的用户能够接受和喜爱。”

新华日报社总编辑顾雷鸣认为，媒体的创新创优和精品生产是媒体最硬核的竞争力。“最近，我们组织结构进行了重组和调整：编委会主要负责重大主题，围绕重大主题调动调集整个集团报社的力量进行策划；采访部门要精耕专业，加强民生热点策划。”雷鸣介绍，通过采编联动会机制，打通两级策划，让媒体创新创优的潜力进一步释放出来。

四川日报报业集团党委副书记、总编辑李鹏认为，现在重点推进媒体深度融合，需要在技术和内容的融合上做好文章。“我深刻感受到推进媒体融合的难点是体制机制的创新，我们要把主力军强力挺进互联网的主阵地主战场。互联网从生产到传播，和传统媒体是完全不一样的，要在整个体制上跟进。”

北京字节跳动科技有限公司副总编辑、媒体合作总经理郎峰蔚说，每天在奔跑中做加法：在技术上做加法，在内容上做极大加法，不断做创作者的加法。“我们做了媒体 +，不仅仅增加了媒体家数，更重要的是增加了媒体矩阵的数量。媒体全部在做内容的百科全书，我们期待更多的以媒体为核心的专业者，能够用不同垂直类创作丰富我们的内容。”

2020 中国新媒体战“疫”精品案例揭晓

在抗击新冠肺炎疫情当中，广大新闻媒体记者努力践行“脚力、眼力、脑力、笔力”，积极发挥新媒体特色优势，主动创新融合报道方法手段，深入宣传党中央决策部署，生动讲述万众一心阻击疫情故事。

为进一步总结推广新媒体精品创作经验，向全社会展示新媒体战“疫”的奋斗和成果，中国记协新媒体专业委员会特开展 2020 中国新媒体战“疫”

精品案例评选。论坛现场，2020中国新媒体战“疫”精品案例揭晓。中国记协党组成员、书记处书记吴兢宣读获奖作品。

人民网《武汉日记——人民网前方报道团队武汉采访实录》，新华社纪录片《英雄之城》，中央广播电视总台《总书记指挥这场人民战争》系列时政微视频，科技日报社《追问新冠肺炎》系列报道，中国青年报《互喊加油，四大“天团”会师武汉！网友：王炸来了，中国必胜！》，新华社湖北分社《壮哉，大武汉——献给英雄的武汉人民》，人民日报社新媒体中心纪录片《生死金银潭》，中央广播电视总台《与疫情赛跑——“两神山”等系列慢直播》，解放军新闻传播中心网络部《新冠病毒：遇到PLA是种什么体验》，中国日报网“抗击新冠病毒的中国方案”英文网站，获得“2020中国新媒体战‘疫’十大精品案例”（中央媒体）。

湖北长江云新媒体集团《共同“面”对，为武汉加油！这组创意海报刷屏了》，现代快报《6小时跟拍，实录武汉重症病房的“我和你”》，湖南日报《创意海报丨这些痕迹，刻在你脸上，痛在我心里》，多彩贵州网、湖南广电《休舱后天使摘下口罩，你一定要记住这些笑脸》，湖北广播电视台《战“疫”系列公益短片》，长江日报“重生”系列报道，新疆阿克苏市融媒体中心《新疆阿克苏两名小学生向医护人员敬礼》，解放日报《影像纪实丨上海医疗队在武汉》，湖北日报《致敬仁心　感恩大爱》大型融媒报道，新京报《武汉！武汉！》H5专题，获得“2020中国新媒体战‘疫’十大精品案例（地方媒体）”。

这些新媒体战“疫”精品案例，凝聚成一幅幅雕刻时光的画卷，传递温暖，鼓舞士气，振奋精神，展现了广大人民群众众志成城、抗击疫情的磅礴力量。

新湖南客户端（2020年11月19日）

摄影记者：田　超　辜鹏博

2020中国新媒体大会：
聚焦新生代　赋能新生态

扫描二维码观看报道

湖南卫视《湖南新闻联播》（2020年11月20日）

正能量满满的“爆款”如何诞生
讲好“年轻话” 更加“年轻化”

扫描二维码观看报道

湖南经视《湖南经视新闻》（2020 年 11 月 20 日）

2020 中国新媒体大会即将开幕，马栏山准备了这些硬核科技！

尹　玮

在 2020 中国新媒体大会举办“走进马栏山”主题展示活动前，记者 2020 年 11 月 18 日上午来到马栏山，发现会场布置已经基本完成，5G、4K、VR 等各种硬核科技令人眼花缭乱，展现了高新技术在新媒体领域运用的广阔前景。

“走进马栏山”主题展示活动由“牢记总书记嘱托　建好马栏山”“科技赋能内容　内容服务人民”“守正创新　讲好中国故事”等三大内容组成。在马栏山创智园 1 号演播厅，近 20 个展位汇集了华为、中兴等多家重量级参展单位，个个都有绝活，生动地诠释了科技如何为文化赋能。

位居 C 位的是华为，正对着入口的红毯。华为准备的那一排摄像头可是大有讲究，它和湖南卫视《舞蹈风暴》中的 360 度展示的“风暴时刻”系出同源，拍出的照片、视频不是单一视角的，而是可以自由旋转，让用户以自己满意的视角观看。这套技术的优点是从不同角度捕捉人物细节，进而让观众沉浸在理解美、感悟美、欣赏美的过程中。这套技术是此次华为展示的重点，除了在综艺节目中的成功运用外，它在体育赛事中也有广阔的运用前景，诸如足球射门、篮球灌篮、跳水入水、短跑冲线、跳高过竿等精彩瞬间都有全方位的展示。

与华为毗邻而居的中兴，带来了“5G+ 全息采访”技术。在今年的两会报道中，新华社就成功运用了这套技术，与湖北、广东、云南等地的人大代表进行异地同屏对话。简而言之，这套技术通过采集人物信息，将人大代表的全息影像平移到另一个空间中，和主持人对话。对于观众而言，主持人和采访对象就像真的在同一间演播厅一样，效果惊人。对于2020年因疫情影响而采取“云录制”的各大综艺节目而言，如果有了这套技术，那就真的能在保证安全的前提下相聚一堂了。

除了平移真人全息影像，还能创造出虚拟人物。专注于虚拟现实技术的长沙宏达威爱科技在马栏山建立了4个实验室，此前他们的技术在先进制造业领域运用较多，比如制造一台工程机械的虚拟样机。同样的技术如果用来还原人物，则可以构建虚拟主持人、虚拟歌手、虚拟伴舞。这些虚拟人物的行为都可以实时操控。

这么多先进技术，会不会很难操作？会不会成本高昂？“走进马栏山”主题展示活动也十分注重降低技术门槛和经济门槛。5G高新视频多场景应用国家广播电视总局重点实验室有关负责人张科欣介绍说，实验室展示的时空基准技术可以为无人驾驶、灾害救援等场景生成高精准地图，在数据采集方面，这套技术可以降低1/3的成本。华为湖南代表处云与计算CTO陈都云告诉记者，已在马栏山应用的视频产业云平台打造了完善的视频技术生态底座，为互联网新媒体、广电制作工业化生产线、融媒体运营等提供多种解决方案，有效降低“上云”企业的技术门槛。预计2020年年底完成100家企业“上云”，到2021年年底，这一数字将增加至500家。

长沙晚报掌上长沙（2020年11月18日）

“小朱配琦”得奖啦！

——2020 中国新媒体扶贫特别推荐、十大优秀案例出炉

尹　玮　凌　晴　陈登辉

2020 年 4 月，央视主持人朱广权、“带货一哥”李佳琦共同组成“小朱配琦”组合，为湖北拼单带货，效果奇佳。在 19 日下午举行的 2020 中国新媒体大会“新媒体的社会责任”分论坛上，中央广播电视总台的“‘小朱配琦’来了！一起为湖北拼单”获得“2020 中国新媒体扶贫特别推荐案例”。

为集中展示扶贫新案例、新进展、新成效，探索新媒体携手扶贫新模式，中国记协新媒体专业委员会推出了“2020 中国新媒体扶贫联合公益行动”，并对参与联合公益行动的案例进行了评选，经过专家严格评审，评选出一批助力脱贫攻坚，广泛凝心聚力、改善社会民生、传播向善力量的中国新媒体扶贫优秀案例。

除“小朱配琦”获特别推荐案例外，分论坛上还揭晓了“2020 中国新媒体扶贫十大优秀案例”。

《长沙晚报》（2020 年 11 月 19 日）

新媒体为公益发展注入强劲动力

邓正可

2020 中国新媒体大会“新平台的社会责任”分论坛在长沙举行。媒体大咖主旨演讲、扶贫公益优秀案例评选揭晓、2021 中国新媒体联合公益行动启动，论坛现场精彩纷呈。中国记协党组书记刘正荣出席论坛。

现场，光明日报副总编辑张碧涌，湖南广播影视集团（湖南广播电视台）党委副书记、总经理、台长龚政文，腾讯公益慈善基金会执行秘书长窦瑞刚，快手副总裁王强以“‘新媒体 + 公益’下的扶贫力量”为主题，从创新扶贫报道、创新精准扶贫模式、创新公益模式、促进新媒体行业健康发展等方面进行演讲。

新时代的社交媒体为公益的发展注入了强劲动力。人民日报新媒体中心副主任王恬、新浪集团首席信息官王巍、大江网（中国江西网）总编辑王宣海分享了战“疫”、人人公益等主题的新思考、新路径、新模式。

2020 年新媒体平台在公益上有何新的尝试和经验？在清华大学新闻与传播学院学术委员会主任金兼斌的主持下，新华网首席运营官、总裁助理孙巍，齐鲁网（闪电新闻）总编辑谭鲁民，安徽新媒体集团总经理章理中，阿里巴巴集团社会公益部高级品牌专家申志民围绕“不忘初心，公益先行，新平台的社会责任”主题展开对话。

此外，“2020 中国新媒体扶贫十大优秀案例”也在现场揭晓。

《湖南日报》（2020 年 11 月 20 日）